Der blockierte Mensch

Helmut Klages ist Professor für Soziologie an der Hochschule für Verwaltungswissenschaften in Speyer. Bei Campus erschien von ihm zuletzt *Traditionsbruch und Modernisierung*.

Helmut Klages

Der blockierte Mensch

Zukunftsaufgaben gesellschaftlicher
und organisatorischer Gestaltung

Campus Verlag
Frankfurt/New York

Die Deutsche Bibliothek – CIP-Einheitsaufnahme

Ein Titeldatensatz für diese Publikation ist bei
Der Deutschen Bibliothek erhältlich
ISBN 3-593-36933-8

Copyright © 2002 Campus Verlag GmbH, Frankfurt am Main
Umschlaggestaltung: Atelier Warminski, Büdingen
Druck und Bindung: KM-Druck, Groß-Umstadt
Gedruckt auf säurefreiem und chlorfrei gebleichtem Papier.
Printed in Germany

Besuchen Sie uns im Internet: www.campus.de

Inhalt

1. Neue Erfahrungen und Wirklichkeiten

Herausforderungen der Globalisierung

Das Gefühl, dass die Menschheit im Begriff ist, in ein neues Zeitalter einzutreten, breitet sich heute bis in die letzten Winkel der Erde aus. Was sich vollzieht, mag man „Epochenwandel", „Kulturschwelle", oder „Quantensprung" nennen – immer geht es um die Einsicht, dass die Menschheit grundlegende Veränderungen durchläuft, d.h. also vor Neues und Unbekanntes gestellt wird. Hiermit verbinden sich Infragestellungen, die mit Mitteln und Methoden zu bewältigen sind, welche teilweise noch nicht erfunden sind. Erfolge sind keineswegs garantiert. Im 21. Jahrhundert betritt die Menschheit die Zukunft wie ein Pfadfinder ein neues Land voller unbekannter Gefahren, Chancen und Risiken.

Versucht man, dem Neuen einen Namen zu geben, dann drängen sich die Begriffe „Modernisierung" und „Globalisierung" auf. Im Grunde genommen sind diese Begriffe nahezu austauschbar, da sie sich – wenngleich mit unterschiedlichem Aktualitätsbezug – auf ein und denselben Vorgang beziehen. Während „Modernisierung" alle Veränderungen in Richtung „moderne Welt" meint, bezieht sich „Globalisierung" auf die gegenwärtige Haupttendenz dieser Veränderungen.

Der Begriff „Globalisierung" wird in diesem Buch bevorzugt, da er es erlaubt, das Neue auf verschiedenen Ebenen gleichzeitig in den Blick zu nehmen: „Globalisierung" vollzieht sich auf der höheren Ebene von Strukturwandlungen von Politik und Wirtschaft, wie auch in der Entstehung neuartiger Vernetzungen, Dominanzen und Konkurrenzen zwischen verschiedenen Teilräumen der Erde. Der Begriff „Globalisierung" deutet aber auch auf neuartige Lebensbedingungen der Einzelmenschen hin. Diese kommen darin zum Ausdruck, dass bisherige Existenzentwürfe und Alltagsroutinen unbrauchbar werden. Zudem wird die Nötigung spürbar, sich neuen Herausforderungen zu stellen, für deren Bewältigung es zwar zahlreiche Rezepte, aber nur wenige erfolgssichere Lösungswege gibt.

Hinsichtlich des Charakters dieser Herausforderungen gibt es inzwischen einen weltweiten Konsens. Ungeachtet unterschiedlicher ideologischer Prämissen, unter denen die Analysen stattfinden, ist man sich darüber im klaren, dass auf zunehmend viele Menschen bisher ungeahnte Zwänge zur Flexibilität, Eigeninitiative und Eigenverantwortung zukommen. Diese Herausforderungen unterscheiden sich in den verschiedenen Teilen der Welt. Während in den weniger entwickelten Regionen eine „nachholende Modernisierung" im Vordergrund steht, die religiös unterbaute Traditionen zersetzt, lösen sich in Mitteleuropa zeitweilige Illusionen auf, die Menschen durch sozialstaatliche Sicherungssysteme vor den Sturmwinden turbulenter Gesellschafts- und Wirtschaftsentwicklungen schützen zu können. Diese Sturmwinde werden aber überall spürbar und sie werden heftiger, weil Tempo und Unberechenbarkeit der Dynamik weltweit ansteigen.

Dieses Buch ist aus der Perspektive eines entwickelten Landes geschrieben. Es rückt diejenigen Wandlungen in den Vordergrund, die in der „modernen Welt" zur Bewältigung anstehen. Welcher Art sind aber diese Wandlungen? Welcher Art sind die Herausforderungen, die hier auf die Menschen zukommen? Handelt es sich nur um neue Probleme und Risiken, oder möglicherweise auch um Chancen für eine zukünftige menschliche Entfaltung?

Man muss die Herausforderungen zur Flexibilität, Eigeninitiative und Eigenverantwortung, die hier anstehen, genauer in Augenschein nehmen, um diese Frage zu beantworten. Wie von zahlreichen Beobachtern festgestellt wurde, werden von den Menschen in der modernen Welt nicht nur neue Fähigkeiten zum individuellen Umgang mit Problemen und zur eigenständigen Existenzsicherung gefordert. Vielmehr wird auch die Leistungsfähigkeit und Belastbarkeit der Persönlichkeit in einer früher unbekannten Weise auf den Prüfstand gestellt. Wer nicht zurückbleiben, stranden oder untergehen will, muss gute Antennen für plötzlich auftauchende Chancen und Gefahren haben. Er muss aber auch ständig zum Aufbruch in veränderte Lebens- und Tätigkeitsformen und -felder in der Lage sein, ohne dabei aus dem inneren Gleichgewicht zu geraten. In diesem Zusammenhang sprach F. X. Kaufmann schon vor mehreren Jahren vom Druck zur Entwicklung einer „konsistenten Persönlichkeit" in einer „inkonsistenten Welt" (Kaufmann 1973: 226). Es besteht Grund zu der Annahme, dass dies sogar das Schwerste ist, denn es gehört zu den herkömmlichen Bestrebungen der Menschen, sich in einer Heimat geborgen zu fühlen und in einer vertrauten Umgebung entspannt den angenehmen Seiten des Lebens hingeben zu können. Der Kern der unter Globalisierungsbedingungen auf die Menschen zukommenden Herausforderungen liegt darin, dass ihnen dieses altehrwürdige Lebensrecht streitig gemacht und als Ersatz allenfalls die Fassadenwelt von Freizeitparks angeboten wird, die selbst von hektischer Unruhe erfüllt sind. Es gab schon von jeher Abenteurer, die in ungesicherte Grenzräume strebten. Das waren früher aber nur winzige Minderheiten. Die Globalisierung scheint demgegenüber der Mehrheit der Menschen Interessen und Bereitschaften dieser Art abzufordern. Die Freude am Behagen in einem fest gefügten Umfeld, die aus den Schriften Goethes spricht, scheint endgültig in der Vergangenheit zu versinken.

Wandlungen im Bereich der Arbeit

Für eine erste kurze Betrachtung der neuen Bedingungen eignen sich am besten die Arbeitsverhältnisse, schon weil die damit verbundenen Fragen am breitesten diskutiert werden.

Es zeichnet sich bereits heute ab, dass das bisherige Normalschema des Arbeitslebens – Berufswahl, Berufsausbildung, stetige Berufsausübung mit seltenem Wechsel des Arbeitsorts und Arbeitgebers oder Dienstherrn, beruflicher Aufstieg, Ausscheiden aus dem Beruf – in Zukunft nicht mehr die Regel sein wird.

So nimmt die Zahl der Fälle sprunghaft zu, in denen die Menschen gezwungen sind, einen neuen Arbeitsplatz zu suchen. Auch die Anlässe hierzu werden zahlreicher: Das Kollabieren von Unternehmen, der Standortwechsel von Betrieben, Verwaltungen und sonstigen Einrichtungen, Firmenzusammenschlüsse und -neugründungen, interne Umstrukturierungen und Reorganisationen, Änderungen der Produktpalette, personalsparende neue Produktionstechniken etc. Das Arbeitsleben zahlreicher Menschen wandelt sich in Verbindung mit diesen Vorgängen einschneidend, weil zunehmend viele vor die Wahl gestellt werden, z.B. entweder einen Standortwechsel des Unternehmens mitzuvollziehen oder den Arbeitsplatz zu verlieren. Zunehmend viele verlieren ihren Arbeitsplatz aber auch ohne solche Angebote und aus Gründen, die mit ihrer Leistung nichts zu tun haben, sondern mit übergeordneten Entscheidungen zusammenhängen, an denen sie nicht beteiligt sind und von deren Existenz sie vielfach gar nichts wissen.

Es verringern sich heute jedoch auch die Chancen, überhaupt noch einen Arbeitsplatz besitzen zu können. Bezeichnend für diese Entwicklung ist die Verwandlung von Mitarbeitern in Selbständige. Für Unternehmen bringt dies den Vorteil mit sich, die Zahl der Beschäftigten der jeweiligen Auftragslage anpassen zu können. Denkt man die hier erkennbare Entwicklungslinie weiter, dann gelangt man zur „virtuellen Firma", die bereits da und dort zur Wirklichkeit wird. Eine solche Firma hat – unabhängig von ihrer Größe – kaum noch feste Mitarbeiter. Sie erreicht ihre voll ausgebildete Form im mobilen Konzernbüro mit einem kleinen Team, das per Intranet Arbeitsprozesse irgendwo in der Welt steuert, die von unabhängigen Firmen, Teams oder Selbständigen ausgeführt werden, mit denen man in vertraglichen Beziehungen steht.

Die Gewerkschaften stemmen sich zur Zeit noch gegen diese Entwicklung, in der sie eine Abwälzung von Risiken auf die Beschäftigten erkennen wollen. Dass diese Entwicklung in Zukunft – unter welchen Bezeichnungen auch immer – zunehmen wird, ist angesichts der Flexibilitätsgewinne, die sie für die Firmen mit sich bringt, dennoch vorherzusehen. Eine Alternative bieten Zeitarbeitsfirmen, die Jobsuchende einstellen, um sie an Unternehmen auszuleihen, die befristet personelle Verstärkung suchen. Es findet hier eine Ausbalancierung von Risiken statt, die sich mit einer vergrößerten Einkommenssicherheit für Arbeitnehmer verbindet. Diese müssen aber ein geringeres Einkommen, vor allem aber auch einen häufigeren Wechsel des Arbeitgebers in Kauf nehmen. In der Regel ist dies mit einem häufigeren Wechsel von Aufgabenstellungen und Tätigkeiten, also mit stark vermehrten Anforderungen an Anpassungsflexibilität verbunden.

Die Möglichkeit, erworbene berufliche Fähigkeiten langfristig einzusetzen, verringert sich jedoch auch da, wo Menschen nicht zu einem Wechsel des Arbeitgebers gezwungen sind. „Lebenslanges Lernen" wird zunehmend zu einer Devise für alle, weil der dauernde Wandel, der in Unternehmen und Verwaltungen zur Regel wird, vorhandene berufliche Fähigkeiten infrage stellt. Umlernen und Hinzulernen ist Trumpf. Letzteres wird deshalb zunehmend wichtig, weil der Trend in Richtung erhöhter Qualifikationsanforderungen verläuft. Schon jetzt zeichnet sich bei den Dauerarbeitslosen die Entwicklung eines Gettos ab, in welchem sich Menschen ansammeln, die diesen Trend nicht mitvollziehen wollen oder können und somit den Anschluss an die Entwicklung versäumen und zu Verlierern werden.

Zu den Wandlungen im Innern von Unternehmen und Verwaltungen zählen aber auch diejenigen einschneidenden Änderungen, die mit einer permanent werdenden Managementrevolution verbunden sind. Die Trendrichtung, die hier erkennbar ist, zielt unmittelbar ins Zentrum der Anforderungen, die sich an den flexiblen Menschen richten. Organisationen, die in ihren Bezügen zu Kunden, Lieferanten, Konkurrenten, Bürgern, Verbänden etc. eine zunehmende Flexibilität entwickeln müssen, reichen diese an die Mitarbeiter/-innen weiter, indem sie Forderungen nach Intelligenz, Eigeninitiative und Anpassungsfähigkeit an sie richten. Dass man hierbei zunehmend auf Teams baut, die mit einem erheblichen Selbständigkeitsspielraum ausgestattet werden, ändert an diesem Trend nichts Wesentliches. Innerhalb solcher Teams entwickeln sich zwar Möglichkeiten der Arbeitsteilung und Kooperation, die für die Einzelnen gewisse Entlastungen vom Zwang zu eigenständigen Entscheidungen mit sich bringen. Es entwickeln sich in Teams aber auch hohe Grade eines Gruppendrucks, durch den die Teammitglieder veranlasst werden, auch einschneidende Änderungen der Tätigkeitsanforderungen auf sich zu nehmen, um eine hohe Gruppenproduktivität mittragen zu können, und sich entsprechend umzuqualifizieren. (Vgl. auch den Abschnitt über die „Gruppe" in Kapitel 4)

Transformation des Privaten

Der Wandel der Beschäftigungsverhältnisse stellt aber nur eines derjenigen Felder dar, in welchen sich die an die Menschen gerichteten Herausforderungen der Globalisierung nachverfolgen lassen. Ein weiteres Feld von ähnlicher Bedeutung wird sichtbar, wenn man sich den Wandlungen im Bereich des Privaten zuwendet und den Blick z.B. auf die Beziehungen zwischen den Geschlechtern richtet.

Im Grunde genommen wiederholt sich hier – unter dem Einfluss gleichlaufender Rahmenbedingungen – die Herausforderung zur Entscheidungsfreudigkeit und Anpassungsflexibilität, wenngleich die Verhältnisse, die zum Wandel zwingen, verwickelter sind.

Vor nicht allzu langer Zeit waren die Beziehungen zwischen den Geschlechtern noch traditionellen Normen unterworfen. Im Normalfall erhielt die individuelle Entscheidungsfähigkeit nur einmal im Leben den Vorrang und zwar bei der Auswahl eines Partners, mit dem eine lebenslängliche Bindung eingegangen werden sollte. Die gesellschaftlichen Vorentscheidungen, die sich mit diesem Akt verknüpften, entbanden den Einzelnen jedoch von jeglicher weiteren eigenständigen Entscheidung:

– Die Beziehung, in welche es einzutreten galt, war als Ehe definiert und als solche einer Vielzahl von Rechtsregeln und sozialen Normen unterworfen. Außereheliche Beziehungen unterlagen strikten Restriktionen, in welche ein Sexualverbot einzurechnen war. An den Nachweis der Unkeuschheit schlossen sich einschneidende Folgerungen an, da der Ehebruch als kriminelles Delikt verfolgt wurde.

– Es gab zwar keine Gesetzgebung, welche die Menschen zum Eheschluss verpflichtete. Dennoch war es aufgrund informeller Sozialnormen unumgänglich, dass ein „Normalmensch" innerhalb einer bestimmten Altersspanne eine Ehe einzugehen hatte. Ein Mann, der nach dem Durchlaufen dieser Spanne noch ehelos war, setzte sich dem Verdacht aus, homosexuell zu sein, was als schimpflich galt und als kriminelles Delikt verfolgt wurde. Eine Frau, die ehelos blieb, wurde als „alte Jungfer", d.h. als Verliererin am Partnermarkt abgestempelt und in eine Kategorie minderer sozialer Achtungswürdigkeit abgeschoben.

– Innerhalb der Ehe selbst galt das Primat einer möglichst frühzeitigen Familiengründung, sprich der Erzeugung von Kindern. Nur hinsichtlich der Zahl der Kinder musste ein Spielraum offen gelassen werden, weil diesbezüglich ein Hineinwirken unbeherrschbarer Faktoren zu akzeptieren war. Es konnte sich aufgrund dieses Fensters für individuelle Entscheidungsfreiheit fast unbemerkt eine Tendenz zur 2-Kinder-Familie durchsetzen. Selbst noch die Familie mit einem Kind hatte Anspruch auf gesellschaftliche Zustimmung.

– Das Verhältnis zwischen den Ehepartnern war vom Prinzip der männlichen Superiorität bestimmt. Zwar gab es hier im Lauf der Zeit erhebliche Abschwächungen. Noch in den sechziger Jahren war aber im Bürgerlichen Gesetzbuch nachzulesen, dass der Ehemann den Wohnsitz der Ehefrau bestimmt. Es war nicht nur rechtsverbindlich vorgeschrieben sondern auch sozial selbstverständlich, dass die Frau den Namen des Mannes übernahm. Der Mann übernahm dafür die Verpflichtung, das Leben der Frau als Ernährer zu gewährleisten. Die Frau konnte sich somit im Normalfall in den „sicheren Hafen der Ehe" begeben.

Heute hat sich dies alles dermaßen geändert, dass es naheliegend ist, von einer Revolution zu sprechen. Die Transformation des Privaten und die Wandlungen der Arbeit haben gemeinsame Ursachen. Die erstere erhält aber auch starke direkte Anstöße von den letzteren. Dabei ist ausschlaggebend, dass die Frauen in eine eigenständige Berufstätigkeit drängen und den Männern die Ernährer-Rolle abhanden kommt. Im Einzelnen lässt sich feststellen, dass die Beziehungen zwischen den Geschlechtern heute von einer umfassenden Liberalisierung geprägt sind, die sich sowohl auf rechtlicher Ebene, als auch auf der Ebene der sozialen Selbstverständlichkeiten vollzogen hat. So muss heute niemand mehr heiraten, um sexuelle Beziehungen zum anderen Geschlecht aufnehmen zu können. Neben die Ehe sind mit erstaunlicher Geschwindigkeit eheähnliche Beziehungen ohne Dauerbindung, gleichgeschlechtliche Beziehungen und das Alleinleben als Alternativen getreten. In der Ehe selbst ist die Männerdominanz einem breiten Spektrum unterschiedlicher Dominanzverhältnisse gewichen, zu dem die Frauendominanz ebenso rechnet wie die partnerschaftliche Gleichstellung. Auch die vormalige Kopplung von Eheschluss und Familiengründung ist zu Gunsten verschiedenartiger abweichender Lösungen rückläufig. Zunehmend viele Frauen wollen eine Partnerbeziehung mit einer beruflichen Karriere kombinieren und verzichten dafür auf Mutterschaft. Die „Spagat"-Beziehung mit unterschiedlichen Wohnorten der Partner wird zunehmend alltäglich. Der gänzliche Verzicht auf Kinder ist – auch im Umgang mit Verwandten, Freunden und Kollegen – nicht mehr rechenschaftspflichtig.

Zusammenfassend gesagt ist heute eine Unzahl von Dingen, die früher rechtlich oder durch soziale Normierung geregelt waren, *individuell entscheidbar* geworden und in die Sphäre rechtsfreier und gesellschaftlich unverpflichteter Privatheit gerückt. Über einer immer unübersichtlicher werdenden Landschaft verschiedenartiger Beziehungsformen breitet sich eine soziale Toleranz aus, die fast alles, was denkbar ist, auch möglich sein lässt. Jede neue Abweichung von früheren Standards trägt dazu bei, den verfügbaren Spielraum zu erweitern.

Die einzig erkennbare Einschränkung besteht in der Stabilität der Monogamie, die selbst da nicht infrage gestellt wird, wo die heterosexuelle Ehe als Modell verworfen wird. Diese Einschränkung ist insofern bedeutsam, als sie die zeitweilige Schreckensvision einer in Zukunft um sich greifenden Promiskuität sexueller Beziehungen („jeder mit jeder und jedem") als Fehlprognose entlarvt. Allerdings zieht das Zusammentreffen der Aufhebung bisheriger Standards mit dem Festhalten an der Zweierbeziehung ein schwerwiegendes Problem nach sich, für das es bisher noch keine ausreichenden Lösungen gibt: Wo allen beliebige Entscheidungsoptionen offen stehen, wird das für eine stabile Zweierbeziehung wünschenswerte Zusammentreffen identischer Optionen zu einem glücklichen Zufall. Die Folge ist, dass in der Zweierbeziehung in zunehmend vielen Fällen Welten zusammenstoßen, zwischen denen es wenig Gemeinsames gibt. Es entsteht hier ein Verhandlungs- und Einigungszwang, der eine schwere Herausforderung darstellt, der Viele nicht gewachsen sind, zumal es hierfür kaum eine Vorschulung im familiären Sozialisationsprozess gibt. Die zunehmende Zahl der Ehescheidungen ist ein Indikator der Schwierigkeit, die sich hier für die Menschen einstellt. Auch ein schnell zunehmendes Beratungswesen vermag den Bedarf nach Gemeinsamkeitsherstellung und -sicherung nicht zu decken. Dessen Expansionstempo ist offenbar schon deshalb größer, weil die Zahl der Einigungszwänge und möglichen Streitanlässe ins Grenzenlose wächst. Es fängt dies bei den Aufsteh- und Zubettgehzeiten an und reicht – über die individuellen Vorlieben für Film, Theater, Fernsehen und sonstige Freizeitaktivitäten – bis zu Fragen der Kinderzahl, der Namensgebung für die Kinder und der Kindererziehung. Illusionen, die Gefühlsbindung einer erotisch begründeten Liebe zur überdauernden Grundlage einer Partnerbeziehung ausbauen zu können, zerstieben schnell. Die Trennung und die Suche nach neuen Partnern wird für viele zu einer sich wiederholenden Erfahrung. Auch hier rücken ältere „heimatliche" Sozialverhältnisse in die Vergangenheit zurück. Sie werden zum Bestandteil einer Utopie, mit der man – mit wachsendem Nachdruck – jeder neuen Partnerbeziehung gegenübertritt, oder auch zu einer Obsession, mit der man das Scheitern von Beziehungen verdrängt, die zu einer unerfüllten Lebensleidenschaft zu werden vermögen.

2. Der herausgeforderte Mensch – in welcher Richtung verändert er sich?

Die entscheidende Frage: Kann der Mensch den Herausforderungen der Globalisierung gewachsen sein?

So betrachtet erscheint das Bild des flexiblen Menschen problematischer als manche Glanzpapier-Darstellungen vermuten lassen. Natürlich verbindet sich mit dem Wegfall älterer Rechtsbindungen und Sozialnormierungen ein historisch erst- und einmaliger Freiheitsgewinn gegenüber dem, was nunmehr als „Muff aus 1000 Jahren" zu erscheinen vermag. Es verwundert deshalb nicht, dass beispielsweise die Liberalisierung der Beziehungen zwischen den Geschlechtern zum Vorzeigefall emanzipatorischer Bestrebungen werden und jeder erzielte Gewinn als „Fortschritt pur" begrüßt werden konnte. Betrachtet man die bereits zurückgelegte Wegstrecke der Entwicklung aus der Perspektive ihrer noch unbewältigten Belastungsfolgen, dann wird aber die Vordergründigkeit einer unreflektierten Fortschrittsbegeisterung sichtbar. Es wird dann allerdings auch die Übertriebenheit des Katzenjammers erkennbar, der sich bei manchen Fortschrittskritikern eingestellt hat.

Insbesondere gilt dies auch für die veränderte Situation der Menschen im Bereich der Arbeit, wo sich inzwischen ideologische Gräben zwischen bedingungslos fortschrittsentschlossenen Neoliberalen und Neo-Sozialstaatlern aufzutun beginnen, die von der Wiederherstellung einer öffentlich garantierten Lebenssicherheit träumen.

Der entscheidende Punkt ist bei alledem, dass im Zeichen eines in die Globalisierungsphase eintretenden Modernisierungsprozesses neue Freiheitsspielräume der Menschen und neue Lebensrisiken Hand in Hand gehen. Diese lassen sich nur teilweise mit den Mitteln bisheriger Politik angehen, sondern bleiben als Herausforderungen an den Menschen haften. Welchen ideo-

17

logischen Standpunkt man auch einnehmen mag – es bleibt ein unbewältigter Rest zurück, in welchem sich die Gewalt und Übermacht der neuen Lebensverhältnisse niederschlägt. Mit dieser Einsicht verbindet sich der Zwang, das Vorhandensein neuer auf die Menschen gerichteter Herausforderungen einzugestehen – sei es, weil das Freiheitsverständnis, dem man anhängt, nicht weit genug trägt, um sie restlos abzudecken, oder sei es auch, weil eingesehen werden muss, dass man ihnen mit älteren Konzepten der Absicherung gegen Lebensrisiken nicht restlos beikommen kann.

Gleichzeitig beginnt sich aber auch die Ahnung einzustellen, dass der flexible, zu Eigeninitiative und Verantwortung fähige Mensch, den man zu einer Sollgröße erheben muss, um den unbewältigten „Rest" im Weltkonzept unterzubringen, nicht ohne weiteres als eine heute bereits greifbare Realität betrachtet werden kann. Es gilt einzugestehen, dass er zunächst nur eine Hypothese oder Unterstellung, oder – vielleicht? – auch nur eine Fiktion ist.

An diesem Punkt erhebt sich jedoch unvermeidlich die Frage, in wieweit „der Mensch" überhaupt den Herausforderungen, denen er überantwortet wird, gewachsen ist. Diese Anschlussfrage erweist sich als das letztlich entscheidende X in der Gleichung, die auf den ersten Blick betrachtet eine glatt aufgehende Fortschritts-Gleichung zu sein scheint. Was würde passieren, falls sich die Hypothese des flexiblen Menschen als falsch erwiese?. Die gesamte Sinnformel des Modernisierungsprozesses würde ins Wanken geraten und die Zeit für Katastrophenszenarien wäre gekommen. Die weitere Entwicklung der Menschheit, die heute bereits in einer unzurücknehmbaren Weise auf den Erfolg der Modernisierung gegründet ist, wäre dann infrage gestellt. Die Fahrt in die Zukunft würde auf eine gefährliche Abbruchkante zusteuern.

Katastrophenszenarien

In der Tat scheint die Zeit der Katastrophenszenarien bereits angebrochen zu sein. Sieht man sich in der Diskussionslandschaft in Deutschland und anderen Ländern um, dann kann man entdecken, dass die Fähigkeit und Bereitschaft der Menschen, sich zum flexiblen Menschen zu entwickeln, vielfach infrage gestellt wird.

Bei einer Untersuchung der heute bereits auffindbaren Katastrophenszenarien stellt sich heraus, dass sie aus verschiedenen Denkrichtungen kommen und mit unterschiedlicher Stoßrichtung operieren. Eine besonders wichtige Rolle spielt hierbei, welches Bild des Menschen unterstellt wird. Der Mensch wird teilweise als ein von Natur aus schwaches und schutzbedürftiges Wesen angesehen, das der Stärkung und Stützung durch Traditionen, Gesetze und standardisierte Regeln des sozialen Verhaltens bedarf, um nicht im Chaos der Orientierungslosigkeit zu enden. Vertreter dieses Menschenbildes neigen dazu, die Herausforderungen der Globalisierung als eine von außen an den Menschen herantretende Überforderung zu verstehen, welche das „Humanum" infrage stellt. Es gibt jedoch auch eine andere Vorstellung, nach der Traditionen, Gesetze und Verhaltensstandards die hauptsächliche Funktion haben, den Menschen vor sich selbst, d.h. vor dem Chaos der Triebe in seinem Innern, zu schützen. In diesem Fall wird die Enttraditionalisierung, die sich im Modernisierungsprozess einstellt, als die unbedachte Öffnung einer Büchse der Pandora angesehen, welche eine von falschen Paradiesvorstellungen betörte Menschheit der Gefahr der Selbstzerstörung ausliefert. Beide Positionen treffen sich in der Ablehnung der Modernisierung. Es bleibt allerdings gewöhnlich die Frage offen, ob ein gangbarer Ausweg aus der „Modernisierungsfalle" zur Verfügung steht, oder ob als kleineres Übel ein Einfrieren der Entwicklung auf ihrem gegenwärtigen Stand in Erwägung gezogen werden sollte.

Diagnosen eines Absturzes des Menschen in die Unbehaustheit

Die erste Kritikrichtung hat ihren gegenwärtig wohl verbreitetesten Niederschlag in dem Buch „Der flexible Mensch" des Amerikaners Richard Sennett (1998) gefunden, dessen Problemdiagnose bereits in dem amerikanischen Originaltitel des Buches („The Corrosion of Character") zum Ausdruck gelangt. Sennett entwickelt an dem Einzelfall eines in den USA lebenden armen Weißen italienischer Abstammung die generelle These, die den Menschen in der fortgeschrittenen Modernisierung abgeforderte Flexibilisierung habe zerstörerische Auswirkungen auf den persönlichen Charakter. Sennett zufolge gehört die angeblich nicht mehr gewährleistete Chance zum Aufbau langfristiger Verpflichtungen und Loyalitäten zu den Vorbedingungen einer gesunden Charakterbildung. „Nichts Langfristiges" sei „ein verhängnisvolles Rezept für die Entwicklung von Vertrauen, Loyalität und gegenseitiger Verpflichtung" (ebd.: 27 f.). Die Teamarbeit, die in den modernen Flexibilisierungskonzepten angeboten werde, biete hierfür keinen Ersatz, da sie nur schwache Bindungen ermögliche. Zwischenmenschliche „Distanz und oberflächliche Kooperationsbereitschaft" würden hier die Herrschaft ergreifen. In der Familie wirke „Teamarbeit zerstörerisch, da sie das Fehlen von Autorität und fester Leitung bei der Kindererziehung" (ebd.: 30) bedeute. Insgesamt gesehen bestehe unter den auf die Gesellschaft zukommenden Lebensbedingungen die Gefahr, dass die Entwicklung „fester Charaktereigenschaften eines Menschen" durch ein „Driften" im Sinne der Entwicklung fließender Identitäten abgelöst werde. Diese Entwicklung werde durch die „Erfahrung einer zusammenhangslosen Zeit" (ebd.: 27) verstärkt. Die Menschen würden unter der Bedingung des Driftens nur noch zu „oberflächlichen Identifikationen" (ebd.: 96) mit der Arbeit und mit den sonstigen Lebensbezügen in der Lage sein. Unter den zu erwartenden diskontinuierlichen Umständen steige für sie aber auch das Risiko, die Kontrolle über ihre Lebensumstände zu verlieren, so dass sich Unsicherheit als eine vorherrschende Lebenseinstellung ausbreiten müsse. (ebd.: 112) Die elementare menschliche Frage „Wer braucht mich?", die um der Aufrechterhaltung der Identität willen positiv beantwortet werden müsse, erhalte mit katastrophalen Folgen eine negative Antwort (ebd.: 201).

In dem mit rhetorischer Fulminanz geschriebenen Buch „Die Multioptionsgesellschaft" des Schweizer Soziologen Peter Groß (1994)[1] wird diese Diagnose durch eine Mehrzahl kritischer Argumente ergänzt, die ebenfalls die Bedingungen sozio-kultureller und psychologischer (Über-)Lebensfähigkeit unter den Bedingungen der Globalisierung betreffen. Es wird hierbei an der Beobachtung einer mit dem modernen Gesellschaftswandel verbundenen extremen „Steigerung der Erlebens-, Handlungs- und Lebensmöglichkeiten" angeknüpft, die zur Entstehung zunehmend großer „Lücken zwischen dem, was ist, und dem, was sein könnte", d.h. eines „Abgrundes zwischen Wirklichkeit und Möglichkeit" (ebd.: 15) führe. Hierbei würden aber „Optionensteigerung und Traditionsvernichtung" Hand in Hand gehen. Die Multioptionsgesellschaft sei gleichzeitig eine „Miniobligations"- und Unge-

---

1 In ähnlichem Sinne neuerdings z.B. auch Kaiser 2001

20

wissheitsgesellschaft. Der vorherrschende, in die Zukunft gerichtete Bewegungssturm sei Ausdruck einer grundlegenden Orientierungslosigkeit in der totalen Entgrenzung. (ebd.: 17 f.) Kapitelüberschriften wie „Entzeitlichung", „Enthierarchisierung", „Entheiligung", „Abbau innerer Zäsuren", „Verlust der Herkunft", „Beunruhigung", „Präsenzpsychose", „Paralyse", „Kokon-Dasein", „Selbstzerstörung" und – ebenso wie bei Sennett – „Drift" charakterisieren die negativen und letztlich destruktiven Folgen der Herausforderungen der Moderne für den Menschen, die in den Gesichtskreis des Autors treten. Die von ihm gemutmaßten düsteren gesellschaftlichen Auswirkungen dieser Herausforderungen kommen in der nachfolgend zitierten Zukunftsprognose drastisch zum Ausdruck:

,Die beschleunigte Bewegung der Gesellschaft nach vorn lässt sich nicht für alle mitmachen. Transzendenz macht sanft, Immanenz gewalttätig. ... Nicht wenige kommen unter die Räder, verstecken sich, tauchen ab, emigrieren, ziehen sich zurück, machen ihrem Leben ein Ende. In den Klüften und Schründen bleiben viele, auch ganze Länder, als ,Weltsozialfälle' zurück. ... Wer sich bedroht fühlt, ist nur mehr mit der Abwehr dieser Bedrohungen beschäftigt. Die Abwehr nimmt ebenfalls handgreifliche Formen an. Wen die aufgeblendeten Optionen paralysieren und krank machen ..., der wird die Optionen fliehen, ihre Auslöschung herbeisehnen, oder diese auszulöschen versuchen. Das jüngste Gericht wird nicht nur in den Köpfen der Amokläufer herbeigesehnt, und die Anrufung der Apokalypse ist keineswegs nur schlechter Geschmack gutmeinender Intellektueller. ... Die allerorts beklagte zunehmende Gewalt und Irregularität, die Freude an der Destruktion, die Installierung elektrischer Hunde in den Vorstadtvillen, die beschmiertren U-Bahnschächte, die Sendung „Aktenzeichen XY ... ungelöst", die allabendlich gezeigten Mord- und Totschläge am Fernsehen, das allgegenwärtige ,Falling Down'-Syndrom signalisieren einen drohenden „diffusen Welt-Bürgerkrieg ..., in dem jeder gegen jeden ankämpft.' (ebd.: 373)

Diagnosen der Ego-Gesellschaft

Korruption der Menschen durch den Wohlfahrtsstaat?

Die zweite Kritikrichtung berührt sich mit der ersten an verschiedenen Punkten, unterscheidet sich von ihr aber durch eine viel direktere und gezieltere, wie auch mit verminderten wissenschaftlichen Skrupeln zugreifende Akzentuierung und Stoßrichtung. Wenn nicht alles täuscht, hat sie sich – aus welchen Gründen auch immer – vor allem in Deutschland entwickelt und festgesetzt, wo ihr eine besonders nachhaltige Mediendominanz zukommt. Sie steht im Zentrum eines weitgehend negativ gefärbten Gesellschaftsbildes großer Teile der in der politischen und gesellschaftlichen Verantwortung stehenden Eliten des Landes, weshalb sie auch besonders verbreitet ist.

Einer vorherrschenden Auffassung zufolge ist der mentale Zustand der Menschen vor dem Hintergrund derjenigen sozialpsychologischen Veränderungen, die der Wohlfahrtsstaat mit sich gebracht hat, verheerend. Der Wohlfahrtsstaat hat dieser Auffassung zufolge die Menschen korrumpiert, indem er sie in verantwortungsscheue, nicht nur am Allgemeinen, sondern auch am Mitmenschlichen uninteressierte Egoisten mit „Vollkasko-Mentalität" verwandelt hat. Die Gesellschaft erscheint in dieser Sicht als eine „Ego"-, „Ellenbogen"- oder „Raffke"-Gesellschaft, von der bezüglich der eigentlich wünschenswerten menschlichen Eigenschaften und Fähigkeiten nicht viel zu erwarten ist.

Das negative Menschenbild, das sich hinter diesen Schlagworten versteckt, lässt sich exemplarisch an dem Artikel „Tanz ums goldene Selbst" ablesen, der in dem Wochenmagazin DER SPIEGEL bereits 1994 erschien, aber auch heute noch aussagekräftig ist. Nach der Schilderung dreier Einzelfälle wird hier kommentiert: „Erst komme ich und dann lange nichts – das Motto der drei hat sich durchgesetzt. Sie gehören zu der wachsenden Zahl von Deutschen, die mit Begriffen wie ‚Bürgersinn' oder ‚Gemeinwohl' nichts mehr anfangen können; sie bekennen sich dazu, und sie verändern das psychosoziale Gefüge der Republik: Zwölf Jahre nach der von Kanzler Kohl angekündigten geistig-moralischen Erneuerung wandeln sich die zwei Wohlstandsdrittel der Bundesbürger zur Ego-Gesellschaft." Und weiter heißt es: „Überkommene Lebensformen ... zerfallen ... . Eine Bringschuld aller Bürger für die Gesellschaft ... empfindet kaum noch jemand. ... Der Kult ums Ich, den der amerikanische Historiker Christopher Lasch als zivilisatorische Tendenz benannte, hat sich inzwischen zu einer alle Lebensbereiche durchdringenden kollektiven Besessenheit gewandelt." (DER SPIEGEL 1994) Übereinstimmend damit schrieb von der Gegenseite des ideologischen Spektrums her einige Zeit später, im Jahr 1997, das Wochenmagazin Focus: „Früh übt sich, wer beim Wettlauf um den eigenen Vorteil mithalten will. In einem

,Mogelexperiment', durchgeführt von der Münchner Moralpsychologin Gertrud Nunner-Winkler, schwindelten 58% der Vier- bis Fünfjährigen, um eine Belohnung zu ergattern. In Sachen Stehlen und Rücksichtslosigkeit präsentierte sich der Nachwuchs gleichfalls als ziemlich erwachsen. Nur 36% der Zehn- bis Elfjährigen bescheinigte die Psychologin eine hohe moralische Motivation. 24% erwiesen sich als moralisch mittelprächtig, 40% als 'sehr niedrig'. ... Für das Gemeinwesen verheißt das nichts Gutes." (*Focus* 1997)

Charakteristischerweise konnte *DER SPIEGEL* eine Vielzahl von Gewährsleuten aus Politik und Geistesleben zitieren, auf deren Aussage er sich bei dieser negativen Gesellschaftsdiagnose stützen konnte: „Am lautesten jammern ...ausgerechnet jene Konservativen, welche einst die Wende zu mehr Gemeinsinn bewirken wollten. ,Der einzelne', klagt der Politologie-Professor Wolfgang Bergsdorf, ,versucht sein Selbstverständnis stärker als vor 20 Jahren aus sich selbst heraus zu entwickeln. Dramatisch wurden die Fähigkeit und die Bereitschaft abgebaut, sich zu binden, sich Aufgaben zu stellen, sich Pflichten zu unterwerfen.' ... Linke, die bis weit in die siebziger Jahre nach mehr Kollektivismus riefen und dafür von Christ- und Freidemokraten gescholten wurden, klagen mit. Ehe und Familie von heute, findet auch die alternative 'Tageszeitung', seien 'problematischer' als ihre historischen Vorläufer. Die 'Auflösung der Familien- und anderer Bande' mache 'gelegentlich frösteln'." (ebd.)

Ist die Gesellschaft auf dem Weg in den falschen Individualismus?

Im Hintergrund dieser vielstimmigen aber mit übereinstimmendem Tenor vorgetragenen Schreckensvision wird ein tiefsitzender Zweifel daran erkennbar, ob die Bevölkerung den individualistischen Charakter des geforderten Zukunftsmenschen auf eine sozialmoralisch vertretbare Weise zu realisieren vermag. Es wird bezweifelt, dass von den unter dem Einfluss von Konsumgesellschaft und Wohlstandsentwicklung stehenden Menschen erwartet werden kann, die erforderliche Initiative und Eigenverantwortung mit demjenigen Minimum von Gemeinschaftsbezogenheit zu verbinden, das unumgänglich erscheint, um die Gesellschaft als organisierte Gesamtheit zu erhalten. Charakteristischerweise wird den Menschen die eigentlich nicht selbstverständliche Fähigkeit, individualistisch zu sein, unbesehen zuerkannt. Es wird sogar davon ausgegangen, dass sich die beobachtbaren gesellschaftlichen

Veränderungen auf den Nenner einer Tendenz zum Individualismus bringen lassen. Dieser Individualismus, den die Bevölkerung aufgrund einer Prägung durch die Konsumgesellschaft und den Wohlfahrtsstaat entwickle, wird allerdings negativ bewertet, da er destruktiv und gesellschaftszerstörend sei. Die angstvolle Frage „Was hält unsere Gesellschaft überhaupt noch zusammen?", die in der zweiten Hälfte der neunziger Jahre das Motto unzähliger Tagungen und Akademiezusammenkünfte war, bringt die Richtung, in die sich die Zweifel, Bedenken und Fragezeichen bewegen, mit plakativer Deutlichkeit zum Ausdruck. Es geht im Kern um die Zwangsvorstellung, der Individualismus, den die neuen Entwicklungen dem Menschen objektiv abfordert, treffe auf eine in der deutschen Gesellschaft vorhandene Entwicklung zu einem gemeinschaftsfremden, nur auf eigenen Nutzen bedachten, auf „Trittbrettfahrer-„ und „Mitnahmeverhalten" eingestellten Egoismus. Es wird angenommen, dass er diese Tendenz weiter verstärke, dass er sich selbst dabei in einen ausschließlich ichbezogenen, hochgradig egoistischen Individualismus verwandle und dass in dieser Begegnung und gegenseitigen Durchdringung eine machtvolle antisoziale Grundorientierung entstehe. Hierdurch werde die Gesellschaft zunehmend zersetzt und letzlich zum Zerfall, zur Desintegration gebracht. Zu allerletzt malt diese Zwangsvorstellung den selbstmörderischen Kampf aller gegen alle, d.h. also den im 17. Jahrhundert von Thomas Hobbes zunächst nur als ein abschreckendes Bild imaginierten vorgesellschaftlichen Naturzustand, als eine schauerliche Realmöglichkeit unserer Gegenwart an die Wand. „Die Diagnosen lauten", so kommentiert der *Focus*, „,Ego-Gesellschaft', ,Moral-Vakuum', ,Wertekrise', ,Auflösung der Gesellschaft'. ... Es wächst das Unbehagen an einem Zusammenleben, in dem jeder seinen Vorteil ohne Rücksicht auf die anderen zu suchen scheint. ... Mangelnder Gemeinsinn sowie Missachtung von Recht und Gesetz führen zu krimineller Absahnermentalität in allen Schichten der Bevölkerung: Schwarzarbeit, Sozialhilfeschwindel, Steuerhinterziehung, Vetternwirtschaft, Subventionsbetrug, Korruption." (ebd.)

Die Werteverfallsklage

Auffallend häufig ist – in Verbindung mit solchen Schreckensbildern – von einer „Wertekrise" oder, noch drastischer, von einem „Werteverfall" die Re-

24

de, der in der von Konsum-, Wohlfahrts- und Sozialstaatserfahrungen geprägten Gesellschaft stattgefunden haben und einem schrankenlos egoistischen Individualismus Tür und Tor geöffnet haben soll. „Isolierung und Werteverfall", so erklärt der *DER SPIEGEL* in seinem bereits zitierten Artikel, wie auch „das Orientierungsdilemma in einer stetig wachsenden Informationsflut und politische Abstinenz sind Kennzeichen einer neuen, zersplitterten Gesellschaft, deren Angehörige nur noch eine verbindliche Bezugsgröße haben: ihr Ego." (ebd.) Hinsichtlich der weltanschauliche Hürden offenbar mühelos überspringenden aktuellen Verbreitung der Werteverfallsklage erläutert der *Focus*: „Klagen über den Werteverfall, früher eine Domäne der Konservativen, kommen seit kurzem beinahe aus dem gesamten politischen Spektrum." (ebd.)

Mehr oder weniger austauschbar anmutende Äußerungen über einen „Werteverfall" finden sich heute in der Tat zu Hauf. Eine Analyse ihrer semantischen Struktur zeigt, dass sehr häufig der – faktische oder angebliche – Befund eines Vordringens gemeinschaftsfremder, ichbezogener, tendenziell zerstörerischer Verhaltensweisen in der Gesellschaft durch die Hinzufügung des Wortes „Werteverfall" auf einen gemeinsamen begrifflichen Nenner gebracht wird. Unter dem Titel „Werteverfall" wird aber auch eine verführerisch plausibel erscheinende Ursachenanalyse betrieben. Deren Gesamtdiagnose lautet: In der Gesellschaft der Bundesrepublik wurde durch die mit zunehmender Verantwortungsentlastung verbundene Wohlstandsentwicklung der zurückliegenden Jahrzehnte – zusätzlich aber auch durch die Einwirkung so genannter „permissiver" Ideologien – eine Aushebelung älterer Werte hervorgerufen, durch die die Menschen früher diszipliniert und an die Kandare eines pflichtgemäßen gemeinschaftsdienlichen Verhaltens genommen wurden. In diesem Zusammenhang wird manchmal auch heute noch von den so genannten „Sekundärtugenden" gesprochen, die durch den „Werteverfall" vernichtet worden sein sollen.

Konturen eines pessimistischen Menschenbilds

Hinter der Feststellung verlorener Tugenden und eines daraus resultierenden Gesellschaftsverfalls wird die Vorstellung erkennbar, der Mensch sei von Natur aus ein gefährdetes, von negativen, gemeinschaftssprengenden Triebkräften beherrschtes Wesen, das der starken Zucht, der steten moralischen Eingrenzung bedarf, um nicht hemmungslos über die Stränge zu schlagen, unkontrolliert aus dem Ruder zu laufen, oder in die degenerativen Freuden des süßen Nichtstuns abzusinken.

Die Spannweite dieses pessimistischen Menschenbildes reicht von der einen von Haus aus „faulen" Menschen postulierenden „Theorie X", die dem amerikanischen Organisationsforscher David McGregor zufolge sehr verbreitet ist, bis zu dem Schreckbild eines durch fortschreitenden Moralverfall zunehmend von Triebfesseln befreiten „dionysischen" Menschen, der die mühsam erarbeitete Rationalität der modernen Welt in törichter Verblendung in den Schmutz tritt (Sieferle 1991). Auch der amerikanische Bestsellerautor Daniel Bell leidet unter dem Albtraum, dass die für die Aufrechterhaltung der technischen, wissenschaftlichen und ökonomischen Errungenschaften der Moderne erforderliche ethisch eingegrenzte und „antriebsdisziplinierte gesellschaftliche Charakterstruktur" durch Massenproduktion und Massenkonsum zerstört wird. An ihre Stelle tritt, so die Fortsetzung dieses Albtraums, unter dem Deckmantel einer liberalen, die persönliche Freiheit im Banner führenden Ideologie eine hedonistische Lebensweise, die „Verschwendung, Angeberei und die zwanghafte Jagd nach Amüsement" an die Stelle von bürgerlichen Tugenden wie „Vorsorge, Fleiß und Selbstdisziplin, Hingabe an die Karriere und den Erfolg" setzt (Bell 1975: 373).

Der mit dem „Werteverfall" einhergehende Moral- und Tugendverlust befreit allen diesen Varianten eines pessimistischen Menschenbilds zufolge die als problematisch eingeschätzte Natur des Menschen von den als segensreich angesehenen Fesseln, die ihr im Lauf der Geschichte auferlegt wurden. Er emanzipiert damit ein aus den Abgründen der menschlichen Seele aufsteigendes destruktives Potenzial. Der moderne Individualismus ist, diesem Menschenbild zufolge, bei Licht betrachtet und seiner ideologischen Hüllen beraubt, nichts anderes als eben diese zu einem Verhaltensstil avancierte Destruktivität. Herkömmliche weltanschauliche Grenzen zwischen Links und Rechts relativieren sich in diesem Menschenbild angesichts des Schreckens über einen vermeintlichen Aufzug der Barbarei, den der als „Werteverfall" entlarvte moderne Individualismus – jedenfalls da, wo er radikal auftritt – in allerletzter Instanz zu bedeuten scheint.

Techniken der Überzeugungsmanipulation

Ungeachtet der eindrucksvollen Weise, in der solche Katastrophenszenarien präsentiert werden, besteht wenig Anlass, ihnen Glauben zu schenken. Die Situation des Menschen in der Konfrontation mit dem Modernisierungsprozess wird in ihnen einer dramatisierenden Ausdeutung unterzogen, welche die Realität mehr verdunkelt als erhellt.

Bei näherem Hinsehen erkennt man bestimmte Techniken der Überzeugungsmanipulation, mit denen in Katastrophenszenarien gearbeitet wird. So werden bevorzugt einzelne *Worst Case*-Fälle herangezogen, welche Möglichkeiten eines Scheiterns von Menschen an den bestehenden Herausforderungen demonstrieren, ohne aber im strengen Sinn repräsentativ zu sein. Von hier aus lassen sich dann ganze Bündel verallgemeinernder Hypothesen über das gefährdete Leben im Allgemeinen ableiten, die das Material zu intellektuellen Diskursen über die Spät- oder Postmoderne und zur Aufstellung phantasievoller Diagnosen liefern, in denen es um „Pluralisierung", „Kontingenz", „Diskontinuität", „Fragmentierung", „Desintegration", „Verfall", „ontologische Bodenlosigkeit", „Enträumlichung", „Gegenwartsschrumpfung", „Unbehaustheit", „Orientierungslosigkeit", „Diffusität" etc. geht.

Mit solchen Mitteln wird dann eine kritische Gesellschaftsanalyse herstellbar, aus denen sich Folgerungen für das Handeln ableiten lassen, in denen sich die intellektuelle Szene und eine für Dramatisierungen anfällige, auf Aktionismus eingestellte politische Szene begegnen können. Mit solchen Mitteln lassen sich aber auch die Massenmedien bedienen, deren eigenem Dramatisierungsbedarf sie bestens entgegenkommen. Es kann dann zu einer auf verschiedenen Säulen ruhenden Herrschaft negativer Allgemeinbegriffe kommen. Diese halten der Gesellschaft Schreckensbilder ihrer selbst vor, die von ihr am Ende übernommen werden, was sich in den Ergebnissen von Umfragen widerspiegelt, so z.B. in der Mehrheitsmeinung, auf traditionelle Werte wie „Moral", „Pflichtbewusstsein", „Recht und Ordnung" oder „Fleiß" werde in Deutschland zu wenig Wert gelegt. Bezeichnenderweise betrachteten im *Speyerer Werte- und Engagementsurvey 1997*[2] 85% der Befragten den „Egoismus der Menschen" als das wichtigste gesellschaftliche

---

2 Es handelte sich bei diesem Survey um eine Repräsentativerhebung bei 2000 Personen in Westdeutschland und 1000 Personen in Ostdeutschland, die der Autor zusammen mit Thomas Gensicke im Frühsommer 1997 durchführte.

Problem. In Deutschland, so meinten 76%, versuchen „viele Menschen auf Kosten anderer zu leben versuchen". Ebenso meinten 76%, dass „heute nur Macht und Geld zählen". Solche Umfrageergebnisse können am Ende als scheinbare Belege für die Richtigkeit der dramatisierenden intellektuellen und massenmedialen Realitätsbilder benutzt werden, während sie in Wahrheit nur die abschließenden Ergebnisse des passiven Nachvollzugs ihrer Popularisierungen sind.

Der herausgeforderte Mensch auf dem empirischen Prüfstand

Werte im Fokus

Es lässt sich vermuten, dass eine realistische Antwort auf die Frage, ob die Menschen den Herausforderungen der Modernisierung gewachsen sind, irgendwo im Mittelfeld zwischen gängigen Negativbildern und ebenso fragwürdigen Glanzpapier-Darstellungen der Modernisierung zu finden ist. Allerdings wäre es höchst unbefriedigend, sich auf eine solche vage, wenngleich sehr plausible Stellungnahme beschränken zu wollen. Um das fragwürdige Bündnis zwischen dramatisierungsfreudigen Intellektuellen, dramatisierungsanfälligen Politikern und den die Dramatisierung als Instrument einsetzenden Medien aufzusprengen, bedarf es stärkerer und wirkungsvollerer Mittel. Es soll im Folgenden versucht werden, die empirische Sozialforschung als ein solches Mittel einzusetzen.

Die zentrale Fragestellung richtet sich auf die Fähigkeit und Bereitschaft der Menschen zur Bewältigung der mit der gegenwärtigen Phase der Modernisierung verbundenen Herausforderungen. Wie bereits gesagt wird davon ausgegangen, dass die gegenwärtige Gesellschaft für die Menschen komplex, unübersichtlich und auf eine schwer vorauszuberechnende Weise dynamisch geworden ist. Im Gegensatz zu früheren Gesellschaften verlangt die moderne Gesellschaft von den Menschen Anpassung an ständig wechselnde Gegebenheiten und wiederholtes Aufgeben eingespielter Handlungsroutinen, Gewohnheiten und Sozialbezüge. Gleichzeitig fordert sie den Menschen aber auch ein Maß an Eigenständigkeit der Lebensbewältigung ab, das in früheren Gesellschaften eher die Ausnahme war. Der eingetretene Wechsel wird durch den Um- und Abbau des Sozialstaats verschärft, der den Menschen eine kollektive Daseinssicherung versprach. Man kann in diesem Zusammenhang von einer Individualisierung der Lebensgewährleistung einschließlich der mit ihr verbundenen Risiken sprechen. Unter den Bedingungen der Globalisierung sind die Menschen herausgefordert, sich als eigenverantwortliche Subjekte des eigenen Handelns zu bewähren.

Hierbei handelt es sich nicht nur um Herausforderungen auf der Verhaltensebene, d.h. auf der „äußeren Schale" der Person. Vielmehr geht es um Herausforderungen, die unweigerlich in die Tiefe der Person hineinwirken und somit existenziellen Charakter haben. Ihre Bewältigung erfordert zwingend die Möglichkeit eines Rückgriffs auf geeignete innere Dispositionen, mit denen sich letztlich aber das Erfordernis einer entsprechenden Identität verbindet. Die Menschen müssen, mit anderen Worten, „Werte" besitzen, die ihnen Grundorientierungen vermitteln und das Entstehen von Fehleinstellungen von innen her verhindern.

Die Frage, ob die Menschen den Herausforderungen der fortgeschrittenen Modernisierung gewachsen sein können, spitzt sich damit auf die Frage zu, ob die Menschen diejenigen Wertorientierungen besitzen, die sie haben müssen, um diesen Herausforderungen auf eine innerlich fundierte Weise gewachsen zu sein. So gesehen schiebt sich bei der beabsichtigten sozialempirischen Abklärung die Frage in den Vordergrund, ob und inwieweit die Werteverfallsklage zutrifft oder nicht.

Vorsorglich sei hinzugefügt, dass mit der Beantwortung dieser ins Innere der Menschen zielenden Frage nicht die gesamte Frage nach der Fähigkeit zur Bewältigung der Herausforderungen der Globalisierung beantwortet werden kann. Die Frage nach den Werten, mit denen die Menschen ausgestattet sind, schafft aber eine Grundlage, von der aus zahlreiche weitere Fragen erfolgversprechend behandelt werden können.

Wertewandel in Deutschland: Von Unterordnungs- und Fügsamkeitswerten zu Selbstentfaltungswerten

Ungeachtet der zentralen Bedeutung, die der Frage nach den Werten und ihrem Wandel in den gesellschaftspolitischen Debatten zukommt, wurde die Finanzierung der Wertewandelsforschung bisher sehr vernachlässigt. Insbesondere war es trotz wiederholter Appelle an verschiedene öffentliche Institutionen bisher nur in einem sehr begrenzten Maße möglich, zu einer kontinuierlichen Erfassung des Wertewandels vorzustoßen.

Dennoch vermag die Werte- und Wertewandelsforschung weitreichende Erkenntnisse darüber zu vermitteln, inwieweit die Werteentwicklung die in der Bevölkerung vorhandenen inneren Dispositionen zur Bewältigung der Herausforderungen des sozio-ökonomischen Wandels positiv oder negativ beeinflusst. Diese Erkenntnisse fallen insgesamt überraschend positiv aus und widerlegen das Lamento vom „Werteverfall" aufs nachdrücklichste.[3]

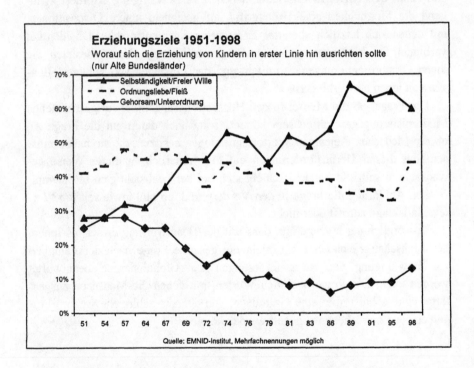

Konzentrieren wir uns auf Deutschland, dann können wir einen ersten sehr eindrucksvollen Beleg dem vorstehenden Schaubild entnehmen, das

---

3 Analysen und Stellungnahmen, die dezidiert in dieselbe Richtung zielen, finden sich außerhalb des Forschungsstandorts Speyer etwa bei Beck 1997: 9 ff., Hepp 2001 und Keupp 2000

Ergebnisse von Befragungen des Bielefelder EMNID-Instituts wiedergibt. Es werden hier für einen Zeitraum, der von 1951 bis 1998 reicht und aufgrund seiner Länge die Ermittlung von „Trends" gestattet, die Antworten auf die Jahr für Jahr unverändert wiederholte Frage ausgewiesen, welchen Erziehungswerten die (west-)deutsche Bevölkerung erstrangige Bedeutung zuerkennt.

Das Schaubild vermittelt *erstens* die grundlegende Einsicht, dass es in Deutschland tatsächlich einen Wertewandel als empirische Realität gegeben hat bzw. immer noch gibt.

Zweitens lassen sich aus dem Schaubild weitgehende Schlüsse auf die Richtung ablesen, die der Wertewandel in Deutschland – in Übereinstimmung mit einer Vielzahl von anderen Ländern – eingeschlagen hat.

Aus der Graphik ist eine dramatische Scherenbewegung abzulesen im Verhältnis zwischen der tendenziell an Boden verlierenden Wertegruppe „Gehorsam und Unterordnung" und der drastisch an Boden gewinnenden Wertegruppe „Selbständigkeit und freier Wille", die eine verhältnismäßig breite Gruppe von Selbstentfaltungswerten repräsentiert. Die Richtung des Wertewandels wird insbesondere durch die Zunahme der letzten Wertegruppe demonstriert. Was diese „stille Revolution" (R.Inglehart) für die innere Disposition der Deutschen zur Bewältigung der an sie gestellten Herausforderungen des Wandels bedeutet, ist klar. Die immer eindeutiger und stärker werdende Hochschätzung des Erziehungswerts „Selbständigkeit und freier Wille" signalisiert eine positive mentale Reaktion der Deutschen auf einen sehr zentralen Aspekt dieser Herausforderungen.

An dem individualistischen Charakter dieses Wandels besteht kein Zweifel. Die Graphik macht eine insgesamt dominierende individualistische Trendrichtung des aktuellen Wertewandels in Deutschland sichtbar, die schlagwortartig durch die Formel „Von Unterordnungs- und Fügsamkeitswerten zu Selbstentfaltungswerten" zu kennzeichnen ist.[4] Wer aber aus der Tatsache, dass Unterordnungs- und Fügsamkeitswerte rückläufig sind, einen Beleg für die Richtigkeit der Werteverfallsklage ableiten wollte, müsste

---

4 Diese vom Autor eingeführte Formel lautete ursprünglich „Von Pflicht- und Akzeptanzwerten zu Selbstentfaltungswerten". Die Umformulierung legte sich angesichts der dadurch erzielbaren exakteren Kennzeichnung der Richtung des Wertewandels nahe. Die Formel stand in Deutschland lange in Konkurrenz zu der Formel Ronald Ingleharts, der einen Wandel von materialistischen zu post-materialistischen Werten erkannt haben wollte. Vgl. hierzu Inglehart 1989: 89 ff.

nachweisen, dass für solche Werte ein gleichbleibender oder ansteigender Bedarf existiert. Er würde dies nur unter Rückgriff auf eine rückwärtsgewandte Ideologie tun können und somit an den realen Herausforderungen, mit denen die Menschen unter den aktuellen gesellschaftlichen Entwicklungsbedingungen konfrontiert sind, vorbeizielen müssen.

Unterordnungs- und Fügsamkeitswerten kommt nach weithin geteilter Auffassung unter den Bedingungen der Modernisierung nur noch eine stark abnehmende gemeinschaftsdienliche Bedeutung zu. Es wäre zwar allzu simpel, diese Wertegruppe pauschal als negativ und disfunktional einstufen zu wollen. Wir werden unter dem Stichwort der „Wertesynthese" feststellen, dass dieser Wertegruppe in der Beimischung zu anderen Werten nach wie vor eine sehr bedeutsame Funktion zuzurechnen ist. Geht man aber davon aus, dass die Graphik Verschiebungen in den strategischen Rangverhältnissen zwischen verschiedenen Wertegruppen sichtbar macht, wird man der Absenkung des Rangplatzes der Unterordnungs- und Fügsamkeitswerte die Bedeutung einer notwendigen Vorbedingung der Modernisierung des menschlichen Innenlebens zuzuerkennen haben.

In diesem Zusammenhang ist auch der Tatsache, dass die Wertegruppe „Ordnungsliebe und Fleiß" ihr Ausprägungsniveau ungeachtet längerfristiger Einbrüche im Wesentlichen aufrechterhalten bzw. wiederherstellen konnte, eine grundlegende Bedeutung zuzumessen. Den Stellenwert dieser Tatsache wird man insbesondere dann zu würdigen wissen, wenn man sich vergegenwärtigt, dass es sich hierbei um einen entscheidenden Kernkomplex der so genannten „Sekundärtugenden" handelt. Es zeigt sich in der Tatsache einer relativen Stabilität der Sekundärtugenden, dass der Wertewandel keineswegs pauschal zu Ungunsten sozialmoralischer, auf Selbstdisziplinierung abzielender Werte verläuft, wie von den Vertretern der Werteverfallsklage behauptet wird.

Insgesamt lässt sich die These aufstellen, dass sich in dem aus der Graphik ablesbaren Wertewandel Umgewichtungen von Werten in Entsprechung zu der Veränderung der alltäglichen Handlungsbedingungen der Menschen und der Anforderungen an ihre psychischen Dispositionen im Prozess des sozialen Wandels vollziehen. Die vorliegenden empirischen Daten stützen somit eine funktionale Interpretation des aktuellen Wertewandels in Deutschland, wie auch die These einer Modernisierungsfähigkeit des Menschen.

Im Hinblick auf die weitere Stützung dieser These muss bedeutsam erscheinen, dass der Verlauf des Wertewandels zwar über die erfassten 47 Jahre hinweg deutliche Schwankungen aufweist, die sich auf bestimmte sozialökonomische und politische Krisensituationen konzentrieren, dass er jedoch als Trend bis in die letzten Jahre stabil geblieben ist. Man kann daraus eine weitere These ableiten, der zufolge dem Wertewandel eine Kapazität der flexiblen Anpassung an wechselnde situationsbedingte Herausforderungen, gleichzeitig aber auch eine eindeutig interpretierbare Gesamtrichtung innewohnt.

Ohne auf die aktuellsten Daten im Einzelnen einzugehen sei die These aufgestellt, dass sich diese Deutung auch auf die Zukunft ausdehnen lässt. Es erscheint wichtig, dies zu betonen, weil unbeirrbare Anhänger der Werteverfallsklage jede noch so geringfügige Gelegenheit auszunutzen pflegen, um von einer angeblich aus den Daten ablesbaren Umkehr der Werte in Richtung traditioneller Werte zu sprechen (Klages 2001).

Werte in Deutschland 1997

Die vorstehend ausgewerteten EMNID-Umfragen ermöglichen einen Blick auf den längerfristigen Verlauf des Wertewandels. Sie weisen jedoch einen relativ geringen Differenzierungsgrad auf, indem sie nur drei Wertegruppen unterscheiden. Einen differenzierteren Blick auf die Wertekonstellation in der Bevölkerung ermöglicht u.a. der *Speyerer Werte- und Engagementsurvey 1997*, dessen Ergebnisse nachfolgend in die Betrachtung einbezogen werden.

Eigenverantwortung liegt vorn

Die aus der nachfolgenden Graphik abzulesenden Befragungsergebnisse sind zunächst insofern spektakulär, als sie eine Spitzenstellung des Werts „Eigenverantwortlichkeit" in der Bevölkerung beider Teile Deutschlands erkennen lassen.

Die im Interview vorgegebene Formulierung lautete „Eigenverantwortlich leben und handeln". Wie der Tabelle „Wertorientierungen" (im ANHANG) zu entnehmen ist, wurde dieser Wert von 76% aller Befragten als „sehr wichtig" und von 92% als „wichtig" eingestuft.

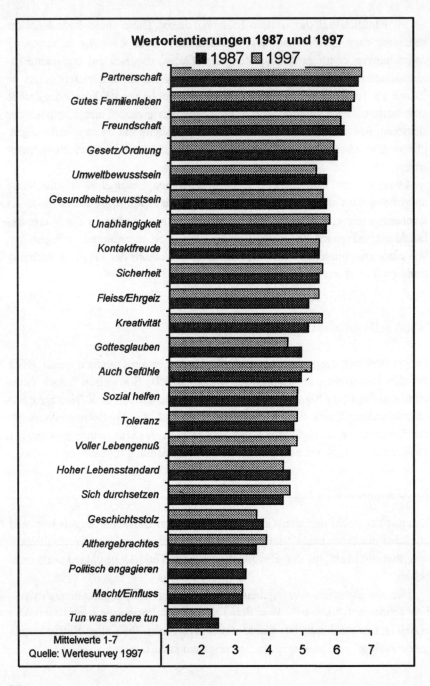

Wertorientierungen 1987 und 1997

■ 1987 ▨ 1997

Partnerschaft	
Gutes Familienleben	
Freundschaft	
Gesetz/Ordnung	
Umweltbewusstsein	
Gesundheitsbewusstsein	
Unabhängigkeit	
Kontaktfreude	
Sicherheit	
Fleiss/Ehrgeiz	
Kreativität	
Gottesglauben	
Auch Gefühle	
Sozial helfen	
Toleranz	
Voller Lebengenuß	
Hoher Lebensstandard	
Sich durchsetzen	
Geschichtsstolz	
Althergebrachtes	
Politisch engagieren	
Macht/Einfluss	
Tun was andere tun	

Mittelwerte 1-7
Quelle: Wertesurvey 1997

1 2 3 4 5 6 7

Dieses eindrucksvolle Ergebnis ist sowohl für die Auseinandersetzung mit der Werteverfallsklage, als auch für die Klärung der Frage bedeutungsvoll, inwiefern der Wertewandel dazu beiträgt, die Menschen für die Herausforderungen der Globalisierung fit zu machen. In beiden Richtungen erhalten wir ein äußerst positives Signal.

Der Wert „Eigenverantwortung" steht in der Bevölkerung viel höher im Kurs als z.b. der Wert „Einen hohen Lebensstandard haben", der nur von 22% der Befragten als „sehr wichtig" und von 54% als „wichtig" eingestuft wird. Er steht auch viel höher im Kurs als der Wert „Die guten Dinge des Lebens in vollen Zügen genießen", den nur 36,2% als „sehr wichtig" und 62,1% als „wichtig" ansehen.

Es wird die fundamental wichtige Tatsache erkennbar, dass sich die Bevölkerung auf der Wertebene viel weniger an den konsumierbaren Güterangeboten als vielmehr an den Chancen der Einbringung eigener Tätigkeitsbereitschaften orientiert. Für die Bevölkerung geht im Durchschnitt aktives eigenverantwortliches Handeln vor passivem Genuss. Es handelt sich hierbei um genau diejenige neuartige sozialmoralische Grundorientierung, welche der aktuellen Stufe der Modernisierung angemessen ist. Es kommt auf dieser Entwicklungsstufe nicht mehr auf die traditionellen Tugenden des entsagungsbereiten Stillhalten- und Ausharrenkönnens, der eigene Wünsche hintanstellenden Bescheidenheit, der unerschütterlichen Pflichterfüllung und der unterwerfungsfreudigen Autoritätsakzeptanz an; viel eher darauf, unter Nutzung der verfügbaren Chancenangebote alle zu Gebote stehenden Kräfte und Fähigkeiten zu mobilisieren und in Beantwortung der Herausforderungen der Globalisierung Eigeninitiative und Eigenverantwortung an den Tag zu legen.

Von symbolischer Bedeutung ist in diesem Zusammenhang die Nachrangigkeit des Wertes „Nach Sicherheit streben", der mit 59,9% der Nennungen bei „sehr wichtig" und 82,3% bei „wichtig" zwar eine respektable Position einnimmt, jedoch sehr deutlich gegenüber dem Eigenverantwortlichkeitswert abfällt. Es ist bemerkenswert, dass in einer Situation, in welcher unablässig das Thema eines Um- und Abbaus des Sozialstaats beredet wird, der Rangplatz des Sicherheitswerts in der deutschen Bevölkerung nicht in eine überragende Spitzenposition hochgeschnellt ist. Bei dem oft behaupteten Vorherrschen einer so genannten „Vollkasko-Mentalität" wäre dies nämlich zu erwarten gewesen. Dass die Bevölkerung in der prekären Lage eines vermutlich endgültigen Abschieds vom Sozialstaat bisheriger Prägung und eines mit ihm verbundenen Verzichts auf soziale Errungenschaften nicht zu einer solchen Reaktion neigt, sondern sich mehrheitlich die an sie herangetragene Herausforderung zur individuellen Eigenverantwortung zu eigen macht, macht überzeugend klar, wie abwegig und wirklichkeitsfremd die Werteverfallsklage ist.

Mitmenschlichkeit wird groß geschrieben

Für die Auseinandersetzung mit der Werteverfallsklage ist gleichermaßen wichtig, dass in der Spitzengruppe der Werte der Deutschen eindeutig weiterhin solche Werte stehen, welche die emotionale Verbundenheit mit dem mitmenschlichen Umfeld betreffen. „Einen Partner haben, dem man vertrauen kann" wird von 91.3% der Befragten als „sehr wichtig" und von 95,2% als „wichtig" eingestuft. Es wird hier ein Wertkonsens von einer Eindeutigkeit sichtbar, die man in einer modernen komplexen Gesellschaft mit einer Unzahl ausdifferenzierter Subsysteme und sozialer Milieus eigentlich nicht erwarten sollte. Auch der etwas weiter ins soziale Umfeld ausgreifende Wert „Gute Freunde haben, die einen anerkennen und akzeptieren" befindet sich mit 74,6% bzw.91,1% der Einstufungen als „sehr wichtig" oder „wichtig" noch klar in der Spitzengruppe der Werte. ·Die Prominenz dieses Werts liefert für die Auseinandersetzung mit der Werteverfallsklage eine wichtige Ergänzung, da sie das Missverständnis aus der Welt schafft, der angeblich vorherrschende individualistische Egoist sei zwar möglicherweise kein reiner Solipsist, igle sich jedoch mit einer einzigen Person seines Vertrauens und seiner Zuneigung in seinen Kokon ein. Dieses Ergebnis unterstützend kommt dem Wert „Sich und seine Bedürfnisse gegen andere durchsetzen" mit nur 28,7% der Nennungen bei „sehr wichtig" und 56,6% bei „wichtig" eine vergleichsweise niedrige Rangposition zu. Das Verhältnis der Menschen zu ihrer mitmenschlichen Umgebung ist – das zeigt sich hier – viel weniger von einer „Ellenbogenmentalität" als vielmehr von Harmoniebedürfnissen bestimmt!

Die Hochschätzung der Familie ist ungebrochen

Vor dem Hintergrund der Werteverfallsklage überrascht auch die Eindeutigkeit, mit der sich der Wert „Ein gutes Familienleben führen" ungeachtet aller

Grabgesänge auf die Familie in der Spitzengruppe der Werteliste behauptet. 88 % der Befragten halten diesen Wert für „sehr wichtig", wobei zu berücksichtigen ist, dass sich unter den Befragten zahlreiche junge Menschen ab 18 Jahre befanden, für welche die Familie nach den Erkenntnissen der empirischen Sozialforschung lebensaltersbedingt noch keine unmittelbare Aktualität besitzt. Auch bezüglich der Hochschätzung der Familie gibt es somit in Deutschland einen ungebrochenen Konsens über alle Altersklassen hinweg!

Der Rechtsstaat ist in den Werten fest verankert

Von großer Bedeutung für die Auseinandersetzung mit der Werteverfallsklage ist endlich auch, dass die sozialmoralische Grundlage der Rechts- und Gesetzesbefolgung in der deutschen Bevölkerung eine höchst stabile Position besitzt. Der Wert „Gesetz und Ordnung respektieren" wird von 67,2% der Befragten als „sehr wichtig" und von 85,2% der Befragten als „wichtig" eingestuft. Die Rechts-, Ordnungs- und Gesetzesakzeptanz in Deutschland darf somit – von der Werteebene her beurteilt – als gut fundiert eingeschätzt werden.

Dieses Ergebnis ist mit dem bereits referierten Resultat der Erfragung des Wandels der Erziehungswerte seit 1951 durch EMNID zusammenzudenken, dem zu entnehmen ist, dass die Wertegruppe „Ordnung und Fleiß" über die Zeit hinweg stabil blieb. Was über die grundlegende Ausrichtung des Wertewandels auf die Erfordernisse einer modernen Gesellschaft unter Einschluss von „Sekundärtugenden" gesagt wurde, erhält hier eine klare Bestätigung. Der Wertewandel verläuft zwar in die Richtung einer Aufwertung von Selbstentfaltungswerten. Erstens stehen hierbei aber funktionale Aspekte der Eigenaktivität, -initiative und -verantwortung im Vordergrund, so dass von einem Überhandnehmen chaotischer und egoistischer Individualismusvarianten nicht die Rede sein kann. Zweitens schließt die systemfunktionale Orientierung des Wertewandels die Akzeptanz von Ordnungsbedingungen des sozialen Zusammenlebens auch dort ein, wo diese zu Selbsteinschränkungen nötigen.

Angesichts des Wertewandels steht die Ordnungsakzeptanz allerdings unter dem steten Druck, entweder durch evidenten Nutzen oder auch durch überzeugende argumentative Begründung legitimiert zu werden. Die Rechts-, Ordnungs- und Gesetzesakzeptanz des deutschen Normalbürgers ist nicht mehr die des Untertanen früherer Zeiten. Zu Beginn des 20.Jahrhunderts konnte z.B. Max Weber noch daran glauben, dass im modernen rationalen Staat die Legitimität von Normen durch die bloße Legalität ihres Zustandekommens gewährleistet werden könne (Weber 1956: 16 ff. u.551 ff.). Nach Max Weber bietet die Tatsache, dass der Staat ein demokratischer Rechts- und Verfassungsstaat ist, einen hinreichenden Grund zur Normenakzeptanz. Demgegenüber ist es nunmehr erforderlich, dass der Normalbürger die Bedeutung von Normen, die das eigene Verhalten einschränken und regeln, unmittelbar einsieht. Ist diesbezüglich keine Evidenz gewährleistet, muss der Bürger argumentativ überzeugt werden, um zur Normakzeptanz veranlasst zu werden.

Diese Überzeugungsarbeit zu leisten ist kein „leichtes Brot" für einen Staat, der sich zwar als demokratischer Rechtsstaat versteht, jedoch immer noch geneigt ist, sich bei seiner Tätigkeit auf eine hoheitliche Befugnis zu stützen, die dem Normalbürger genau das abfordert, was im Wertewandel unter die Räder gerät, nämlich Unterordnung und Fügsamkeit.

Die altruistische Tendenz im Wertewandel

Die Entdeckung, dass im Wertewandel Selbstentfaltung und Mitmenschlichkeit zusammengehen, könnte mit dem Argument angezweifelt werden, die bisher referierten Ergebnisse würden sich nur auf persönliche Partner und gute Freunde, also auf diejenigen Ausschnitte des sozialen Umfelds beziehen, die sich der einzelne unmittelbar als Stütze zurechnen kann. Der im Hintergrund der Werteverfallsklage stehende Egoismusvorwurf sei somit noch nicht ausgeräumt.

Um dieses Argument auf den Prüfstand zu stellen, sei die Testfrage gestellt, wie sich der Wertewandel und die Bereitschaft zum „freiwilligen Engagement" zueinander verhalten. Die Möglichkeit einer empirischen Überprüfung ergibt sich aufgrund des *Speyerer Werte- und Engagementsurveys 1997*, der diese Frage in den Mittelpunkt rückte und dabei repräsentative Erhebungen in Ost- und Westdeutschland zugrunde legte.

Die höchst eindrucksvollen Ergebnisse der Erhebungen lassen sich für die alten Bundesländer aus der nachfolgenden Graphik ablesen.

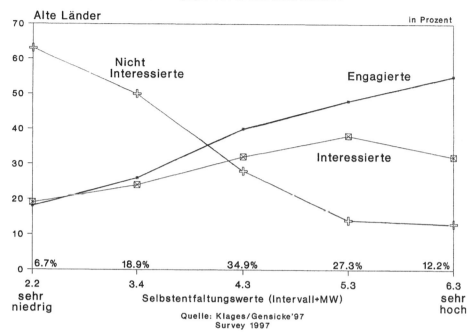

Selbstentfaltung und Engagement
Selbstentfaltungswerte und Verhältnis
zum Engagement in den alten Ländern

Alte Länder

in Prozent

Nicht
Interessierte

Engagierte

Interessierte

| 6.7% | 18.9% | 34.9% | 27.3% | 12.2% |

| 2.2 | 3.4 | 4.3 | 5.3 | 6.3 |

sehr
niedrig

Selbstentfaltungswerte (Intervall+MW)

sehr
hoch

Quelle: Klages/Gensicke'97
Survey 1997

In der Graphik sind über einer Skala, welche die durchschnittliche Ausprägung der Selbstentfaltungswerte angibt, die Anteile der Engagierten an den
Befragten, der definitiv Nicht-Engagierten und der gegebenenfalls an einem
Engagement interessierten Nicht-Engagierten ausgewiesen. Betrachtet man
die Linienverläufe, so erhält man ein verblüffend klares Bild kräftiger Zusammenhänge zwischen den Selbstentfaltungswerten und der Engagementbereitschaft: Die Anteile der Engagierten und der definitiv Nichtengagierten
an den Befragten kehren sich geradezu um, wenn man die Linienverläufe
von links nach rechts, d.h. von niedrig bis zu hoch ausgeprägten Selbstentfaltungswerten hin verfolgt. Bei den Befragten mit niedrig ausgeprägten Selbstentfaltungswerten ist der Anteil der Engagierten sehr niedrig und der Anteil
der definitiv Nicht-Engagierten sehr hoch. Umgekehrt ist bei den Befragten

39

mit stark ausgeprägten Selbstentfaltungswerten der Anteil der Engagierten sehr hoch und der Anteil der definitiv Nicht-Engagierten sehr niedrig. Zusätzlich fällt ins Gewicht, dass die Linienverläufe zwischen den beiden Extremen stetig sind, d.h. kaum irgend welche Schwankungen aufweisen.

Zwischen den Selbstentfaltungswerten und dem freiwilligen Engagement besteht also ein sehr enger positiver Zusammenhang. Je deutlicher bei den Menschen die Selbstentfaltungswerte ausgeprägt sind, desto mehr Engagementbereitschaft haben sie (Klages 2000a: 118 ff.). Dieser empirisch nachweisbare Zusammenhang lässt sich ohne weiteres als Kausalverhältnis interpretieren. Das Ergebnis lautet dann, dass Selbstentfaltungswerte die Engagementbereitschaft fördern. Aufgrund der vorliegenden Untersuchungsergebnisse lässt sich hinzufügen, dass traditionelle Pflicht-, Fügsamkeits- und Unterordnungswerte keineswegs in einem auch nur annähernd vergleichbarem Maße engagementfördernd wirken (Klages 2001).

Der empirische Härtetest führt somit zu einem denkbar klaren Ergebnis: Dem Wertewandel eignet ungeachtet seiner „individualistischen" Tendenz ein sehr deutliches altruistisches Potenzial. Fragt man direkt nach der Motivlage der Engagierten, so zeigt sich, dass das sehr eindeutig auf Selbstentfaltungswerten aufbauende Motiv „Spaß" zu haben, ganz an der Spitze der Rangliste steht. Bei oberflächlicher Betrachtung scheint dies Wasser auf die Mühlen der Verkünder des Werteverfalls zu sein. Der Schein trügt jedoch. Wer beim Engagement Spaß haben will, ist keinesfalls ein Repräsentant einer oberflächlichen, egoistischer Unterhaltung und Zerstreuung zugewandten „Spaßkultur". Die Absicht, anderen Menschen zu helfen, steht außer allem Zweifel. Der vom Wertewandel geprägte Altruist ist allerdings weniger durch eine Neigung zur Selbstaufopferung oder zum persönlichen Verzicht motiviert. Das Zurücktreten dieser eher traditionellen Engagementmotive verändert den Typus des freiwillig Engagierten in die Richtung eines Menschen, der altruistische Grundbereitschaften mit eigenen Wunscherfüllungserwartungen und -ansprüchen verbindet. Man wird auch davon auszugehen haben, dass dieser neue Typ des Engagierten den Bedingungen im Engagement nicht mit derselben Anspruchslosigkeit und Genügsamkeit begegnet, die vom dem „selbstlosen Helfer" früherer Tage erwartet werden konnte. Für diejenigen, die für die Gestaltung dieser Bedingungen zuständig sind, ist dies einmal mehr kein „leichtes Brot". Dies ist aber ein anderes Thema, auf das an dieser Stelle nicht einzugehen ist. (Vgl. hierzu das Kapitel 4)

Realisierungspfade des Wertewandels: „Wertetypen"

Vorstoß zu einer detaillierteren Betrachtung

Die vorstehenden empirischen Analysen bewegen sich auf einem verhältnismäßig hohen Niveau analytischer Abstraktion, indem sie auf statistischen Mittelwerten für die gesamte Bevölkerung Deutschlands aufbauen. Sie werden damit der Frage nach dem Gesamttrend der Werte-Entwicklung und seiner Beziehungen zum Trend der sozio-ökonomischen Veränderungen gerecht, von der wir ausgegangen sind.

Statistische Mittelwerte haben allerdings einen nivellierenden Effekt und lassen somit eine Fülle von faktisch vorhandenen Unterschieden nicht zur Geltung kommen. Man muss damit rechnen, dass diese Unterschiede sichtbar werden, sobald man nur nach ihnen sucht, d.h. die Ebene der Mittelwerte verlässt. Dies gilt einerseits für die sozio-ökonomischen Herausforderungen und andererseits für die mentalen Veränderungen in der Bevölkerung, die bei der Untersuchung des Wertewandels erfassbar werden. Bei näherer Betrachtung muss man diesbezüglich mit Unterschieden zwischen verschiedenen Bevölkerungsgruppen rechnen. So ist anzunehmen, dass in relativ konservativen Teilgruppen der Bevölkerung noch die alten Werte hochgehalten werden, während es daneben radikale Werte-Neuerer gibt, die sich als die Speerspitze des Wertewandels interpretieren lassen.

Man kann darüber hinaus aber auch vermuten, dass es Realisierungspfade des Wertewandels gibt, die sich hinsichtlich verschiedener Gesichtspunkte unterscheiden. Zieht man erst einmal deren Existenz in Betracht, wird man sich auch mit der Möglichkeit vertraut machen müssen, dass diese Pfade auseinanderstreben und den Ausblick auf eine zunehmende Bandbreite des Wertewandels eröffnen. Ist man aber erst einmal an diesem Punkt angelangt, wird man die grundlegende Frage nach der Richtung des Wertewandels einer vertiefenden Erörterung zuzuführen haben.

Eigenschaftsprofile der Wertetypen

Will man sich dem abgesteckten Problemfeld mit wissenschaftlichen Mitteln nähern, gilt es die Analyse des Gesamttrends des Wertewandels zu verlassen und sich einer Analyse zuzuwenden, die sich auf die in Teilgruppen der Bevölkerung auffindbaren Wertorientierungen einlässt.

Die Speyerer Werteforschung hat dies frühzeitig getan, indem sie unter Nutzung des methodischen Instruments der so genannten Clusteranalyse danach fragte, welche typischen Kombinationen von Werten bei den Bewohnern der Bundesrepublik Deutschland anzutreffen sind und welche Unterschiede sich diesbezüglich auffinden lassen. Legt man die auf empirischem Wege feststellbaren Wertegruppen Gehorsam und Selbstbescheidung, hedonistisch-materialistische Selbstentfaltung und idealistische Selbstentfaltung zugrunde und verfolgt man die Kombinationen, die sie eingehen, dann gelangt man zur Ermittlung von fünf besonders hervorstechenden Personengruppen („Wertetypen")[5], die sich durch ihre Wertekonstellationen sehr deutlich unterscheiden und welchen sich die Gesamtbevölkerung Deutschlands fast vollständig zurechnen lässt.[6]

Die Eigenschaftsprofile dieser Typen enthüllen ein pluralistisches Bild, in denen sich ihre unterschiedlichen Werte niederschlagen. Die Informationen, die man diesem Bild entnehmen kann, betreffen u.a. auch Aspekte einer mangelnden oder in problematischer Richtung verlaufenden Anpassung an die Herausforderungen und Chancen der Modernisierung, die in den Gesamttrend des Wertewandels eingelagert sind. Man darf diese Aspekte nicht außer Acht lassen, wenn man zu einer detaillierteren Antwort auf die Frage gelangen will, in wie weit die Menschen den Herausforderungen dieser Entwicklung mental gewachsen sind.

In aller Kürze lassen sich die fünf Typen wie folgt beschreiben:

Typ 1: *Konventionalisten* (Gehorsam und Selbstbescheidung sind stark, die beiden anderen vorstehend erwähnten Wertegruppen schwach ausgeprägt): Bei der insgesamt rückläufigen Gruppe der überwiegend älteren Menschen, die diesem Typus angehören (1999 waren es 18% der Bevölkerung Deutsch-

---

5 Für den theoriebewussten Sozialwissenschaftler sei diesem Begriff die Erläuterung hinzugefügt, dass er im Grundsatz dasselbe meint, wie der Begriff „personality type" bei Parsons und Shils (Parsons/Shils 1965: 185 ff.)

6 Bis um die Mitte der 80er Jahre waren in der Bundesrepublik Deutschland nur vier Typen, nämlich die Konventionalisten, die perspektivenlosen Resignierten, die nonkonformen Idealisten und die aktiven Realisten feststellbar. Die Ausdifferenzierung und Entwicklung eines fünften Typus erfolgte um diese Zeit in Verbindung mit der „Etablierung hedonistisch-individualistischer und materialistischer Werte als eigenständiger, einheitlicher Dimensionen" (Herbert 1988: 151 ff.).

lands ab 14 Jahre) in, hat noch kein Wertewandel stattgefunden. Es liegt bei den Konventionalisten also eine Wertekonstanz vor. Ihr entscheidendes Kennzeichen ist die Neigung zur Modernisierungsabwehr und zur Suche nach Situationen, in denen sie sich an möglichst eindeutigen und veränderungsresistenten Sinngehalten und Aufgabenstellungen orientieren und Belohnungen für ein normkonformes Verhalten empfangen können.

Typ 2: *Perspektivenlose Resignierte* (Alle drei Wertegruppen sind relativ schwach ausgeprägt): Bei dieser momentan verhältnismäßig gleichbleibend großen Bevölkerungsgruppe (1999 waren es 16% der Bevölkerung ab 14 Jahre) liegt ein Werteverlust vor, den man – unter Rückgriff auf die Motivationspsychologie – als eine durch mangelnde Erfolgserlebnisse bedingte „Misserfolgsorientierung" deuten kann. Es kann sich um frustrierte Konventionalisten, oder auch um ehemalige Angehörige der nachfolgenden Typen 3 und 4 handeln, die in den ihnen zugänglichen Handlungsfeldern keine ausreichenden Möglichkeiten zur Selbstentfaltung finden konnten. Ihr entscheidendes Kennzeichen ist die Neigung zur Suche nach Nischen, in denen sie bei unauffälligem Verhalten möglichst unbehelligt von Herausforderungen zur risikohaltigen Eigenaktivität und -verantwortung den Sturm der Veränderung überleben können.

Typ 3: *Hedonistische Materialisten*: Bei den „Hedomats" ist die hedonistisch-materialistische Selbstentfaltung im Gegensatz zu den beiden übrigen Wertegruppen stark ausgeprägt. Diese Bevölkerungsgruppe, der 1999 15% der Menschen ab 14 Jahre zuzurechnen waren, weist verschiedene Ausprägungsvarianten auf. Gemeinsam ist allen „Hedomats" aber die Fähigkeit zu einer flexiblen Anpassung an die jeweiligen Umstände. Insoweit nähern sie sich an einem strategischen Punkt dem Sollprofil mentaler Basisdispositionen unter modernen Lebensbedingungen an. Sie lassen sich in der Praktizierung ihrer Beweglichkeit allerdings vom Lustprinzip leiten. Sie lieben das Spielerische und Unverbindliche ebenso wie den schnellen und nach Möglichkeit anstrengungslosen Zugriff auf sich anbietende Chancen, die sie jedoch bald zugunsten anderer hinter sich lassen, wenn sie von diesen mehr erwarten können. In ihren anspruchsvolleren Ausprägungen sind sie kreative Wellenreiter im bewegten Meer der Unstetigkeit, mit der in der Ära der Globalisierung zu rechnen ist; in ihren Niederungen sind sie verantwortungsscheue Schnäppchenfischer, die im Grenzfall auch nicht die Übertretung gesellschaftlicher Spielregeln und Normen und die Verletzung der Interessen anderer scheuen, um zum Ziel zu gelangen.

Typ 4: *Nonkonforme Idealisten* (Idealistische Selbstentfaltung ist gegenüber den beiden anderen Wertegruppen stark ausgeprägt): Diesem Wertetypus waren 1999 17% der Bevölkerung ab 14 Jahre zuzurechnen. Das entscheidende Kennzeichen der Idealisten ist, dass sie zwar auf der Bewusstseinsebene starke Modernisierungsbefürworter sind, wobei sie sich aber an hochgesteckten Idealen oder Ideologien individualmenschlicher Emanzipation und gesellschaftlicher Egalität orientieren. Der alltäglichen, von belastungsreichen Anpassungsherausforderungen und -zwängen geprägten Wirklichkeit der Modernisierung stehen sie von daher eher kritisch und hilflos gegenüber. Bei ihren eigenen Versuchen, mit dieser Wirklichkeit zurechtzukommen, sind sie hochgradig frustrationsanfällig. Sie neigen von daher dazu, sich in berufliche Nischen wie z.B. die des Journalisten oder Lehrers zu retten, in denen sie bei relativer Sicherheit und Abgeschirmtheit ihrer Neigung zur Reflexion nachgehen können.

Typ 5: *Aktive Realisten* (Alle drei Wertegruppen sind verhältnismäßig hoch ausgeprägt): Bei diesem in etwa gleichmäßig über die Altersklassen verteilten Wertetypus, der 1999 34 % der Bevölkerung ab 14 Jahre umfasste, hat im Zuge des Wertewandels eine Wertesynthese stattgefunden. Die Menschen, die diesem Typus angehören, sind in der Lage, auf die verschiedenartigsten Herausforderungen pragmatisch zu reagieren, gleichzeitig aber auch mit starker Erfolgsorientierung ein hohes Niveau rationaler Eigenaktivität und -verantwortung anzustreben. Sie sind auf eine konstruktiv kritikfähige und flexible Weise an Institutionen orientiert und haben verhältnismäßig wenig Schwierigkeiten, sich in einer vom schnellen Wandel geprägten Gesellschaft zielbezogen und selbstsicher zu bewegen. Mit allen diesen Eigenschaften nähern sie sich dem idealen Sollprofil menschlicher Handlungsfähigkeiten unter den Bedingungen moderner Gesellschaften an. Ihre Schwachstelle ist allenfalls ihre Neigung zu einem Aufstiegsstreben, das sich vielfach noch an langfristig berechenbaren Maßstäben und Leitern orientiert, die in der turbulenter werdenden, zu häufigerem Wechsel und Neuanfang zwingenden Wirklichkeit aber zunehmend in Wegfall geraten.

Die Wertesynthese als Optimum

Man kann aus dieser Typenschilderung folgern, dass es in der Bevölkerung der Bundesrepublik eine Stufenleiter der Annäherung an denjenigen Soll- oder Idealtypus mentaler Modernisierung gibt, der sich aus der Gesamtanalyse des Wertewandels ableiten lässt. Auf der höchsten Stufe der Annäherung stoßen wir auf die aktiven Realisten, auf den untersten Stufen sowohl auf die Konventionalisten, bei denen sich bisher nichts bewegt hat, als auch auf die perspektivenlosen Resignierten, bei denen sich die psychologischen Folgen einer fehlgeschlagenen Auseinandersetzung mit den Herausforderungen des Wandels in deformierten Wertorientierungen niederschlagen.

Auch wenn man in Rechnung stellt, dass die aktiven Realisten die weitaus größte Teilgruppe der Bevölkerung repräsentieren, bleibt bezüglich der Wertorientierungen der Gesamtbevölkerung einiges zu wünschen übrig. Der gesellschaftliche Wertewandel verläuft zwar, wie die vorangegangene Trendanalyse zeigt, im Großen und Ganzen in die „richtige" Richtung. Er besitzt aber bisher noch nicht die eigentlich wünschenswerte Eindeutigkeit, qualitative Ausgewogenheit und erhoffbare Durchsetzungskraft.

Allerdings erbringt die Typenanalyse zweitens auch die wesentliche zusätzliche Erkenntnis, dass man sich das Optimum der Werte-Entwicklung gar nicht von einer einseitigen Durchsetzung der Selbstentfaltungswerte zu erhoffen hat, sondern vielmehr von einer Wertesynthese, welche die „alten" und die „neuen" Werte zu einer mentalen Disposition komplexerer Art vereinigt. Betrachtet man die „Hedomats" und die „nonkonformen Idealisten" als Wertetypen, bei denen ein Vordringen der Selbstentfaltungswerte auf Kosten der alten Werte und somit ein radikaler Umsturz der Werte stattgefunden hat, dann kann man – wie bereits angedeutet – erkennen, dass ihnen Schwächen anhaften, die ihnen den Zugang zum Optimum der mentalen Anpassung an die Realitätsbedingungen auf die eine oder andere Weise verwehren. Zwar wird man sich davor hüten müssen, über die Angehörigen dieser Typen den Schmutzkübel der Werteverfallsklage auszugießen. Man wird nicht einmal davon ausgehen können, dass ihre Existenzfähigkeit unter den Bedingungen der Globalisierung gefährdet ist, denn es besteht für sie – ebenso wie für die Konventionalisten – die Chance, Nischen zu finden, in denen sie unangefochten überleben, oder auf dem Hintergrund intelligent genutzter Beweglichkeiten sogar „das System schlagen" können. Es verbleibt aber bei dem Aufeinandertreffen von Herausforderungen und mentalen Antworten ein Unbestimmtheitsspielraum, den man nicht ohne weiteres als eine *quantité négligeable* einstufen kann.

Entwicklungsperspektiven der Wertesynthese

Angesichts der großen Bedeutung, die der Wertesynthese zuzurechnen ist, muss die Frage aufgeworfen werden, ob die Gruppe der aktiven Realisten wächst oder schrumpft. Sollte letzteres der Fall sein, so bestünde – ungeachtet eines positiven Ergebnisses der Trenddiagnose – Anlass zu großer Sorge. Es wäre dann nicht auszuschließen, dass sich unterhalb des Datenbildes, das die Trenddiagnose vermittelt, Entwicklungspfade des Wertewandels in den Vordergrund schieben, denen sich letztlich nur eine mit erheblichen Mängeln und Einschränkungen belastete Modernisierungstauglichkeit bescheinigen lässt.

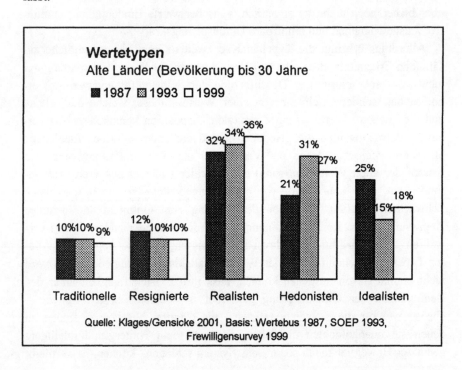

Wertetypen
Alte Länder (Bevölkerung bis 30 Jahre

■ 1987 ▨ 1993 ☐ 1999

Quelle: Klages/Gensicke 2001, Basis: Wertebus 1987, SOEP 1993, Frewilligensurvey 1999

Die vorstehende Graphik erlaubt es, dieser äußerst wichtigen Frage für die Zeit zwischen 1987 und 1999 nachzugehen, indem die Entwicklung der Anteile der fünf Wertetypen anhand der trendsensiblen Altersgruppe der 18 bis 30jährigen ausgewiesen wird:

Es zeigt sich Folgendes:

- „Ordnungsliebende Konventionalisten" (in der Graphik kurz „Traditionelle" genannt) sind unter den jungen Leuten schon länger nur noch geringfügig vorhanden.
- „Perspektivenlose Resignierte" (in der Graphik kurz „Resignierte" genannt), die Stiefkinder des Wandels, verharren über die Jahre hinweg auf einem etwa gleichbleibenden Niveau.
- „Neonkonforme Idealisten" (kurz „Idealisten"), die seit dem Ende der sechziger Jahre Konjunktur hatten, erlebten in den neunziger Jahren einen Einbruch, von dem sie sich nicht wieder erholten.
- „Hedonistische Materialisten" (kurz „Hedonismen") erlebten bis zur ersten Hälfte der neunziger Jahre einen steilen Aufstieg, der jedoch bald einen Gipfel erreicht und in der Folge einer deutlichen Rückläufigkeit weicht.
- „Aktive Realisten" (kurz „Realisten") erlebten kontinuierliche Zuwächse und stellen sich gegen Ende der neunziger Jahre mit großer Deutlichkeit als die stärkste Teilgruppe dar.
- Der zentrale Spannungsgehalt dieser Entwicklung, die bei den jungen Leuten besonders deutlich erkennbar wird, ist die Konkurrenz zwischen den aktiven Realisten und den hedonistischen Materialisten. Im Zeitraum zwischen dem Ende der achtziger und dem Ende der neunziger Jahre gab es zeitweilig ein Kopf-an-Kopf-Rennen zwischen diesen beiden Wertetypen. Die Hedonisten hatten bei der Messung im Jahr 1993 fast aufgeschlossen, wobei ihr höheres Wachstumstempo die Prognose eines bevorstehenden Vorbeiziehens an den aktiven Realisten nahezulegen schien. Es war dies die Zeit, in welcher die auch heute noch vertretenen Diagnosen einer „Egoisten-", „Spaß-" oder „Ellenbogen-Gesellschaft" aufblühten. Wie die Daten zeigen, gab es während dieser Zeit in der Tat bei der jüngeren Bevölkerung eine Tendenz in diese Richtung, die aber keinen Trend, d.h. keine nachhaltige Entwicklung darstellte. Als nach-

haltig erwies sich letzten Endes einzig das Wachstum der Gruppe der aktiven Realisten.

Die strategische Leitfrage, ob der Wertewandel die Modernisierungstauglichkeit der Menschen unter den Bedingungen der Globalisierung stärkt, kann somit auch auf der Ebene der Typenanalyse mit einem eindeutigen „Ja" beantwortet werden. Die entscheidende Feststellung, die sich aus der Typenanalyse ableiten lässt, lautet, dass sich die Wertesynthese im Lauf der Zeit immer deutlicher als die Leitlinie des Wertewandels herauskristallisiert (Klages 2001).

Wertewandel und Persönlichkeitsstärke

Sind Individualisten lebenstüchtig?

Elisabeth Noelle-Neumann, der Gründerin und langjährigen Leiterin des Instituts für Demoskopie, Allensbach, ist der Hinweis auf die eminente Bedeutung zu verdanken, die der Persönlichkeitsstärke bei der Beantwortung der Frage zuzumessen ist, ob Menschen von ihrer psychischen Konstitution her den Herausforderungen der modernen Gesellschaft gewachsen sind. So genannte „starke Menschen" waren schon in den vierziger Jahren bei Studien der amerikanischen Sozialpsychologen Paul F. Lazarsfeld und Elihu Katz über die Persönlichkeit von Meinungsführern in Erscheinung getreten. Unter Bezugnahme auf diese Studien entwickelte Noelle-Neumann eine Skala, mit deren Hilfe sie das Innenleben dieser starken Menschen entschlüsseln konnte. Sie waren, so zeigte sich, „von einem eigentümlichen Selbstvertrauen erfüllt, von dem Glauben an sich selbst ('Ich kann mich gut durchsetzen'), von Zuversicht ('Ich rechne bei allem was ich tue mit Erfolg'), von der Bereitschaft, Verantwortung zu übernehmen, Lasten zu tragen. 'Ich übernehme gern die Führung', sagten sie, begierig ihre Kräfte anzuspannen, Durststrecken durchzuhalten, und sie hatten mehr als andere das Gefühl, dass sie etwas mehr als andere die Zukunft ahnen konnten." (Noelle-Neumann 1995)

In der Tat ist die Frage, ob der Wertewandel dazu beiträgt, die individuelle Persönlichkeitsstärke zu erhöhen, ein denkbar wichtiger und unvermeidlicher letzter Schritt auf dem Wege zur abschließenden Beantwortung der Hauptfrage, ob der Wertewandel die psychischen Voraussetzungen dafür verbessert, den Herausforderungen der Modernisierung gewachsen zu sein und die hierfür erforderlichen Eigenschaften zu entwickeln. Wir wissen bisher, dass diejenigen Wertorientierungen, die im aktuellen Wertewandel Auftrieb erhalten, grundsätzlich die „richtige" Richtung eines mentalen Wandels repräsentieren. Dies ist ohne Zweifel eine fundamentale Erkenntnis, mit der die Werteverfallsklage abgewehrt werden kann. Bei den Wertorientierungen, von denen auf der Ebene der Trendanalyse die Rede war, handelte es sich aber zunächst nur um Orientierungsgrößen, welche – ohne konkreten Situationsbezug – die Perspektive des individuellen Gesamtlebensentwurfs anzielen. Bei der Typenanalyse kamen zwar bereits zusätzliche, in den Bereich der sozialen Einstellungen hineinragende Merkmale der Menschen ins Spiel. Aber auch hier ging es noch nicht unmittelbar um die Frage, wie sich die Menschen in der konkreten Lebenswirklichkeit den Herausforderungen stellen, denen sie sich in der Globalisierungsphase der sozio-ökonomischen Modernisierung gegenübersehen. Ungeachtet aller bisherigen Klärungen steht somit die Frage noch unbeantwortet im Raum, ob der Wertewandel dazu beiträgt, den Menschen die innere Orientierung auf eine in alltagsgängigen Problembewältigungsfähigkeiten zum Ausdruck kommende „Lebenstüchtigkeit" als psychische Voraussetzung für ein erfolgreiches Existieren unter den Lebensbedingungen der Globalisierung zu vermitteln.

Die Anatomie eines Messansatzes

Um der so verstandenen Frage nach der Persönlichkeitsstärke nachgehen zu können, entwickelte die Speyerer Werteforschung – unter Einbeziehung der Allensbacher Ansätze, aber auch auf dem Hintergrund weiter zurückreichender eigener Vorarbeiten (Klages 1975) – ein Messinstrument, das von dem Bild eines Menschen ausgeht, der die innere Orientierung auf die von der Modernisierung geforderten Fähigkeiten zur Problembewältigung in einer idealtypisch reinen Ausprägung besitzt. Dieses Messinstrument wurde im *Speyerer Werte- und Engagementsurvey 1997* zum Einsatz gebracht, wobei der Frage nachgegangen wurde, inwieweit die Bevölkerung Deutschlands bereits die betreffenden Orientierungen besitzt. Die Untersuchung der Ergebnisse ermöglicht es, die Frage nach der inneren Orientierung der deutschen Bevölkerung auf eine den Herausforderungen gerecht werdende Lebenstüchtigkeit in aller nur wünschenswerten Eindeutigkeit zu beantworten und damit ihre mentale Fitness unter Globalisierungsbedingungen auf einer verhältnismäßig alltagsnahen Ebene zu überprüfen.

Gleichzeitig wird auch eine Antwort auf die Frage ermöglicht, welche Rolle die Kernsachverhalte des Wertewandels-Trends in diesem Zusammenhang spielen. Die Hypothese legt sich nahe, dass zwischen der Entwicklungsrichtung der Wertorientierungen und den Variablen der Persönlichkeitsstärke ein tragfähiger und widerspruchsfreier Zusammenhang bestehen muss. Nur unter dieser Bedingung kann nämlich von derjenigen Konsistenz der mentalen Dispositionen ausgegangen werden, die vorauszusetzen ist, wenn eine mit der Modernisierung verbundene intrapersonale Zerrissenheit (oder „Dissonanz") als Regelfall ausgeschlossen werden soll.

Wir gingen bei der Entwicklung unseres Messinstruments von der Annahme aus, dass die Menschen die folgenden Merkmale der Lebenstüchtigkeit entwickeln müssen, um den Herausforderungen der Globalisierung erfolgreich begegnen zu können:

Erstens wird den Menschen zunehmend abgefordert, ungeachtet des Zwangs zu einem zunehmend häufigen Wechsel der Lebensumstände, ja gerade wegen dieses Zwangs, eine starke Identität zu entwickeln, d.h. eine Identität, welche die Ausbildung eines situationsüberdauernden und somit gewissermaßen ultrastabilen Lebensleitbilds und Selbstkonzepts ermöglicht, welches das sonst unvermeidliche Abgleiten in das den Psychoanalytikern wohlbekannte, mit Orientierungsverlust verbundene „Borderline"-Syndrom verhindert.

Zweitens wird den Menschen gleichzeitig in einem zunehmenden Maß die Bereitschaft und Fähigkeit abverlangt, die positiven wie negativen Lebenserfahrungen nicht irgendwelchen unbeeinflussbaren Lebensumständen, sondern vielmehr umgekehrt sich selbst zuzuschreiben. Aus den Erfahrungen sollen sie Lernkonsequenzen mit dem Ziel der aktiven und eigenständigen Verbesserung ihres Handelns ableiten. Eingeschlossen ist in diese Forderung, zu vermeiden, der Resignation oder einer passiv abwartenden Haltung anheimzufallen, welche die individuellen Erfolgschancen stark reduzieren müsste.

Drittens wird in Verbindung hiermit den Menschen ein hoher Grad rationaler Situationsdiagnostik abgefordert, anders formuliert: Der Besitz von sensiblen Antennen ist unabdingbar, welche es ermöglichen, günstige und förderliche von ungünstigen und hemmenden oder schädlichen Chancen, Gelegenheiten, Angeboten und Verhaltensalternativen zu unterscheiden und hieraus die entsprechenden Verhaltenskonsequenzen abzuleiten.

Viertens müssen die Menschen *Selbstdisziplin* in einem Maß aufbringen, welches das früher Übliche schon deshalb weit überschreitet, weil unter den modernen Lebensbedingungen zwar immer noch soziale Kontrolle, keinesfalls aber mehr das enorme Ausmaß institutionalisierter Sozialmoral existiert, das für traditionale Gesellschaften kennzeichnend ist. Die Menschen müssen, mit anderen Worten, in der Lage sein, diejenige Disziplin, die ihnen früher von außen aufgenötigt wurde, durch eine eigengesteuerte Disziplin zu ersetzen, die sie dazu befähigt, ihre spontanen emotionalen Regungen und Reaktionen im Interesse der Verfolgung längerfristiger Ziele zu zügeln In diese Selbstdisziplin, deren langfristiges Anwachsen insbesondere von Norbert Elias beobachtet wurde[7], ist die Affektkontrolle ebenso einzurechnen wie die Aggressionskontrolle und die Kontrolle von Bedürfnissen nach unmittelbaren Wunscherfüllungen (Elias 1969).

Fünftens wird denjenigen Menschen, die erfolgreich sein wollen, ein breites Spektrum sozialer Fähigkeiten und Kompetenzen, von „social skills" also, abgefordert. Dazu zählen die Fähigkeit zur schnellen Herstellung von Kontakten und Kooperationen ebenso wie die Fähigkeit zur kalkulierten Konfliktaustragung und Selbstdurchsetzung und die Fähigkeit zu einer pointierten Selbstdarstellung und -inszenierung, wie sie der Soziologe Georg Simmel schon um die Jahrhundertwende bei den Zuwanderern zu den emporschießenden Industriestädten feststellen zu können meinte (Simmel 1903).

---

7 Es wird an dieser Stelle darauf verzichtet, auf aktuelle Erörterungen der Zivilisationstheorie von N.Elias einzugehen. Nach Auffassung des Autors besteht kein Anlass, sich der Auffassung G.Lindemanns (2001) anzuschließen, angesichts bestimmter Kritiken falle es schwer „an einer Zivilisationstheorie festzuhalten".

Selbstzuschreibung von Persönlichkeitseigenschaften, die Lebenstüchtigkeit anzeigen

- Fähigkeit zur Entwicklung eines auf Selbstentfaltung abzielenden, gleichzeitig aber auch realistisch auf das gesellschaftliche Chancen-/Rollenangebot bezogenen Selbstkonzepts
- Hiermit koordiniertes Erfolgs- und Selbstbestätigungsstreben
- Fähigkeit zur Selbstzurechnung positiver und negativer Erfahrungen („internale Attribution"):
  - Verarbeitung von Erfahrungen in Richtung der Entwicklung eigener Kompetenz
  - Verarbeitung von Erfahrungen in Richtung der Bereitschaft und Fähigkeit zur Eigenverantwortung
- Fähigkeit zur Selbstkontrolle:
  - Affektkontrolle
  - Bedürfniskontrolle (= Fähigkeit zum Befriedigungsaufschub, zur Praktizierung des sog. deferred gratification pattern)
  - Aggressionskontrolle
- Fähigkeit zur Resistenz gegen Umweltdruck:
  - Belastungsresistenz
  - Frustrationsresistenz/Enttäuschungsfestigkeit
  - Fähigkeit zum Durchstehen von Dissonanzerfahrungen
  - Ambiguitätstoleranz
- Fähigkeit zur rationalen Situationsdiagnose
  - Intelligente, komplexitätsfeste Informationsverarbeitungs- und -selektionskapazität
  - Sensible „Antennen" für Chancen/Sackgassen
- Fähigkeit zur Testung/Evaluierung von Angeboten in Relation zur eigenen Selbstentfaltungsmotivation
- Hohes Kompetenzniveau
  - Sachkompetenz
  - Soziale Kompetenz (= social skills)
    - Kommunikationsfähigkeit
    - Teamfähigkeit
    - Verhandlungsgeschick
    - Empathie
    - Selbstdarstellungsgeschick
    - Selbstdurchsetzungsgeschick
    - Konfliktfähigkeit
    - Vertrauensbereitschaft
    - Fähigkeit und Bereitschaft zur
    - Rollenübernahme
      - *Fähigkeit zur Rollenerkennung und Rollenauffindung*
      - *Fähigkeit zur Rollenübernahme*
    - Fähigkeit zur aktiven Rollenauslegung in Richtung eigener Fähigkeiten
      - *Fähigkeit zur Rollendistanz*

Unser Messinstrument nahm alle diese Anforderungen auf und differenzierte sie noch weiter aus, wobei sich die aus der vorstehenden Übersicht ersichtliche Variablenliste ergab[8].

Selbstvermarktung und/oder Selbstbeherrschung?

Die wesentlichen Ergebnisse der Anwendung dieses Instruments werden in der Tabelle „Persönlichkeitsstärke" (im ANHANG) ausgewiesen. Man erhält hier einen aussagekräftigen Eindruck von der Persönlichkeitsstärke der West- und Ostdeutschen, wie sie in den ermittelten Selbstzuschreibungen von Fähigkeiten zum Ausdruck gelangt. Es zeigt sich, dass die meisten erfassten Fähigkeiten im Selbstbild der Bevölkerung einen Wert von über 5.0 auf der Siebenerskala, also eine relativ hohe Ausprägung aufweisen. Allgemein gesehen besitzt die deutsche Bevölkerung demnach – aus ihrer eigenen Perspektive gewertet – eine überraschend gut ausgeprägte Persönlichkeitsstärke. Sie weist nur bei der Konfliktfähigkeit („Sich dem Konflikt stellen") und vor allem beim Merkmal Selbstdarstellungsgeschick („Sich gut verkaufen"), das als einziges den Wert von 5.0 unterschreitet, auffällige Einschränkungen auf. Dass die Persönlichkeitsstärke der Ostdeutschen – abgesehen von einem mangelnden Selbstdarstellungsgeschick – bei der überwiegenden Zahl der Merkmale höher liegt als die der Westdeutschen, soll an dieser Stelle als ein bemerkenswertes Detail, das zu einer gesonderten Erörterung einlädt, ohne Kommentar vermerkt werden (vgl. Gensicke 2000: 117 ff.).

Ohne auf Einzelheiten einzugehen kann zusammenfassend festgestellt werden, dass die Mentalitätsentwicklung der Deutschen auch auf der Ebene der Lebenstüchtigkeit den Herausforderungen der Globalisierung in einem überraschenden Maße entspricht.

---

[8] Die in der Übersicht ausgewiesene Variablenstruktur wurde zu einem für die empirische Sozialforschung brauchbaren Messinstrument umgewandelt, indem die Variablen operationalisiert, d.h. in Vorgaben umformuliert wurden, die den Befragten im Interview vorgelegt werden konnten. Die Befragten wurden aufgefordert, für jede einzelne Vorgabe anzugeben, in wieweit diese auf sie persönlich zutrifft oder nicht zutrifft. Es wurde den Befragten also eine Selbstzuschreibung von Fähigkeiten abverlangt, die sie dazu veranlasste, ihr Selbstbild offenzulegen. Für die Antworten wurden den Fragen Standardskalen zugeordnet, die jeweils das Ankreuzen von einem von sieben Meßpunkten erlaubten („Siebenerskalen"). Das Befragungsinstrument wurde im Speyerer Werte- und Engagementsurvey 1997 einer repräsentativen Stichprobe von ca. 3000 Bundesbürgern zur Beantwortung vorgelegt. Die Daten wurden anschließend unter Verwendung der Statistiksoftware SPSS ausgewertet.

Es ist klar, dass die Durchschnittswerte, die für die gesamte Bevölkerung gelten, auch hier erheblich variieren, sobald man sich einzelnen Teilgruppen der Bevölkerung zuwendet. Für den Zweck der gegenwärtigen Untersuchung wollen wir aus der Fülle des Materials eine Aufgliederung nach Altersgruppen herausgreifen, wobei die Analyse dadurch vereinfacht wird, dass die Vielzahl der Variablen, aus denen das Messinstrument zusammengesetzt ist, einer Faktorenanalyse unterworfen wird. Diese Analyse fasst die Daten danach zusammen, in wieweit sie in den Äußerungen der Befragten tendenziell gemeinsam auftreten, wobei von der Annahme ausgegangen wird, dass sich daraus auf inhaltliche Gemeinsamkeiten schließen lässt.

Die Analyse führt zu der Entdeckung, dass es zwei Faktoren gibt, zu welchen sich die Einzelvariablen bündeln lassen. Im Anschluss an Thomas Gensicke werden diese Faktoren „Selbstvermarktung und Selbstherausforderung" und „Selbstbeherrschung und Kooperativität" genannt (Gensicke 2000: 126 ff.).

Der erste Faktor ist außenorientiert. Er betrifft diejenigen Fähigkeiten, die man sich abzufordern hat, um persönliche Handlungsinitiative entwickeln zu können, die unter den aktuellen Modernisierungsbedingungen als eine Erfolgsvoraussetzung anzusehen ist. In der Interpretation von Gensicke geht es vor allem darum, dass man „selbstbewusst zur Schau stellt, keine Angst vor ‚neuen Herausforderungen und Aufgaben' zu haben, was dadurch ergänzt wird, dass man sich immer wieder auftauchenden Belastungssituationen gewachsen sieht. In diesem expansiven und leistungsorientierten Selbstverständnis erwartet man offensichtlich vorausschauend auch Konflikte, denen man sich jedoch offensiv stellen will. Ergänzt wird das Ganze durch eine deutlich bekundete Erfolgsorientierung, die sich mit einem stetigen Lern- und Verbesserungsimpuls verknüpft." (Gensicke 2000: 129 f.) Die Robustheitskomponenten des Individualismus, der den Modernisierungsbedingungen angemessen ist, kommen in diesem ersten Faktor also in einem besonderen Maße zur Geltung.

Der zweite Faktor ist demgegenüber innenorientiert. Er betrifft diejenigen Fähigkeiten, die man sich abfordern muss, um äußeren Anforderungen in der Haltung rationaler Situationsbewältigung begegnen zu können. Dieser zweite Faktor hat es zunächst mit der Selbstkontrolle der Person zu tun. Hinzu kommt eine Kompetenz zur nüchternen Realitätserfassung, welche die Fähigkeit einschließt, zwischen Wichtigem und Unwichtigem zu unterscheiden und in schwierigen Situationen die Übersicht und einen klaren Kopf zu behalten. „Interessanterweise werden von den Befragten", wie Gensicke zutreffend feststellt, „rationale, innovative und sachliche Kompetenzfaktoren stark in bestimmte soziale Kontexte eingebettet, und zwar in der Weise, dass Konzentration auf das Wesentliche und Emotionskontrolle eher der Kooperationsfähigkeit der Person zugeschlagen werden, und Innovations- und Lernfähigkeit eher der unter Umständen konflikthaften, belastenden Expansion der Person auf dem ‚Markt des praktischen Lebens'". (Gensicke 2000: 130)

Wendet man sich vor diesem Hintergrund dem nachfolgenden Schaubild zu, das die Stärke der Ausprägung der beiden Faktoren bei den verschiedenen Altersgruppen in der deutschen Bevölkerung im Jahr 1997 wiedergibt, dann stößt man auf einen eindeutigen Befund:

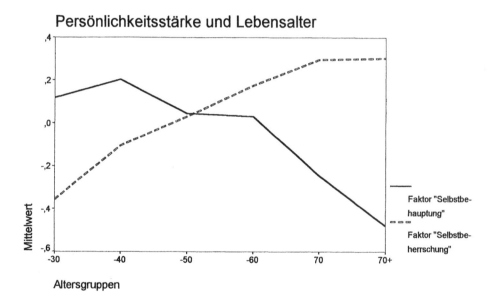

Es zeichnet sich eine deutliche Scherenbewegung im Verhältnis der beiden Faktoren zueinander ab, da der Faktor „Selbstvermarktung und Selbstherausforderung" den jüngeren Menschen im Vergleich zu den älteren stark an

Gewicht gewinnt, während umgekehrt der Faktor „Selbstbeherrschung und Kooperativität" bei den Jüngeren deutlich an Gewicht verliert.

Man kann die Mentalitätsunterschiede, die sich zwischen den Altersgruppen feststellen lassen, als Hinweis auf einen vor sich gehenden Wandel interpretieren. So betrachtet steigert sich in dem aktuellen Mentalitätswandel, der letztlich auf den zentralen Wertewandel zurückverweist, in einem besonders deutlichen Maße die Fähigkeit und Bereitschaft der Menschen, den Herausforderungen zu einer nach außen gerichteten Aktivität und Initiative nachzukommen. Es sind also gerade die auf die gesellschaftliche Umwelt bezogenen Robustheitskomponenten des Individualismus, die im Wertewandel in den Vordergrund treten, nicht also etwa dessen versponnen-idealistische und protestorientierte Komponenten. Letztere hatte man gewöhnlich im Auge, wenn man in den zurückliegenden Jahren die Frage aufwarf, ob der Wertewandel die Bevölkerung vielleicht dazu verführt, eine „68er"-Mentalität anzunehmen und damit die Herausforderungen der Globalisierung zu verfehlen. Es kann mit Eindeutigkeit gesagt werden, dass dies nicht der Fall ist.

Eher wird angesichts der Scherenbewegung noch einmal die Frage nach der möglichen Heraufkunft einer „Ellenbogengesellschaft" wachgerufen und in der Tat wird in der Interpretation von Gensicke auf „Gefahren" aufmerksam gemacht, die in einer „einseitigen außenorientierten Expansion der Person" liegen (Gensicke 2000: 131). Vergewissert man sich der Tatsache, dass das führende Item in dem im Vordringen befindlichen ersten Faktor das Bewusstsein der Menschen ist, sich „gut verkaufen" zu können und führt man sich mit einem Blick auf die Graphik „Persönlichkeitsstärke" (im Anhang) vor Augen, dass sich gerade bei diesem Merkmal gegenwärtig noch eine zentrale Schwachstelle der Persönlichkeitsstärke der deutschen Bevölkerung befindet, dann muss man allerdings zu der Erkenntnis gelangen, dass ein Alarmsignal fehl am Platze wäre. Im Gegenteil festigt sich der Eindruck, dass sich die Persönlichkeitsstärke der Deutschen aktuell insbesondere dort weiterentwickelt, wo sie ihre bisherige Achillesverse hatte.

Waltet im modernen Persönlichkeitswandel eine Ökonomie des Wachstums?

Die potentielle Gefahr, die der Scherenbewegung anzuhaften scheint, schwindet weiter, wenn man sich anhand der Ergebnisse der Faktorenanalyse vor Augen führt, dass eine Reihe derjenigen Variablen, die für den Faktor

„Selbstbeherrschung und Kooperativität" besonders charakteristisch sind, gleichzeitig auch bei dem Faktor „Selbstvermarktung und Selbstherausforderung" eine Rolle spielen. Es gilt dies für die Selbstkontroll-Items „Auch in schwierigen Situationen behalte ich meist den Überblick und einen klaren Kopf" und „In der Regel kann ich gut zwischen Wichtigem und Unwichtigem unterscheiden", wie auch für die Kooperativitäts-Items „Ich kann gut mit anderen Menschen zusammenarbeiten" und „Ich kann mich gut in andere Menschen hineinversetzen". Charakteristischerweise erscheint kein einziges derjenigen Merkmale, die in die Faktorenanalyse einbezogen wurden, bei einem der beiden Faktoren mit negativem Vorzeichen. Wie sich zeigt, überlappen die beiden Faktoren einander an wichtigen Punkten, wenngleich ihre Schwerpunkte in unterschiedlichen Feldern liegen.

Ungeachtet solcher Beobachtungen, die es verbieten, die Scherenbewegung in der Verteilung der beiden Faktoren auf die verschiedenen Lebensalter zu dramatisieren, wäre es oberflächlich, sie nicht zur Kenntnis zu nehmen. Zwar wäre es falsch, sie als Beleg für eine Tendenz in Richtung der Ellenbogen-, Ego- oder Raffke-Gesellschaft zu verwenden. Immerhin gibt diese Scherenbewegung aber zu verstehen, dass die Tendenz des aktuellen Mentalitäts- und Persönlichkeitswandels keineswegs den Charakter eines gleichgewichtigen Wachstums aller beteiligten Komponenten aufweist.

Die Mentalitätsentwicklung in Deutschland strebt, anders ausgedrückt, nicht zu einer „Maximierung" der Persönlichkeitsstärke, sondern vielmehr zu ihrer „Optimierung". Dabei erhalten Eigenschaften, die in Anbetracht bestehender Herausforderungen in zu geringem Maße vorhanden sind, einen Entwicklungsvorrang vor anderen Eigenschaften, die bereits stärker ausgeprägt sind und hinsichtlich derer somit ein geringerer objektiver Bedarf besteht.

Für die Dynamik des Persönlichkeitswandels im Prozess des gesellschaftlichen Wandels lässt sich angesichts dessen ein Interpretationsmodell verwenden, das sich in einer der „Bibeln" der Evolutionstheoretiker, Darwins Buch „Die Entstehung der Arten" findet, und das laut Darwin bereits von Goethe entdeckt wurde. Es handelt sich um ein Gesetz der „Ökonomie des Wachstums", dem zufolge die unter Knappheitsbedingungen operierende Natur „gezwungen ist, auf der einen Seite sparsam zu sein, um auf der anderen Seite ... geben zu können". Den Äußerungen von Darwin zufolge ist an unzähligen Beispielen zu beobachten, dass da, „wo unter veränderten Lebensverhältnissen eine bisher nützliche Bildung an Nutzen verliert, ... ihre

Verminderung begünstigt" wird, während gleichzeitig andere Bildungen, deren Funktionswert ansteigt, eine Vermehrung erfahren (Darwin 1963: 205 f.). Es ist nicht unriskant, ein solches Gesetz, das Goethe und Darwin bei Pflanzen und Tieren, d.h. in der außermenschlichen Natur entdeckten, auf den Persönlichkeitswandel in modernen Gesellschaften zu übertragen. Angesichts ihres universellen Verständnisses der Natur würden aber mutmaßlich weder Goethe noch Darwin einer solchen Übertragung grundsätzliche Einwände entgegenhalten. Im Übrigen legt sich diese Übertragung angesichts der empirischen Fakten auf eine geradezu suggestive Weise nahe.

Verbindungen zwischen Persönlichkeitsstärke und Wertorientierungen

Wenn es zutrifft, dass die Wertorientierungen entscheidende Bestimmungsgrößen der Mentalität sind, dann muss es zwischen der Persönlichkeitsstärke der Menschen und ihren Wertorientierungen Verbindungen geben. Wie bereits gesagt, stellt der Nachweis solcher Verbindungen einen Test auf die Bedeutsamkeit der Wertorientierungen für die Fitness der Bevölkerung dar.

An der Tabelle „Wertetypen und Persönlichkeitsstärke" (im ANHANG) ist abzulesen, wie stark die verschiedenen Merkmale der Persönlichkeitsstärke bei den uns bereits bekannten Wertetypen ausgeprägt sind. Vor dem Hintergrund der Bedeutung, die wir der Wertesynthese zugemessen haben, fällt besonders ins Auge, dass – mit einer einzigen Ausnahme – sämtliche Merkmale bei den aktiven Realisten deutlich stärker ausgeprägt sind als bei allen anderen Wertetypen. Die Feststellung, dass sich die aktiven Realisten dem idealen Sollprofil menschlicher Handlungsfähigkeiten unter den Bedingungen moderner Gesellschaften annähern, erhält durch dieses Ergebnis eine unerwartet eindeutige Unterstützung und Bestätigung. Die Synthese zwischen „alten" und „neuen" Werten befähigt die Menschen nicht nur dazu, sich mental „richtig" zu entwickeln, sondern vermittelt ihnen darüber hinaus auch die innere Kraft, die sie benötigen, um den Herausforderungen ohne Identitätsverlust entgegenzutreten.

Die Bedeutsamkeit der Wertesynthese wird hierdurch nachdrücklich unterstrichen. Dass die aktiven Realisten über alle Dimensionen des Messinstruments hinweg besser abschneiden als die Vertreter der anderen Wertetypen, zeigt darüber hinaus aber auch an, dass bei ihnen die Wirkung des Gesetzes der Ökonomie des Wachstums geringfügiger ist. Die Realisten verkörpern eine deutliche Annäherung an den Idealtypus des starken Menschen. Die Einwirkung dieses Gesetzes ist allerdings auch hier erkennbar. Auch bei den Realisten sind diejenigen Merkmale, welche dem Faktor „Selbstbehauptung" zuzurechnen sind, stärker ausgeprägt als diejenigen Merkmale, welche die „Selbstbeherrschung" repräsentieren. Die aktiven Realisten verkörpern diese Ökonomie aber auf einem höheren Niveau.

Gesamtresultat: Der Zukunftspfeil in der Mentalitätsentwicklung

Angesichts der Eindeutigkeit der empirischen Ergebnisse kann ihre zusammenfassende Würdigung ebenso kurz wie entschieden ausfallen. Es kann festgehalten werden, dass die Analyse des Wertewandels-Trends mitsamt seinen Persönlichkeitsattributen eine überraschende Anpassungsfähigkeit der sozialen Psyche angesichts der an die Menschen gerichteten Herausforderungen enthüllt. Dies zeigt sich nicht nur an der hohen Flexibilitätsbereitschaft, sondern auch an der Schwerpunktverlagerung ihres Selbstbilds entsprechend der situationsspezifischen Erfordernisse. Der Wertewandel verläuft somit in doppelter Hinsicht in einer „richtigen", positiv zu bewertenden Richtung. Er folgt erstens einer langfristigen Zielgröße der Selbstentfaltung, der diese Bewertung zukommt. Er garantiert aber zweitens auch – zumindest der in seinen Kernbereichen zum Ausdruck kommenden Tendenz nach – dass die Übergangsstadien der Forcierung besonders zurückgebliebener Persönlichkeitsbereiche, die dieser Zielgröße vorgelagert sind, durchlaufen werden. Zusammengenommen zerstört der Wertewandel nicht die sozialmoralischen Grundlagen des Gemeinwesens, sondern trägt dazu bei, die Menschen für diejenigen Anforderungen fit zu machen, die im Zuge der Modernisierung auf sie zukommen. Er trägt, mit anderen Worten, zum Aufbau desjenigen Humanpotenzials bei, das erforderlich erscheint, um die Zukunftsfähigkeit einer Gesellschaft zu garantieren. Er trägt damit einen entscheidenden Zukunftspfeil in sich, kann als Prozess „subjektiver Modernisierung" (Hradil 1992) verstanden werden.

Optimismus als zusätzlicher Indikator

Es kann als eine Ergänzung und Bestätigung der soeben referierten angesehen werden, dass in Umfragen der letzten Zeit ein zunehmender Optimismus der Menschen in Anbetracht der Herausforderungen der Zukunft festgestellt werden konnte. Aufschlussreich sind in diesem Zusammenhang die Ergebnisse von Allensbacher Umfragen über die Stimmung in der Bevölkerung an der Jahrhundertwende. Elisabeth Noelle-Neumann beschreibt in einem Beitrag in der *Frankfurter Allgemeinen Zeitung* vom 19.Januar 2000 die an der aktuellen Jahrhundertwende in der deutschen Bevölkerung vorherrschende Stimmung wie folgt:

„Als sich die Jahrhundertwende näherte, sprangen bei der traditionellen Allensbacher Frage „Sehen Sie dem neuen Jahr mit Hoffnungen oder Befürchtungen entgegen?" schon ab Sommer die Hoffnungen in die Höhe. Im Juni sagten 45 %, sie sähen mit Hoffnungen in die Zukunft, im Dezember waren es 55% und jetzt, nach der Jahreswende im Januar 2000, 63%. Ein höherer Wert von Hoffnungen ist in fünfzig Jahren bei der Allensbacher Neujahrsfrage nur ein einziges Mal verzeichnet worden, an der Jahreswende nach dem Fall der Mauer 1989. Befürchtungen hegten im Januar 2000 10 Prozent. Nie ist in fünfzig Jahren vom Allensbacher Institut ein niedrigerer Wert verzeichnet worden." (Noelle- Neumann 2000)

Es lassen sich weiterhin Ergebnisse einer Umfrage über die Chancen der Globalisierung anführen, die im Oktober 2000 im Auftrag des Bundesverbandes deutscher Banken vom Mannheimer Institut für praxisorientierte Sozialforschung (ipos) durchgeführt wurde. Im Untersuchungsbericht zu dieser Studie heißt es wie folgt:

„Erleben wir gegenwärtig einen Abschied vom Schreckgespenst der Globalisierung? Das mag vielleicht zu optimistisch sein, doch die Einstellungen der Deutschen zur Globalisierung zeigen eine positive Entwicklung. So ist der Anteil derjenigen, die von der Globalisierung hauptsächlich Vorteile für Deutschland erwarten, inzwischen immerhin genauso groß, wie der Anteil derjenigen, die vorwiegend Nachteile befürchten. ... Gegenüber früheren Untersuchungen wird die Globalisierung damit in den Augen der Bürger deutlich positiver beurteilt.

Das zeigen auch die konkreten Erwartungen der Bürger: Die Deutschen gewinnen der Globalisierung und dem weltweiten Wettbewerb zunehmend positive Seiten ab. Jeweils deutliche Mehrheiten der Befragten sind der Meinung, dass der globale Wettbewerb zu sinkenden Preisen, zu größeren Absatzchancen deutscher Produkte und zu einem Aufbrechen verkrusteter Strukturen in Deutschland führt. Außerdem sind die meisten davon überzeugt, dass die Globalisierung den technisch-wissenschaftlichen Fortschritt beschleunigt und zu einem größeren gegenseitigen Verständnis der Menschen aus unterschiedlichen Ländern und Kulturen beiträgt." (ipos 2000: S. 1) Besonders aufschlussreich erscheint es aber letztlich, dass der Zukunftsoptimismus insbesondere bei den jungen Menschen dominiert. In dem Bericht über die 13. Shell Jugendstudie heißt es hierzu:

„Als Grundstimmung lässt sich eine deutlich gewachsene Zuversicht in Bezug auf die persönliche wie auch auf die gesellschaftliche Zukunft festhalten. Die Hälfte aller Jugendlichen beurteilt ihre persönliche Lage „eher zuversichtlich"; bei der gesellschaftlichen Zukunft gilt das sogar für fast zwei Drittel. Im Vergleich zu der vorangegangenen 12. Shell Jugendstudie bedeutet dies einen deutlichen Anstieg. Die Entwicklung in den alten und neuen Bundesländern hat bei dieser Frage seit 1996 zu einem Gleichklang gefunden.

Dennoch lässt sich nicht von einer Generation „unbekümmerter Optimisten" sprechen. Jugendliche nehmen sehr deutlich die Herausforderungen der modernen Gesellschaft , in der sie leben, wahr, die Anstrengungen, die deren Meisterung erfordert, die Leistungsbereitschaft, die abverlangt wird, die Beharrlichkeit und Ausdauer, ohne die man die zuversichtlich gesetzten Ziele nicht erreichen kann. Dies zeigt sich etwa an den Beziehungen zwischen den biographischen Planungsmustern und Lebenshaltungen. Zukunftszentriertheit und klare Lebensplanung gehen nicht mehr wie früher mit Sorgenfreiheit einher, vielmehr mit biographischen Anstrengungen. ... In der Zusammenschau spricht wenig für die manchmal zu hörende Unterstellung, die Jugendlichen wüssten angesichts fortdauernder Arbeitslosigkeit, von Flexibilisierung und Globalisierung sowie vom rasanten Wandel in allen in allen Lebensbereichen nicht mehr aus noch ein. Eher im Gegenteil! Relativ zuversichtlich und überzeugt von der eigenen Leistungsfähigkeit versuchen sie mehrheitlich, aktiv ihre Lebensperspektive vorzubereiten. Sie sind insgesamt weder verängstigt noch leichtsinnig unbekümmert, sondern entschlossen, die Herausforderungen (die sie „realistisch" vor sich sehen) zu meistern." (Deutsche Shell (Hg.) 2000:12 f.)

Diesen an Klarheit nicht zu überbietenden Feststellungen soll an dieser Stelle nichts hinzugefügt werden.

3. Humanpotenzial

Spannungen im Verhältnis zwischen Werten und alltäglichem Handeln

Abweichungen zwischen mentaler Modernisierung und Alltagsverhalten

Dass den gesellschaftlichen Wertorientierungen der Zukunftspfeil eingezeichnet ist, dass die Menschen in ihren Selbstbildern auf die produktive Auseinandersetzung mit den Herausforderungen der Modernisierung ausgerichtet sind und dass sie mehrheitlich zum Optimismus bezüglich der Ergebnisse dieser Auseinandersetzung neigen, darf nicht zu der Annahme verleiten, die Modernisierung der Menschen sei im Ganzen abgeschlossen und könne abgehakt werden.

Einer solch pauschalen Entwarnung stehen erstens die Einschränkungen im Wege, die wir auf den Ebenen der Trendanalyse des Wertewandels, der Typenanalyse und der Analyse der Selbstbilder geltend machen mussten. Zweitens steht einer Entwarnung aber auch die nunmehr in den Blick zu nehmende Tatsache im Wege, dass die mentale Disponiertheit der Menschen für die Modernisierung, ihre „subjektive Modernisierung" also, keinesfalls ein faktisches Alltagsverhalten nach sich ziehen muss, das den bestehenden Herausforderungen auf eine optimale Weise gerecht wird. Im Gegenteil zeigt sich, wenn man das faktische Alltagsverhaltens der Menschen untersucht, in überraschend vielen Fällen ein verhältnismäßig geringer Grad von Modernität. Es gilt einzusehen, dass Wertewandel – oder, allgemeiner ausgedrückt, Mentalitätswandel – nicht automatisch auch Verhaltenswandel bedeuten muss. Ebenso gilt es, die Abstände zu erkennen, die zwischen den veränderten Dispositionen der Menschen aufgrund eines Mentalitätswandels und ihrem Alltagsverhalten bestehen können. Thesenhaft kann festgestellt werden, dass diese Abstände paradoxer Weise gerade auch in der gegenwärtigen Gesellschaft ungeachtet aller Modernisierungsprozesse, durch die sie gekennzeichnet wird, besonders groß zu sein scheinen.

Wir werden uns nachfolgend mit der Erklärung des Zurückbleibens des faktischen Verhaltens der Menschen hinter ihren Dispositionen noch sehr ausführlich zu beschäftigen haben. Stellen wir zunächst die Frage, an welchen Tatsachen sich dieses Zurückbleiben festmachen lässt und beschränken wir uns für den Augenblick auf eine exemplarische Belegung, dann können wir ohne Schwierigkeiten fündig werden.

Es lassen sich in diesem Zusammenhang die verhältnismäßig enttäuschenden Antworten anführen, die wir erhielten, als wir im Rahmen des *Speyerer Werte- und Engagementsurveys 1997* nach den Problembewältigungsstrategien fragten, welche die Menschen im Bedarfsfall für die näheren Zukunft ins Auge fassen. (Vgl. hierzu Tabelle „Erwartungen für die nächsten 5 Jahre" im ANHANG)

Ungeachtet der vorherrschenden Orientierungen an Leitwerten eines selbstverantwortlichen Handelns konnten hier in keinem einzigen Fall diejenigen hohen Durchschnittswerte erzielt werden, wie bei der Erfassung der Persönlichkeitsdispositionen (Gensicke 2000: 52). Die Antworten zeigten darüber hinaus, dass passiv-defensive Strategien wie vermehrtes Sparen, die Inkaufnahme längerer Arbeitszeiten, oder Konsumverzicht viel eher in Betracht gezogen werden als die erfolgversprechenderen offensiven Strategien wie der Wechsel der Arbeitsstelle oder des Arbeitgebers.

Weitere Abweichungen, die auf Defizite im Modernisierungsbezug des faktischen Verhaltens der Menschen schließen lassen, finden sich in vielen Bereichen und seien hier nur andeutungsweise aufgelistet:

- Das Interesse an Existenzgründerbeihilfen blieb in den letzten Jahren vergleichsweise gering.
- Ungeachtet eines nachweislich zunehmenden Interesses an interessanten Arbeitstätigkeiten herrscht eine Tendenz zum Vorruhestand, d.h. zu einer frühzeitigen Abwendung vom Arbeitsleben.
- Ungeachtet einer bei Mitarbeiterbefragungen überwiegend bekundeten Veränderungsbereitschaft erweisen die Erhebungen des Deutschen Städtetages bei den Mitgliedsstädten, dass „Vorbehalte bei den Beschäftig-

ten" zu den schwerwiegendsten Modernisierungshemmnissen in der öffentlichen Verwaltung rechnen (Grömig 2001).

– Trotz eines nachweislich zunehmenden Interesses an Politik blieb das Ausmaß der Akzeptanz politischer Parteien und des aktiven Engagements in ihnen in Deutschland minimal und scheint weiterhin zu sinken.

– Die Kinderzahl sank seit den 60er Jahren trotz der in den Wertebefragungen dokumentierten vorherrschenden Familienorientierung dramatisch.

– Trotz einer vorherrschend gewordenen Bereitschaft der Männer zum partnerschaftlichen Zusammenleben mit Frauen ist die faktische Belastung auch berufstätiger verheirateter Frauen durch Haushaltsarbeiten, Kinderpflege und Kindererziehung nach wie vor signifikant höher als die der Männer (Geißler 1992: 255 ff.).

– Sehr viele Menschen, die nach eigenem Bekunden zum freiwilligen Engagement bereit sind, bleiben faktisch unengagiert (Klages 2000a). Damit steht im Zusammenhang, dass es heute eine weit verbreitete Klage von Amtsinhabern über eine mangelnde Bereitschaft in der Bevölkerung gibt, institutionelle Verantwortung zu übernehmen und sie von ihren oft seit langen Jahren ausgeübten Amtspflichten zu entlasten. Ebenso haben viele Verbände und Vereine Schwierigkeiten, Nachwuchs zu erhalten. Weiter steht hiermit z.B. auch in Verbindung, dass die Agenda 21-Bewegung in den Kommunen, die auf dem Modell der „Bürgergesellschaft" aufbaut, in vielen Städten und Gemeinden nur geringen Zuspruch findet.

Erklärungen

Abweichungen zwischen Werten und Alltagsverhalten als Normalität

Bei der Suche nach Erklärungen für Abweichungen zwischen den mentalen Dispositionen der Menschen und ihrem Alltagsverhalten muss zunächst eingesehen werden, dass es aus der Perspektive einer reflektierten Werteforschung gänzlich naiv wäre, von einer generellen Übereinstimmung zwischen diesen beiden Bereichen ausgehen zu wollen.

Zwar ist es unstrittig, dass Werte Verhaltensweisen beeinflussen. Grundsätzlich lässt sich auch einer Definition von Kmieciak zustimmen, der zufolge ein Wert ein „Ordnungskonzept als Orientierungsleitlinie" ist, die „den Systeminput einer Person (Wahrnehmung) selektiv organisiert und akzentuiert, sowie ihren Output (Verhalten) reguliert, mithin eine ichdirigierte aktive Planung und Ausrichtung des Verhaltens über verschiedene Situationen hinweg ermöglicht." (Kmieciak 1976: 149 f.)

Es gilt jedoch einzusehen, dass Werte die Menschen keinesfalls im Sinne von detaillierten Anweisungskatalogen steuern. Sie bewegen sich vielmehr in der Regel auf einem relativ hohen Allgemeinheitsniveau. Die Orientierung von Menschen an dem Wert „Respektierung von Gesetz und Ordnung" braucht z.B. keinesfalls bedeuten, dass sie in allen Fällen, in denen sie mit Rechtsnormen konfrontiert werden, eine bedingungslose Folgebereitschaft entwickeln. Dies wird vor allem dann nicht der Fall sein, wenn sie sich gleichzeitig an dem Wert der individuellen Entscheidungsautonomie orientieren. Es wird dann einen Wertkonflikt geben, der abwägend gelöst werden muss, wobei den Bedingungen des Einzelfalls entscheidende Bedeutung zukommt. Ähnliche Abwägungserfordernisse werden sich einstellen, wenn Konflikte zwischen Werten und rationalen Interessen in Erscheinung treten. Zwar werden sich bei Menschen mit einer starken Orientierung an Gesetz und Ordnung sicherlich weniger Steuersünder finden als bei Menschen mit anderen Orientierungen. Die Versuchung, dem Fiskus ein Schnippchen zu schlagen, mag aber auch bei ihnen eine Rolle spielen – zumal dann, wenn sie der aktuellen Finanzpolitik kritisch gegenüberstehen und den steuerlichen Vorschriften eine geringe Legitimität zuschreiben. Zwischen die Werte und das faktische Verhalten der Menschen können sich dann kognitive Hemmungsgründe schieben, welche die handlungssteuernde Wirkung der Werte einschränken.

Weiter lassen Werte in der Regel eine Mehrzahl alternativer Verhaltensweisen offen. Die Orientierung an dem Wert „Sozial Benachteiligten und gesellschaftlichen Randgruppen helfen" beinhaltet z.B. nicht bereits ein komplettes Handlungsprogramm. Diese Orientierung disponiert vielmehr zum sozialen Engagement, das aber in einer Vielzahl von Bereichen und im Rahmen vielfältiger Tätigkeiten und zeitlicher Spielräume ausgeübt werden kann. „Unterhalb" der Werte sind hier wie auch in anderen Fällen ganze Ketten konkreter Entscheidungsschritte erforderlich, bevor es zum Handeln kommen kann. Die Ökonomen haben sich angewöhnt, die hier sichtbar werdende Spanne zwischen Werten und Alltagsverhaltensweisen durch die Verwendung des Präferenz-Begriffs zu überbrücken. Damit ist gemeint, dass in eine Entscheidung zwischen Alternativen immer Bewertungen einfließen. Bewertungen, die auf den Einzelfall bezogen sind, dürfen aber nicht mit „Werten" verwechselt werden, weil in erstere immer auch Interessen und rationale Abwägungen eingehen.

Mangelnde Wertverwirklichung als Folge äußerer Bedingungen

Man kann solche Beobachtungen verallgemeinern, indem man feststellt, dass über den faktischen Einfluss, der von den Wertorientierungen auf das Alltagsverhalten der Menschen ausgeht, nur im Rahmen eines komplexen Handlungsmodells zu entscheiden ist, in welchem gleichzeitig auch mehrere andersartige Bestimmungsgründe Platz finden. Es kann dem Soziologen Michael Schmid zugestimmt werden, wenn er für eine „allgemeine Theorie des individuellen Handelns" u.a. die Berücksichtigung von „Wünschen, Zielen, Vorhaben, Intentionen, Interessen, Plänen, Kulturstandards etc." fordert (Schmid 1998: 387 ff.).[9]

Es wäre allerdings zu einseitig, bei der Erklärung von Abweichungen zwischen Wertorientierungen und Alltagsverhaltensweisen ausschließlich das Intervenieren andersartiger innerer Orientierungsgrößen der Menschen ins Auge zu fassen. Die Ursachen solcher Abweichungen sind vielmehr in einem erheblichen Maße bei den äußeren Bedingungen zu suchen, unter denen die Menschen zu handeln haben und mit denen sie sich auseinandersetzen und arrangieren müssen.

So stellen sich Abweichungen zwischen Wertorientierungen und Alltagsverhaltensweisen z.B. deshalb ein, weil die Menschen bei ihren Handlungen vom Informationsgehalt der ihnen zugänglichen Nachrichten und Berichte abhängen. Dieser kann ihre Wahrnehmung beeinflussen und die ihnen somit – bei gleichen Wertorientierungen – sehr verschiedenartige Reaktionen auf Umwelteindrücke und -erfahrungen nahe legen. Zwar wird das Bild das jemand von irgend etwas hat, immer auch von seinen Werten beeinflusst sein. Er wird gewisse Dinge wichtig, schön und erstrebenswert, oder aber unwich-

---

9 Vgl. hinsichtlich eines Handlungsmodells, das im Rahmen der Speyerer Forschungen entstand, Franz/Herbert 1986: 14 ff.

tig, hässlich und abstoßend finden, je nachdem welche Werte er besitzt. Aber zudem wird dies von wissensbedingten Vorurteilen abhängen, die seine Wahrnehmung beeinflussen. Seine Einstellungen zu den Wahrnehmungsobjekten seiner Umgebung und seine Verhaltensbereitschaften ihnen gegenüber werden auch deshalb nicht ausschließlich von seinen Werten abhängen können (Klages 1985: 10).

Weiterhin sind Abweichungen zwischen Wertorientierungen und Alltagsverhaltensweisen in einer Unzahl von Fällen auf einen Mangel an Chancen und Gelegenheiten zur Realisierung von Werten, Wünschen, Präferenzen etc. zurückzuführen. Der Sozialpsychologe Heinz Heckhausen greift in seinem Lehrbuch *Motivation und Handeln* einen besonders auffälligen und herausragenden Bereich der Abweichungen zwischen inneren Dispositionen und Alltagsverhaltensweisen heraus, wenn er an strategischer Stelle als „Erklärung für Nicht-Handeln" auf einen Mangel an Realisierungsmöglichkeiten wegen einschränkender und hemmender Gegebenheiten in der Lebensumwelt verweist. Heckhausen zufolge ist es „der langfristige Mangel an Gelegenheiten, der die Entfaltung entsprechender Dispositionen und damit Handlungsmöglichkeiten einschränkt ...". Er erläutert, diese Einsicht sei von grundlegender Wichtigkeit für den Erkenntnisfortschritt der Psychologie gewesen, die sich lange Zeit dem Glauben hingegeben habe, menschliches Verhalten unter direktem Rückgriff auf Persönlichkeitseigenschaften erklären zu können. Nachdem die Psychologie wiederholt mit dem Forschungsergebnis einer „enttäuschend geringen Konsistenz" konfrontiert worden sei, sei ein Paradigmenwechsel in Richtung einer Einbeziehung von „Gelegenheiten", „Chancen", „soziokulturellen Realisierungsmöglichkeiten", oder „opportunity structures" in „Handlungsfeldern" unabdingbar gewesen (Heckhausen 1989: 6 f.).

Man kann sich dies am Beispiel der Wohnwünsche vor Augen führen, deren Realisierung bei großen Teilen der Bevölkerung durch den Geldbeutel oder den Arbeitsort eingeschränkt wird. Ein anderer Fall sind junge Ehepaare, deren Entscheidung für oder gegen Kinder in einem starken Maße von der Tatsache beeinflusst wird, dass Kindersegen für zunehmend viele berufstätige Frauen – trotz dringlichem Kinderwunsch – wegen mangelnder Entlastungschancen entweder eine intolerable Mehrfachbelastung oder einen einschneidenden Karriereknick bedeuten würde.[10] Den Frauen, die in einer solchen Lage den von ihrer Wertorientierung gesteuerten persönlichen Kinderwunsch zurückstellen, darf nicht, wie dies heute vielfach noch geschieht, moralisches Versagen, Materialismus, oder ein egoistischer Werteverfall vorgeworfen werden. Dies zu tun, bedeutet nichts anderes als die sehr schmerzhaften weil mit Wertversagungen und/oder Belastungsüberflutungen verbundenen individuellen Entscheidungsfolgen zu ignorieren, die sich bei den meisten betroffenen Frauen einstellen.

Auch das Beispiel des freiwilligen Engagements ist sehr aufschlussreich. Aus aktuellen Untersuchungen (Klages 2000a) lässt sich ableiten, dass 40% der Nichtengagierten an einem Engagement interessiert wären. Die Frage, warum sie diese Disposition nicht realisieren, fördert ein breites Spektrum von Hemmnissen zutage, die von mangelnden Informationen über Engagementmöglichkeiten über aufgezwungene berufliche oder familiäre Prioritäten bis zu Hemmnissen in den Organisationsstrukturen des Engagements selbst reichen.

Anders gelagerte Ursachen von Abweichungen zwischen Werten und Alltagsverhaltensweisen kommen bei der Betrachtung des Verhaltens der Menschen als Mitglieder der so genannten Solidargemeinschaften des bisherigen Sozialsystems ins Blickfeld. So wies Priddat kürzlich in einem beachtenswerten Artikel darauf hin, dass die eigentliche Ursache für eine oft beklagte Erosion des gesellschaftlichen Solidarverhaltens nicht bei den Versicherungsnehmern selbst, sondern vielmehr bei der Tatsache zu suchen sei, dass das Sozialsystem aufgrund eines falsch konstruierten „institutionellen Designs" faktisch als „Dezivilisationsinstanz" wirkt. Priddat macht dies am Beispiel der Beitragszahlungen der Krankenversicherungen klar, die nicht nach Risikotypen, sondern nur nach dem Einkommen der Versicherten differenzieren, so dass z.B. die Nichtraucher die Belastungen mittragen müssen, die den Kassen durch das gesundheitsschädigende Fehlverhalten der Raucher entstehen, welche hingegen als Trittbrettfahrer Vergünstigungen einstreichen können. Priddat zufolge führt dies zu einer faktischen Umverteilung, die sowohl fundamentalen Gerechtigkeitsvorstellungen wie auch rationalen Inter-

---

10 Einen guten Indikator für das Fehlen angemessener Entlastungen berufstätiger Mütter in der Bundesrepublik Deutschland liefert der Anteil der allgemeinbildenden Schulen mit ganztägigem Betreuungsangebot, der im Oktober 2001 unter 5% lag. Vgl. dazu Informationsdienst des Instituts der deutschen Wirtschaft Jg.27, Nr.42 vom 18.Okt.2001, S.1

essen der nicht begünstigten Versicherten widerspricht. Letztere werden dazu verleitet, nach Möglichkeiten Ausschau zu halten, durch forcierte eigene Inanspruchnahme der Kassen an ihr angespartes Vermögen heranzukommen, das sie gefährdet sehen. Priddat macht ausdrücklich darauf aufmerksam, dass die damit verbundene Erosion der Solidarität kein Werteverfall sei, sondern vielmehr „ein Ergebnis der Überlastung des Sozialsystems mit Auszahlungen und Umverteilungen", die einen Verlust der Gewissheit über die Geltung der solidaritätsgewährleistenden Regeln sowohl für Einzahlungen wie auch für Auszahlungen nach sich ziehen. Ungeachtet ihres scheinbar „unsolidarischen" Verhaltens seien die Bürger nach wie vor grundsätzlich „zur Solidarität bereit". Das System verstehe es allerdings nicht, diese durch die gesellschaftliche Wertebasis fundierte mentale Bereitschaft zu nutzen (Priddat 2001).

Der Faktor des „sozialen Dürfens"

Ein weiterer sehr einflussreicher Komplex äußerer Bedingungen, der Abweichungen zwischen Modernisierungsbereitschaften und -fähigkeiten und faktischen Verhaltensweisen forciert, wird vom modernen *„Human Resource Management"* in den Mittelpunkt gerückt. Den sozialpsychologischen Einsichten zufolge, die an der aktuellen Entwicklungsfront des *Human Resource Management* zur Geltung gelangen, entscheidet sich die Frage nach dem Verhalten der Menschen in Arbeitssituationen nicht bloß, wie man früher annahm, in der Beschaffenheit der in der individuellen Einzelperson verankerten Leistungsbereitschaft (des „Wollens") und Leistungsfähigkeit (des „Könnens"). Vielmehr muss man, wie der Sozialpsychologe Lutz von Rosenstiel ausführt, zusätzlich auch die Faktoren der „situativen Ermöglichung" und des „sozialen Dürfens" einbeziehen, um zu brauchbaren Diagnosen und Gestaltungsansätzen zu gelangen (v.Rosenstiel 1992: 47 ff.).

Der von Rosenstiel ins Spiel gebrachte Faktor des „sozialen Dürfens" erscheint in sofern besonders interessant als er auf Erklärungen für Abweichungen zwischen Wertorientierungen und Verhalten hinweist, die in Ausdrücken wie „Gelegenheit", „Chance", „soziokulturelle Realisierungsmöglichkeiten", oder „opportunity structures" noch nicht unmittelbar erkennbar werden. Es handelt sich vielmehr, wenn vom „sozialen Dürfen" die Rede ist, um Restriktionen, die ihre Wurzel in sozialen Normen haben, die Menschen auf eingeengte Verhaltensspielräume festlegen, innerhalb deren ihre eigenen Werte, Interessen und Bedürfnisse nur begrenzt zur Geltung kommen können.

Dass es solche restriktiven Normen in der modernen Gesellschaft in einem nennenswerten Maße tatsächlich gibt, mag vor allem dann nicht ohne weiteres einsichtig sein, wenn man davon ausgeht, dass es zu den Herausforderungen der Moderne hinzugehört, herkömmliche soziale Normierungen des Alltagsverhaltens abzubauen (vgl. hierzu weiter oben). Man mag unwillkürlich zu der Ansicht neigen, es handle sich hier um Ausnahmesachverhalte, denen nur eine beschränkte Verallgemeinerungsfähigkeit zukommt.

Allein die Tatsache, dass die Thematik des „sozialen Dürfens" in einem Modell der Verhaltenserklärung auftaucht, das auf die theoretische Fundierung des *Human Resource Managements* zielt, spricht allerdings gegen eine solche Ansicht. Es ist anzunehmen, dass dieses Modell durch ein engmaschiges Sieb der Überprüfung von Praxisrelevanz gelaufen ist und nur solche Elemente enthält, die für gestaltendes Handeln in organisatorischen Zusammenhängen von fundierender Bedeutung sind.

Feststellungen, die in dieselbe Richtung weiterführen, finden sich bereits in dem Werk „*Motivation und Persönlichkeit*" (1977) des Sozialpsychologen Abraham Maslow, der als ein Hauptvertreter der so genannten „Humanistischen Psychologie" weltweite Anerkennung genießt. Nach Maslow sind alle Menschen von Haus aus mit bestimmten Grundbedürfnissen ausgestattet, die nach Realisierung drängen, wobei sie aber auf das Mitspielen der sozialen Umwelt und der jeweils vorherrschenden Kultur angewiesen sind. Interessanterweise nimmt Maslow in der Skizzierung der Struktur dieser Grundbedürfnisse wesentliche Erkenntnisse der Wertewandlungsforschung vorweg, indem er sie in „Selbstverwirklichungs"-Bedürfnissen gipfeln lässt, deren Realisierung in den modernen Gesellschaften ein aktuelles Thema wird. Maslows Eindruck zufolge reagieren die modernen Gesellschaften auf diese Herausforderung aus den Tiefen des Humanen bislang allerdings höchst ungenügend, da sie sich an überkommene Feindbilder der Triebstruktur klammern, nach denen die natürlichen menschlichen Antriebe, die am deutlichsten bei Kindern zum Ausdruck kommen, negativ und gefährlich seien und einer möglichst rigorosen Triebkontrolle unterworfen werden müssten. Maslow geht so weit, in den betreffenden wissenschaftlichen Theorien, mit denen er sich auseinandersetzt, ideologisch kaschierte Neuausgaben der alten Lehre von der „Erbsünde" zu entdecken.

Unausgeschöpftes Humanpotenzial als Folge gehemmter Wertverwirklichung

Was geschieht mit nicht verwirklichten Werten?

Die Frage, die wir an die Wertorientierungen der Menschen herantrugen, war perspektivisch. Wir fragten, inwieweit die Werte- bzw. Mentalitätsentwicklung den Herausforderungen der Globalisierung entspricht. Indem wir in dieser Entwicklung einen „Zukunftspfeil" entdeckten, konnten wir zu einer überraschend positiven Antwort gelangen. Wenn wir nunmehr Hemmungen festzustellen haben, die sich zwischen die mentalen Bereitschaften der Menschen und ihr Alltagshandeln schieben, so bedeutet dies allerdings eine unerwartete Einschränkung und Infragestellung. Gleichzeitig legt sich aber auch eine dringliche Rückfrage an diese Bereitschaften selbst nahe: Was geschieht eigentlich mit diesen Bereitschaften wenn sie gehemmt sind? Werden sie dadurch unwirksam oder sogar annulliert? Und was geschieht mit den hinter ihnen stehenden Wertorientierungen? Werden sie zum Opfer bestehender Hemmungen? Verfallen Sie eventuell einem Abbau und letztlich einer Wertvernichtung, wenn sie nicht „ausagiert" werden können? Oder werden sie ersatzweise in andere Richtungen umgelenkt, in denen sich Möglichkeiten der Verwirklichung anbieten? Oder werden sie vielleicht konserviert, d.h. innerlich auf Halde gelegt, um für zukünftige Gelegenheiten bereitzustehen?

Alle diese Fragen weisen auf Möglichkeiten hin, mit denen bei einer gehemmten oder blockierten Wertverwirklichung – jedenfalls wenn sie auf Dauer bestehen bleibt – zu rechnen ist. Die perspektivenlosen Resignierten, die uns als Wertetypus begegneten, lassen erkennen, dass es sich selbst bei der Wertevernichtung keineswegs nur um eine theoretische Möglichkeit handelt.

Diese extreme Situation trifft allerdings auf die anderen Wertetypen nicht zu. Wir haben damit zu rechnen, dass die Menschen, die diesen anderen Typen angehören, Möglichkeiten finden, auch unter objektiv ungünstigen Bedingungen zu einer subjektiv befriedigenden Wertverwirklichung zu gelangen. Wie wir schon sagten, entwickeln die nonkonformen Idealisten Fähigkeiten zur Aufsuchung von Nischen. Die Hedomats begegnen uns als mehr oder weniger geschickte Wellenreiter im dem Meer der Unstetigkeiten. Den aktiven Realisten eignet, wie wir feststellten, eine Fähigkeit zum pragmatischen Reagieren auf die Umstände, denen sie begegnen.

Die bei vielen Menschen vorhandene Fähigkeit, sich mit den Umständen irgendwie zu arrangieren, besagt jedoch nichts über das erzielbare Ausmaß der Aktualisierung und produktiven Nutzung ihrer Dispositionen. Wenn es aufgrund von Hemmnissen ein Gefälle zwischen diesen Dispositionen und den Alltagsverhaltensweisen der Menschen gibt, dann ist davon auszugehen, dass diesbezüglich zumindest kein Optimum erreicht wird. Man gelangt dann vielmehr zwangsläufig zu der Folgerung, dass es bei den Menschen angesichts nicht oder nur mangelhaft aktualisierter Dispositionen ein Potenzial gibt, das nicht – oder nicht ausreichend – genutzt wird. Wer die Dispositionen der Menschen nicht nur als etwas Privates, sondern auch als gesellschaftliche Ressource zur Bewältigung der Herausforderungen der modernen Welt ansieht, hat Anlass, an diesem Sachverhalt Anstoß zu nehmen und von verschwendetem Humanpotenzial zu sprechen.

Mangelnde Wertverwirklichung, psychische Belastung und Anomie

Dass die überwiegende Mehrzahl der Menschen Mittel und Wege findet, um sich mit mangelnden Möglichkeiten der Wertverwirklichung zu arrangieren, sagt zunächst noch nichts über ihren psychischen Zustand aus. Es kann zwar angenommen werden, dass die Betroffenen das Problem bis zu einem gewissen Grade „verdrängen", zumal ihnen ihr Humanpotential keineswegs voll bewusst zu sein braucht. Nichtsdestoweniger muss aufmerksam registriert werden, dass man bei Befragungen unausgeschöpftes, auf Realisierung drängendes Humanpotenzial unschwer entdecken kann, indem man die Menschen nach unerfüllten Wünschen oder nach ungenutzten, kein angemessenes Handeln nach sich ziehenden Bereitschaften fragt. Von solchen Fragen ausgehend sind die Menschen dann häufig in der Lage, ein meistens verschwiegenes, oft auch sehr wenig reflektiertes „Leiden" an der Gesellschaft (Bourdieu

1997; Dreitzel 1980) zum Ausdruck zu bringen. Dieses kann sich in einer weniger auffälligen Form in gedämpftem Lebensgefühl, in Neigungen zum Missmut, zum Pessimismus, oder zum Nörgeln niederschlagen. Es kann aber auch die subjektiv belastenderen und ggf. auch pathogenen Formen von Sinnlosigkeitsgefühlen, von depressiven Stimmungen, oder von Neigungen zur Aggressivität annehmen und Suizidneigungen fördern.

Geht man davon aus, dass die Ursache solcher Entwicklungen sehr häufig in mangelnder Wertverwirklichung zu suchen ist, dann steht dem nichts im Wege, für ihre wissenschaftliche Erfassung den Begriff der „Anomie" einzusetzen. Mit diesem Begriff wurden und werden in der Soziologie Einstellungs- und Verhaltensprobleme gekennzeichnet, die damit zusammenhängen, dass Menschen „feststellen müssen, dass es ihnen nicht möglich ist, bestimmte Ziele, Werte oder Interessen, an denen ihnen liegt, und die in ihrer gesellschaftlichen Umgebung als wichtig und wertvoll angesehen werden, zu verwirklichen." (Klages 1975:16).Von hier aus führen dann u.a. Wege zur Kriminalitäts- und Gewaltforschung, zur Erforschung des Alkohol- und Drogenmissbrauchs, von ethnisch-kulturellen Konflikten, oder von Korruptionstendenzen (Heitmeyer 1997).

Keine dieser Erscheinungen ist ausschließlich den Problemfolgen mangelnder Wertverwirklichung in der modernen Gesellschaft zuzurechnen. Dennoch kann denjenigen Sozialforschern, die diese Erscheinungen mit dem Anomiebegriff und somit letztlich auch mit unausgeschöpftem Humanpotenzial in eine kausale Verbindung bringen, nicht widersprochen werden. Weiterhin kann nicht von der Hand gewiesen werden, dass den „perspektivenlosen Resignativen", den „Hedomats", ja selbst den „Konventionalisten" mit ausgeprägt starker Modernisierungsabwehr gewisse anomische Züge anhaften. Von hier aus bieten sich Möglichkeiten an, den Brückenschlag zwischen der Wertewandelsanalyse und einer auf Dysfunktionen der modernen Gesellschaft konzentrierten Sozialpathologie zu vollziehen.

Dass dieser Brückenschlag in diesem Buch nicht vollzogen wird, liegt zum einen daran, dass hier nach Wegen für gestaltende Problemlösungen gesucht wird, die nicht bei einzelnen Problemfeldern, sondern vielmehr bei den ihnen zugrundeliegenden fundamentalen gesellschaftlichen „Ungleichzeitigkeiten" und Disparitäten ansetzen. Zum anderen wird aber auch das Humanpotenzial, das die primäre Folge solcher Verwerfungen ist, von seinem positiven, Entwicklungserfordernisse und -chancen indizierenden Gehalt her erfasst. Es wird zwar in Rechnung gestellt, dass die Gesellschaft durch dieses Potenzial auch dort zu produktiven Wandlungen herausgefordert wird, wo es sich in negativen Formen Geltung zu verschaffen versucht. Optimistischerweise wird jedoch davon ausgegangen, dass die Gesellschaft in der Lage sein sollte, ihre Modernität unter Beweis zu stellen, indem sie dieses Potenzial auch jenseits seiner eher abschreckenden Maskierungen, d.h. also gewissermaßen in reiner Form zu erkennen und als zukunftsweisende Kraft zu werten .

Sondierungen zum Begriff „Humanpotenzial"

Man wird den Begriff „Humanpotenzial" ungeachtet seiner Einprägsamkeit bis heute im *Brockhaus* oder einem anderen vergleichbaren Konversationslexikon ebenso vergeblich suchen wie im *Duden*. Viel eher stößt man auf Begriffe wie „Humankapital", „Humanressourcen" oder „Sozialkapital", die in der aktuellen gesellschaftspolitischen Diskussion zu Recht eine große Rolle spielen, die aber mit dem Begriff „Humanpotenzial" nicht verwechselt werden dürfen. Mit Begriffen wie „Humankapital" und „Humanressourcen" wird ein menschliches Leistungsvermögen bezeichnet, das aufgrund von Bildungsinvestitionen für angebbare Zwecke verfügbar ist, oder das durch Bildungsinvestitionen für solche Zwecke hergestellt und verfügbar gemacht werden kann. Beim Humanpotenzial handelt es sich demgegenüber um eine zwar bereits vorhandene, aber noch relativ „offene", nach verschiedenen Seiten hin entwickelbare und auswertbare personale Basisressource, für die noch keine Investitionen getätigt oder geplant werden und für die es deshalb auch noch keine Ökonomie gibt, ja die bisher noch kaum ins öffentliche Bewusstsein eingedrungen ist. Es lässt sich hinzufügen, dass das Humanpotenzial aufgrund einer Fülle von Barrieren im Bereich des Denkens und Handelns, die z.B. im Widerstand gegen die Anerkennung eines positiv beurteilbaren Wertewandels zum Ausdruck kommen, bisher auch noch kaum eine Chance hatte, einen Stellenwert im öffentlichen Bewusstsein zu erhalten. Selbst in der Wissenschaft konnte sich der Begriff bisher nicht vernehmlich einbürgern, wenngleich speziellere Begriffe, die in dieselbe Richtung zielen, so z.B. „demokratisches Potenzial", „Beteiligungspotenzial", „Innovationspotenzial", „Bildungspotenzial", oder – wie bei J.Habermas – „kognitives

Potenzial" hier und da auftauchen und zum Gegenstand von Untersuchungen gemacht werden.

Die bisherigen Ausführungen zusammenfassend kann folgende kurz gefasste Definition gegeben werden:

„Humanpotenzial" ist die Summe derjenigen in einer Gesellschaft verfügbaren, jedoch noch ungenutzten mentalen Dispositionen, die geeignet sind, soziale Verhaltensweisen hervorzubringen, welche die Menschen zur erfolgreichen Bewältigung von Herausforderungen und zur Nutzung von Chancen befähigen, die sich mit dem Prozess der gesellschaftlichen Entwicklung verbinden.

Obwohl diese Definition zunächst noch relativ abstrakt ist, lässt sie sich mit einer ganzen Reihe von Dingen in Verbindung bringen, die im bisherigen Verlauf des Buches bereits angesprochen wurden:

1. Entscheidend ist zunächst, dass der Begriff „Humanpotenzial", so wie er hier verstanden wird, selektiv und perspektivisch ist. Er meint nicht unmittelbar die gesamte Fülle derjenigen Fähigkeiten, Bereitschaften, Motive etc., die anthropologisch in den Menschen als Möglichkeiten angelegt sind und aus ihnen hervorgeholt, oder auch herausentwickelt werden können – sei es Wissen, Kunst, berufliche Leistung, sportliches Höchstformat, Treue zur Heimat oder Liebesfähigkeit. Dem Auffüllen des Begriffs mit Inhalten geht vielmehr notwendigerweise eine Diagnose derjenigen Herausforderungen und Chancen voraus, welche die aktuelle Phase des Entwicklungsprozesses fortgeschrittener moderner Gesellschaften charakterisieren. Gleichzeitig geht ihm aber auch die Frage voraus, inwieweit die gesellschaftliche Mentalitätsentwicklung die inneren Bedingungen für die Bewältigung dieser Herausforderungen und Chancen hervorbringt. Dementsprechend meint der Begriff „Humanpotenzial" dasjenige mentale Vermögen, das die Menschen brauchen, um in der Gegenwart und Zukunft der gesellschaftlichen Lebenswelt mit Erfolg bestehen zu können, das sie aber auch bereits als Disposition besitzen, ohne es bisher ausagieren und umsetzen zu können.

2. Die allgemeine Richtung dieser Herausforderungen und Chancen lässt sich mit den Stichworten der individuellen Eigenaktivität und Eigenverantwortung kennzeichnen. Mit diesem Begriffspaar lässt sich dement-

sprechend ein Zugang zu dem „Soll" des für fortgeschrittene moderne Gesellschaften maßgeblichen Humanpotenzials gewinnen.

3. Die Erfassung des Humanpotenzials mit Hilfe epochentypischer Herausforderungen und Chancen einerseits und des Wertewandels andererseits stellt sicher, dass die perspektivische Zuspitzung, die dem Begriff anhaftet, nicht willkürlich, sondern vielmehr im Einklang mit den Grundtendenzen der gesellschaftlichen Entwicklung erfolgt.

4. Wie bei der Darstellung des Wertewandels deutlich wurde, verhindert die Entdeckung einer grundlegenden Entsprechung zwischen den mentalen und den strukturellen Entwicklungstrends in der gegenwärtigen gesellschaftlichen Modernisierungsdynamik nicht eine kritische Evaluierung einzelner im Wertewandel zur Geltung gelangender Entwicklungen. Die doppelte Verankerung des Begriffs „Humanpotenzial" im Wertewandel und in den epochentypischen Herausforderungen und Chancen, mit denen die Menschen konfrontiert werden, schließt somit eine unkritische Normativsetzung des empirisch beobachtbaren Wertewandels-Trends aus.

5. Das „Humanpotenzial" bedarf in der Regel einer Weiterentwicklung, um Handlungsreife zu erlangen. Wertorientierungen als solche disponieren zwar, befähigen aber noch nicht unmittelbar zum Handeln in sozialen Zusammenhängen. Dies gilt auch und gerade für Selbstentfaltungswerte. Diese müssen mit den erforderlichen „social skills" in einer sozial kommunizierbaren, interaktionsfähigen und akzeptanzfähigen Weise artikuliert werden können, um aktualisierbar zu sein. Diese Bedingung setzt in jedem Fall Sozialisation im weitesten Sinne des Wortes voraus. Der Kaspar Hauser-Fall demonstriert auf eine extreme Weise, welche Bedeutung der Sozialisation – auch im vorliegenden Zusammenhang – zukommt. Man kann davon ausgehen, dass unter den gegenwärtigen gesellschaftlichen Bedingungen eine Sozialisation in Richtung spezifischer Persönlichkeitseigenschaften erfolgen muss, um eine Wertverwirklichung zu ermöglichen, welche die Aktualisierung von „Humanpotenzial" mit sich bringt. Die Beschaffenheit dieser Eigenschaften in der Bevölkerung Deutschlands wurde im zweiten Kapitel dieses Buches anhand eines Persönlichkeitsinventars untersucht. Die Untersuchung führte zu der Erkenntnis, dass auf der Ebene der Persönlichkeitsstärke – ungeachtet einzelner Schwachstellen – keine entscheidenden Wertverwirklichungshemmnisse auffindbar sind.

6. Während es sich bei dem Sozialisationserfordernis um eine Bedingung der Wert- und Potenzialverwirklichung handelt, die in der individuellen Person verankert ist, geht es bei einer zweiten sehr entscheidenden Bedingung der Potenzialverwirklichung um die Beschaffenheit des sozialen Umfelds, mit dem die individuelle Person auf ihrem Weg in die Gesellschaft konfrontiert wird. Mit der Umformung der Mentalität der Menschen durch den Wertewandel verbinden sich sehr spezifische Anforderungen an die sozialen „Rollen", die für die Menschen bereitgehalten werden müssen. Wie im nachfolgenden Kapitel 4 dieses Buches dokumentiert wird, wird das gesellschaftliche Rollenangebot diesen Anforderungen bisher nicht ausreichend gerecht. Es enthält Barrieren, die auf veraltete Menschenbilder, wie auch auf „vested interests" zurückgehen. Die modernen Gesellschaften sind an diesem Punkt noch nicht modern genug. Das „Humanpotenzial" bricht sich an den Mauern der institutionellen Ordnungen und Strukturen. Verschwendung von „Humanpotenzial" enthüllt sich bei entsprechender Schärfung der Optik als ein alltäglicher Sachverhalt in modernen Gesellschaften.

7. Es wird hierin deutlich, dass die doppelte Verankerung des Begriffs „Humanpotenzial" in den Herausforderungen des Wandels und den durch sie herbeigeführten mentalen Entwicklungen eine Chance zur kritischen Evaluierung der sozialorganisatorischen Fähigkeiten moderner Gesellschaften vermittelt.

8. Von dem so verstandenen Begriff des Humanpotenzials aus lassen sich strategische Reformanforderungen an die sozialorganisatorischen Fähigkeiten und die Beschaffenheit und Funktionsfähigkeit der Organisations- und Institutionenausstattung moderner Gesellschaften formulieren. Diese Chance darf aber nicht als Berechtigung zu einem schrankenlosen utopischen Denken missverstanden werden. Die starke Stellung, die der Logik der strukturellen gesellschaftlichen Wandlungstrends in der doppelten Verankerung des Begriffs „Humanpotenzial" im Wertewandel und in den epochentypischen Herausforderungen und Chancen zukommt, verhindert nicht nur eine unkritisch-konservative Akzeptanz des vorhandenen Organisations- und Institutionenbestands. Sie baut auch einer realitätsblinden Emanzipations- und Fortschrittsbegeisterung um jeden Preis vor. So kann von dieser Perspektive her und vor dem Hintergrund der Erkenntnisse der Organisationsforschung Ellwein und Hesse unbefangen Recht gegeben

werden, wenn sie im Zusammenhang ihrer Kritik an den Abweichungen zwischen formalen Beteiligungsrechten und materialen Beteiligungspraktiken in Deutschland einschränkend darauf verweisen, dass jedenfalls in Großorganisationen die Existenz „eines gewissen Mindestmaßes an bürokratischer Organisation, eines Apparates" und „vieler Funktionäre" um der Erreichung des Organisationszwecks willen unvermeidlich ist (Ellwein/Hesse 1987: 170).

Ist Humanpotenzial vermehrbar?

Antworten auf die Frage sind trotz unabgeschlossenen
Forschungsstands möglich

Die naheliegende Frage, ob Humanpotenzial vermehrbar ist, lässt sich auf die Frage zuspitzen, ob die für seine Entstehung maßgeblichen Werte-Veränderungen einer sozialorganisatorischen Beeinflussung und Gestaltung zugänglich sind.

Diese Frage wurde in diesem Buch bisher nur en passant aufgeworfen. Es gibt hierzu bisher auch nur sehr wenig Literatur, so dass man beinahe von einem Forschungstabu reden kann. Nichtsdestoweniger fördert diese Frage, wenn man sie nachdrücklich genug stellt, manches zutage, was ungeachtet seiner Bruchstückhaftigkeit von großem Interesse ist.

Ein Zugang zur Beantwortung dieser Frage ergibt sich bei der Auswertung der Ergebnisse des *Speyerer Werte- und Engagementsurveys 1997* und bei der Überprüfung der Entstehungsbedingungen der aktiven Realisten und der von ihnen verkörperten Wertesynthese.

Um nicht falsche Erwartungen zu wecken, muss betont werden, dass sich endgültige Antworten bisher nicht geben lassen. Auf dem Hintergrund der Datenanalysen kann jedoch als sicher gelten, dass familiäre und gesellschaftliche Einflüsse – und zwar solche, die im Prinzip gestaltbar sind – bei der Entstehung der aktiven Realisten eine maßgebliche Rolle spielen. Darüber hinaus kann man auch weitere Einwirkungsfaktoren erkennen, die darüber mitentscheiden, ob Menschen zur Wertesynthese gelangen oder nicht.

Vorsteuerungen in der Primärsozialisation

Den Erkenntnissen der Speyerer Forschungen zufolge muss auf die Erziehungssituation in der Familie eingegangen werden, um das frühe Entstehen von Vorprägungen zu verstehen, welche die Entstehung der Wertesynthese bei aktiven Realisten begünstigen.

Zunächst spielt hierbei die Erfahrung stabiler familiärer Ordnungsstrukturen und einer intensiven emotionalen Zuwendung eine Rolle. Zwar haben vor allem auch die Konventionalisten in ihrer Kindheit Erfahrungen von Stabilität und Berechenbarkeit gemacht. Ähnlich wie die aktiven Realisten bekunden sie eine anhaltende Vorbildwirkung ihrer Eltern, die jedoch aus einem strengen Erziehungsstil erwuchs, der dem Kind wenig Widerspruch und Freiräume offen ließ, der aber dennoch im Rückblick gut geheißen wird. Bei den aktiven Realisten spielte dagegen die Erfahrung geistiger und kultureller Anregung der Eltern die wichtigere Rolle, sowie die Übertragung eigenständig zu bewältigender Aufgaben, verbunden mit anspornendem Lob durch Eltern und sonstige Bezugspersonen. Gerade hier sind dagegen die Defizite der Primärsozialisation von Resignierten am größten. Die gestörte Sozialisation zeigt sich bei Resignierten und auch bei Hedonisten in einer geringeren Vorbildwirkung der Eltern. Für die Sozialisation von Hedonisten ist neben der Abwesenheit des religiösen Elements, die hier – rein statistisch gesehen – besonders zu Buche schlägt, eine Tendenz des elterlichen Erziehungsstils zum Laisser-faire erklärungskräftig.

Zu einer in ausreichendem Maße vorhandenen emotionalen und sozialen Vertrauensfähigkeit kommt bei den aktiven Realisten etwas hinzu, was man als ein in der Grundstruktur der Persönlichkeit verankertes Bedürfnis nach produktiver Aktivität bezeichnen kann. Voraussetzung für die Entstehung dieses Bedürfnisses im Prozess der Primärsozialisation ist die Leistungserziehung im Elternhaus, d.h. also die anspornende Übertragung von Aufgaben und Verantwortung, die immer wieder Erfolgserlebnisse ermöglicht und nach und nach produktive Leistung zum verinnerlichten Bedürfnis der Person macht. Dass die traditionell erzogenen Konventionalisten zwar eine hohe Leistungsbereitschaft, aber keine Disposition zur Wertesynthese besitzen, kann unter Rückgriff auf die Psychoanalyse mit der Vermutung erklärt werden, dass Leistungsantriebe hier in erster Linie durch ein psychisch verinnerlichtes und allzu strenges Über-Ich ausgelöst werden, das stets zu folgsamer Pflichterfüllung ermahnt (Klages 2001).

Einflüsse nachfolgender Sozialisationsphasen

Obwohl die Belege für die Einflüsse der Primärsozialisation sehr eindrucksvoll sind, darf man diesen Faktor nicht verabsolutieren. Vielmehr gibt es auch in den nachfolgenden Phasen des Lebensverlaufs deutliche Einflüsse auf die Werte-Entwicklung und damit auf die Entstehung von Humanpotenzial, an denen andere Einwirkungskräfte als die Familie beteiligt sind.

Auch diese Einflüsse, welche die Familieneinflüsse teils überlagern und verdrängen, lassen sich durch Forschungsergebnisse belegen.

Änderungen von Wertorientierungen ließen sich im Bereich von Erziehungs- und Bildungseinrichtungen nachweisen, so z.B. bei der US-amerikanischen *College-Untersuchung* von Newcomb. Auf der Grundlage des Vergleichs der Ergebnisse von Befragungen, die bei Studienanfängern und bei Studienabsolventen vorgenommen wurden, ließ sich eindeutig feststellen, dass die in den untersuchten Fällen vorhandene liberale College-Atmosphäre auch auf Studenten aus einem konservativen familialen Milieu in einem starken Maße wertprägend und -ändernd wirkte. Es waren Einflüsse des sozialkulturellen Klimas der Einrichtung, wie auch der in ihr wirkenden Lehrpersonen maßgeblich, mit denen sich die Studenten in einem hohen Maße identifizierten, was sich u.a. auch auf ihre Wertesphäre auswirkte (Newcomb 1959: 124 ff.).

Ähnlich wie bei der Primärsozialisation fanden auch diese Einwirkungen innerhalb längerer Zeiträume statt. Dass es sich hierbei allerdings nicht um eine unabdingbare Voraussetzung für Wertänderungen handelt, lässt sich auf eine drastische Weise aus den Ergebnissen des *Konfrontations-Experiments* des amerikanischen Werteforschers Milton Rokeach ableiten. Rokeach veranlasste mehrere Gruppen von Probanden zunächst dazu, mit Hilfe einer vorgegebenen Liste ihre eigenen Wertorientierungen zu dokumentieren. Im Anschluss daran konfrontierte er sie mit den zuvor auf der Grundlage derselben Liste ermittelten Werten der von ihnen selbst als persönliche Vorbilder genannten Personengruppen (so z.B. Sportlern, bekannten Filmschauspielern etc.). In einem anschließenden Kontrolltest neigten die Probanden überall da, wo sie Abweichungen zwischen ihren Werten und den Werten ihrer Vorbilder festgestellt hatten, zu spontanen Wertangleichungen. Diese Wertangleichungen waren, wie bei späteren Kontrolluntersuchungen festgestellt werden konnte, in einem hohen Maße über die Zeit hinweg stabil. Obwohl zahlreiche Wertorientierungen im Rahmen der im frühkindlichen Stadium einsetzenden familiären Primärsozialisation vermittelt werden, besteht somit dennoch eine erstaunlich weitgehende Chance zu nachfolgenden situationsbedingten Wertänderungen, die im Grenzfall in Sekundenschnelle vor sich gehen können (Rokeach/Cochrane 1972).

Ein weiterer Komplex von Forschungsergebnissen, der in dieselbe Richtung weist, stellte sich wiederum im Rahmen der Speyerer Werteforschung ein (Franz /Herbert 1987). Als Ausgangsgrundlage diente die Entdeckung des niederländischen Werteforschers van Deth, dass individuelle Wertekonstellationen ganz generell gesehen in einem erheblichen Umfang Veränderungen aufweisen, wenn man sie zu verschiedenen Zeitpunkten untersucht (van Deth 1981). Auf den Spuren dieser Entdeckung konnte festgestellt werden, dass sich im Lebensverlauf der Menschen nicht nur Einzelwerte abschwächen oder verstärken, sondern dass sogar hinsichtlich der Zugehörigkeit der Menschen zu einem der Wertetypen (vgl. weiter oben) Änderungen einzutreten vermögen. Es ist dementsprechend von einem lebenslangen Prozess der Werte-Entwicklung und -veränderung auszugehen. Wie weitere Analysen zeigten, spielt hierbei einerseits die Blockierung von Wertverwirklichungsmöglichkeiten eine Rolle, indem sie zur Zurücknahme von Werten führen kann. Umgekehrt können jedoch auch Chancen der Nutzung von Wertverwirklichungsmöglichkeiten ein Wachsen einzelner Wertkomponenten herbeiführen.

Es ließen sich darüber hinaus vielfältige Hinweise auf „Werte-Karrieren" finden, die u.a. auch zum aktiven Realisten und damit zur Wertesynthese hinführen können. Neben der elterlichen Erziehungseinwirkung (vgl. oben) kommt hierbei sog. „kritischen Lebensereignissen" im Rahmen der Sekundär- und Tertiärsozialisation eine große Bedeutung zu. Auch diese vermögen gegebenenfalls den Erziehungseinfluss der Eltern zu überlagern. Die in diesem Zusammenhang entscheidende Einsicht besteht darin, dass die Entstehung des aktiven Realisten und damit die Wertesynthese durch berufliche und familiäre Verantwortungsübernahme, oder allgemeiner ausgedrückt, durch die Übernahme von Verantwortungsrollen gefördert wird. Diese lassen sich ganz grob als Bedingungen charakterisieren, welche eigenverantwortliches Verhalten in Handlungsfeldern zulassen. (Vgl. hierzu Kapitel 4)

Als Gesamtergebnis kann festgehalten werden, dass Humanpotenzial einer gestaltenden Einwirkung im Wege der Beeinflussung der Werteentwicklung im individuellen Lebensverlauf zugänglich ist. Grundsätzlich kann von daher die Frage nach der Vermehrbarkeit des Humanpotenzials bejaht werden. Der Gestaltung sozialorganisatorischer Bedingungen menschlicher Potenzialentfaltung im Wege der Weiterentwicklung institutioneller Ordnungen und Strukturen eröffnet sich von daher ein Spielraum, der vielfältige Ansatzpunkte bietet.

Institutionenversagen – Die alltägliche Verschwendung von Humanpotenzial

Ein optimistischer Einstieg: Anthropozentrische Strebungen in modernen Gesellschaften

Wir wollen uns in diesem Abschnitt der bisher nur flüchtig gestreiften Frage zuwenden, wo und inwieweit unter den gegenwärtigen Gesellschaftsbedingungen Verschwendung von Humanpotenzial tatsächlich stattfindet. Am Eingang der kritischen Analyse soll allerdings die These stehen, dass der Blick auf den bisherigen Gesamtverlauf der gesellschaftlichen Entwicklung zu einem entschiedenen Optimismus veranlasst. Zwar hat man definitiv von dem Problemsachverhalt eines aufgestauten und öffentlich verschwendeten Humanpotenzials auszugehen. Allein die Tatsache, dass der bisherige gesellschaftliche Entwicklungsprozess den Wertewandel und damit die Hervorbringung von aktualisierungsfähigem Humanvermögen geleistet hat, liefert jedoch bereits einen optimistisch stimmenden historischen Hintergrund.

Wenden wir uns den Entstehungsbedingungen dieser Entwicklung zu, dann haben wir mehrere Jahrhunderte Geistesgeschichte, sowie die Geschichte der sozialen Ideen seit der europäischen „Aufklärung" in Betracht zu ziehen, in welcher der Philosophentraum der Individualisierung geboren und ersten Umsetzungsversuchen zugeführt wurde. Wir haben aber auch eine

Serie von „Individualisierungsschüben" (Beck 1986) in Betracht zu ziehen, in welchen sich eine Gesellschaftsmodernisierung Bahn schuf, welche die sozio-ökonomischen Basisstrukturen veränderte und umstürzte. Sie erreichte mit der industriellen Revolution eine neue Qualität, indem sie zu einem unabsehbaren dynamischen und kumulativen Dauerprozess mutierte. In den letzten zwei Jahrhunderten vollzog sich eine Ökonomie, Gesellschaft, Wissenschaft und Technik übergreifende, fortwährend durchsetzungskräftiger und umfassender werdende Modernisierungsbewegung, die zunehmend auch die Menschen einbezog und sie bis in die Grundlagen ihrer mentalen Verfassung hinein umzugestalten begann.

Dass es sich hier nicht nur um Vergangenes handelt, sondern um einen Prozess, der aktuell noch im Gang ist, wird deutlich, wenn man sich dem Wandel der beruflichen Strukturen seit der Industrialisierung zuwendet. Dieser Vorgang führte zunächst dazu, dass zunehmend große Teile der Bevölkerung von der Landwirtschaft in die anwachsende Industrie – und damit in einen unter viel stärkerem Modernisierungseinfluss stehenden Bereich der Gesellschaft – umgeschichtet wurden. Im weiteren Verlauf stellte sich jedoch eine so genannte „Tertiarisierung" ein, das heißt eine Umschichtung der Berufstätigen aus der Industrieproduktion in den Dienstleistungssektor, der sich auch gegenwärtig immer noch weiter ausdehnt. Heidenreich weist zu Recht darauf hin, das sich hiermit ein Vordringen „kommunikationsintensiverer" Anforderungen und ein Anwachsen der Tätigkeitsfelder „Ausbilden, Informieren, Organisieren, Planen, Forschen und Entwickeln" verbindet, was für die Menschen zumindest die Chance vergrößerter Selbständigkeits- und Verantwortungsspielräume bedeutet (Heidenreich 1996: 29 ff.). Das Zukunftspotenzial dieser Entwicklungen erschließt sich unter Begriffen wie „Informationsgesellschaft" und „Wissensgesellschaft", die u.a. auf einen in genau dieser Richtung weiter fortschreitenden Wandel der beruflichen Anforderungsstrukturen verweisen.

Dies alles betrifft zunächst die Entstehungsbedingungen des Humanpotenzials. Bei einer grundsätzlichen Betrachtung brauchen wir aber auch hinsichtlich der Aktualisierung des entstehenden Humanpotenzials durch die Erschließung zusätzlicher Handlungsräume für Menschen mit erweiterten Selbstentfaltungsinteressen und -fähigkeiten keineswegs zu einem resignativen Gesamturteil zu gelangen.

Bei einem Vergleich des Jahres 2000 mit dem Jahr 1770 können wir in dieser Hinsicht bedeutsame Fortschritte feststellen, die es verbieten, für diesen menschheitsgeschichtlich entscheidenden Zeitraum von einem Stillstand auszugehen.

Am Anfang dieses Zeitraums stehen die Menschenrechtserklärungen, wie besonders die der USA vom 12.6.1776, in deren Artikel 1 es heißt:

„Alle Menschen sind von Natur aus gleichermaßen frei und unabhängig und besitzen gewisse angeborene Rechte, deren sie, wenn sie den Status der Gesellschaft annehmen, ihre Nachkommenschaft durch keinerlei Abmachung berauben und entkleiden können, und zwar auf Genuss des Lebens und der Freiheit und der Möglichkeit, Eigentum zu erwerben und zu besitzen und Glück und Sicherheit zu erstreben und zu erlangen."

Wenden wir uns – mit einem Zeitsprung in Richtung Gegenwart – dem Grundgesetz der Bundesrepublik Deutschland von 1949 zu, so stoßen wir auf einen ausgebauten Katalog von Grundwerten und -rechten, deren gemeinsamer Nenner es ist, dass sie sich „auf den Menschen beziehen" (von Arnim 1984: 127). Entscheidend ist hierbei, dass nach vorherrschender Interpretation in diesen Grundwerten und -rechten ein grundsätzlicher Vorrang des Menschen vor der staatlich verfassten Gemeinschaft zum Ausdruck gelangt. Dieser Vorrang findet sich in der Formulierung „Jeder hat das Recht auf die freie Entfaltung seiner Persönlichkeit" (Art. 2. (1)). „Dem Grundgesetz liegt also eine Auffassung zugrunde, die man mit Roman Herzog als ‚anthropozentrisch' bezeichnen kann. Deren Kennzeichen liegt darin, dass der Mensch mit seinen Bedürfnissen, Interessen, Zielen und Wertvorstellungen Ausgangspunkt aller Staatsfunktionen sein muss. ... Der Staat erhält seinen Wert nur gleichsam als ‚Werkzeug', als ‚Instrument' der Menschen zur besseren Wahrung ihrer Interessen. Er hat rein dienende, instrumentale Funktion." (ebd.:128 f.; vgl. auch Herzog 1971: 141 f.)

Zwar ist die Auffassung von Skeptikern nicht von der Hand zu weisen, der zufolge die betreffenden Formulierungen des Grundgesetzes „verschiedene Bewertungen und Kombinationen" zulassen, welche vom Vorrang des „ ‚Einzelnen' ... über vermittelnde Positionen bis zum Vorrang der ‚Gesellschaft' als dem anderen Punkt der Werteskala reichen". Auch kollektivistische Interpretationen sind somit nicht auszuschließen (Schreckenberger 1978: 122).

Wendet man sich jedoch der „gelebten" Verfassung zu, und blickt sich im Verwaltungsrecht und in der verwaltungsgerichtlichen Praxis um, dann kann man erkennen, dass dem Individualrechtsschutz ein zunehmendes Gewicht zuerkannt wurde. Dem Vorrecht auf die autoritative Inanspruchnahme und Entmündigung des Einzelnen im Interesse der Verwirklichung übergeordneter Ziele und Zwecke wurde das Recht des Bürgers auf Unversehrtheit, auf die Sicherstellung persönlicher Bedürfnisse und auf Selbstverwirklichung entgegengesetzt. Während der öffentlich Bedienstete früher souverän die Staatsautorität verkörpern konnte, sieht er sich heute zur Bürgerorientierung aufgerufen. Große Verwaltungsbereiche wie die Post und die Bahn, darüber hinaus aber auch zunehmend viele Städte und Gemeinden wollen sich inzwischen nicht mehr als Hoheitsverwaltungen, sondern vielmehr als Dienstleistungsunternehmen verstehen. Ähnliche Tendenzen finden sich auch in der auf dem Grundgesetz fußenden Arbeitsgesetzgebung und -rechtsprechung, im Betriebsverfassungs- und Personalvertretungsrecht, sowie im Mietrecht. Die „besonderen Gewaltverhältnisse", die noch vor einigen Jahrzehnten die Rechte der Menschen in Organisationen einschränkten, sind weitgehend abgebaut. Die gesamte Rechts- und Staatsentwicklung der Bundesrepublik ist zunehmend auf den Einzelmenschen gerichtet. Die Artikel 1 und 2 des Grundgesetzes haben mit individualistischer Ausrichtung den Marsch durch die Institutionen angetreten.

Man kann auch an eine Reihe von „Revolutionen" im Alltag der modernen Gesellschaften seit den sechziger Jahren denken, wie an die „Bildungsrevolution", die „Medienrevolution" und an die „Vollmotorisierung", an die wir uns inzwischen schon dermaßen gewöhnt haben, dass uns die Erinnerung an den zeitweilig erregenden Slogan der „mobilen Gesellschaft" inzwischen fast entfallen ist. Alle diese Alltagsrevolutionen förderten die Entfaltung des Individuums und damit die Aktualisierung von Humanpotenzial. Sie erfolgten auf eine breit gefächerte Weise, indem sie die Menschen von vorherigen Bindungen, Begrenzungen und Schranken entfesselten und ihre alltäglichen Freiheits- und Bewegungsspielräume vergrößerten.

Ein ähnliches Bild erhält man auch, wenn man sich der privaten Wirtschaft zuwendet. Auch der Konsument konnte sich zunehmend emanzipieren, seit in den sechziger Jahren die Wende von den bis dahin dominierenden Verkäufermärkten zu Käufermärkten einsetzte. Damit wurde die Konsumentensouveränität von einer Denkmöglichkeit zur Realität. Der Befriedigung individueller Wünsche wird zunehmend durch Angebotsvielfalt und Produktdifferenzierung nachgeholfen. Studiert man die Werbung und die ungeheure Breite der Angebote, dann weiß man am Ende kaum mehr, wer hier eigentlich auf wen einwirkt und reagiert. Man muss sich fragen, ob es eigentlich noch der Bedürfnisdruck der Verbraucher ist, der die Neuerungen hervorbringt, oder ob die Wirtschaft die Führungsrolle übernommen hat und den Verbraucher zu immer neuen Individualisierungsleistungen anstachelt.

Die Bürgergesellschaft als Selbstentfaltungschance

Beim Blick auf positiv bewertbare aktuelle Entwicklungen drängt sich auch der Begriff der „Bürgergesellschaft" auf. Mit ihm wird heute die Vorstellung eines aktiv und eigenverantwortlich handelnden Menschen aus den verschiedenartigen Konzeptnischen, in denen sie sich bisher entwickelte, auf eine allgemeinere Ebene gehoben.

Die mit diesem Begriff auftauchende Kernvorstellung eines erweiterten menschlichen Engagements im gesellschaftlichen und politischen Raum besitzt eine ganz unmittelbare Beziehung zum Humanpotenzial. Dies wird auch daran erkennbar, dass diesem Begriff in den Arenen, in denen die Bürgergesellschaft erörtert wird, eine spontane Aufmerksamkeit und Akzeptanz zukommt. Hier findet sich der bisher erfolgversprechendste Verbindungsstrang zwischen der Thematik des Humanpotenzials und der gesellschaftspolitischen Ideenbildung und Praxis.

Im Interesse einer erfolgreichen Umsetzung des Konzepts der Bürgergesellschaft ist wichtig, dass die Engagementförderung gegenwärtig nicht nur aus idealistischen Motiven heraus angestrebt wird. Mit ihr verbinden sich verschiedenartige handfeste Interessen und Motivlagen. So hat man erstens entdeckt, dass das bürgerschaftliche Engagement wichtige Beiträge zur Bewältigung der Finanzkrise der öffentlichen Haushalte zu leisten vermag. Im Verhältnis von Staat und Gesellschaft wird heute nicht mehr die weitere Vermehrung staatlicher Aufgaben, sondern vielmehr die Rückverlagerung von Aufgaben an die Gesellschaft und die Beschränkung der staatlichen Verantwortung auf eine so genannte „Gewährleistungsverantwortung" angezielt. In den Kommunen ist eine breite Welle der Privatisierung und der Gründung von so genannten Public-Private Partnerships in Gang gekommen. Hier finden sich auch Experimente der Übertragung von Aufgaben, die bisher öffentlich waren, an Bürgergruppen und -vereine auf der Grundlage von Zielvereinbarungen und Leistungsverträgen. So gibt es heute bereits eine zunehmende Zahl von Schwimmbädern, die von Bürgervereinen unter Einsatz ehrenamtlicher Arbeit, und somit preiswerter als bisher, betrieben werden. Das ist aber nur ein Beispiel, dem man eine lange Liste weiterer Beispiele anfügen kann, so die Pflege öffentlichen Grüns, die gemeinschaftliche Sorge um die öffentliche Sicherheit usw.

Die Aufwertung des freiwilligen Engagements der Bürger erwächst zweitens auch aus der Erfahrung, dass sich in den vergangenen Jahren eine tiefer liegende Leistungsgrenze sozialstaatlicher Daseinsfürsorge offenbart hat. Aufgaben der psychischen Stabilisierung bei chronischen Krankheiten sind ohne die aktive Selbsthilfe der Betroffenen kaum zu leisten. Hier und in anderen Fällen erweitert sich das Spektrum der Wohlfahrtsproduktion um Hilfs- und Unterstützungsbereiche, welche die große Maschinerie des Wohlfahrtsstaats nicht zu erbringen vermag. Drittens ergibt sich eine Aufwertung des ehrenamtlichen freiwilligen Engagements mit der Bemühung, die Krise im Verhältnis zwischen dem Staat und den immer „verdrossener" werdenden Bürgern durch die Beteiligung der Bürger an öffentlichen Planungs- und Entscheidungsprozessen zu überwinden. Hier gibt es ein breites Spektrum von Aktivitäten, das sich immer noch durch neuartige Möglichkeiten erweitert und das zur Zeit insbesondere mit dem Bürgerbegehren und dem Bürgerentscheid zur Weiterentwicklung unserer Demokratie beiträgt. Viertens gibt es Vorstellungen, durch „Bürgerarbeit" einen Beitrag zur Entstehung derjenigen Tätigkeitsgesellschaft zu leisten, die manche heute schon an die Stelle der bisherigen Arbeits- und Leistungsgesellschaft treten sehen. Zwar kann man nicht ernsthaft hoffen, dass das freiwillige Engagement den Staat von der Sorge um Arbeitsplätze, um die Wirtschaftsentwicklung und um Bildungsinvestitionen entlasten kann. Die Lebenssituation der Menschen, die durch den mit der Globalisierung verbundenen Umbruch aus der beruflichen Bahn geworfen werden, wird ohne freiwilliges Engagement aber wohl kaum auf einem akzeptanzfähigen Niveau gehalten werden können.

Die fundamentalen Funktionen, die dem bürgerschaftlichen Engagement in unserem gesellschaftlichen und politischen System zukommen können, liegen inzwischen offen zutage und geben zu einer zunehmenden Zahl von Förderungsinitiativen Anlass. Man kann davon ausgehen, dass hier ein Feld

entsteht, in welchem dem Humanpotenzial bedeutende Verwirklichungs-
chancen zuwachsen.

Weitere Zugangswege zur Selbstentfaltung

Jenseits politischer Parteinahme ist – unter welchen Bezeichnungen auch
immer – dem Konzept eines „aktivierenden Staates" eine grundsätzliche
Bedeutung zuzuschreiben. Der wesentliche Punkt ist, dass dieses Konzept
der Idee der Bürgergesellschaft komplementär ist, indem es ihr das „enabling" und „empowerment" der Bürger als Zielsetzung staatlicher Tätigkeit
hinzufügt. Den Bürgern werden hierbei Handlungs- und Verantwortungsfel-
der eingeräumt, die bisher zum Aufgabenbereich des Staates und eines mehr
oder weniger eng spezialisierten professionellen Personals zählten. In einer
Reihe von Fällen werden die bisher teils noch sehr engen Spielräume des
sozialen und politischen „Dürfens" und der „situativen Ermöglichung" für
eine Vielzahl von Menschen deutlich erweitert. Man braucht nur an „Bürgerbegehren und -entscheide", an die so genannte „Agendabewegung", oder an
„Planungszellen", „Bürgergutachten" und „Focusgruppen" zu denken, um
die konkreten Ansätze in den Blick zu bekommen. Die Bedingung ist allerdings die Bereitschaft der Menschen, sich entsprechend zu organisieren.
Aber genau hierin zeichnen sich Entwicklungen ab, die wir als entscheidende
Innovationspunkte der aktuellen gesellschaftlichen Modernisierungsentwick-
lung identifizieren können. Insbesondere im Angesicht solcher Entwicklungen können alle Bemühungen um die Stärkung der demokratischen Rechte
und Mitwirkungsmöglichkeiten der Bürger als Vorstöße in Richtung der
Erschließung erweiterter Handlungsräume der Menschen gewertet werden.

Aktivierungshemmnisse in den institutionellen Ordnungen und Strukturen

Das Problem eines aufgestauten und verschwendeten Humanpotenzials hebt
sich von diesem optimistisch stimmenden Hintergrund als ein überraschen-
des Faktum ab, als ein Menetekel gewissermaßen, das die Modernität moderner Gesellschaften an einem Punkt in Frage stellt, der für ihr Selbstverständnis von zentraler Bedeutung sein muss und der offenbar auch deswegen

einer besonders hartnäckigen Verdrängung unterliegt. Die Diagnose lautet, dass der anthropozentrische Charakter moderner demokratischer Gesellschaften zwar in den zentralen Normenbeständen, der politischen Programmatik und den sozioökonomischen Wandlungen intensiv verankert, jedoch auf der Ebene der alltagswirksamen institutionellen Ordnungen und Strukturen bisher nur relativ schwach ausgebildet ist. Selbstentfaltung im Sinne gelebter Alltagspraxis der Menschen kann unter diesen Bedingungen in einer den vorhandenen Potenzialen angemessenen Weise nicht ausreichend stattfinden.

Die Arbeitswelt des öffentlichen Sektors als Beispiel

Wir wollen diese grundlegende Diagnose in eine Reihe von konkreten institutionellen Zusammenhängen hinein verfolgen. Dabei sollen Erfahrungen im Vordergrund stehen, die dem Autor aufgrund eigener Analysen zugänglich sind. Die Arbeitswelt des öffentlichen Sektors, dem in Deutschland einige Millionen Menschen angehören, soll dabei als ein exemplarischer Fall am Anfang stehen.

Es kann hierbei von der zentralen Feststellung ausgegangen werden, dass die Mechanismen der Personalauswahl und Rollenzuweisung der Arbeitswelt des öffentlichen Sektors beträchtliche Teile der Bevölkerung unter Bedingungen tätig werden lassen, die nicht auf die Ausschöpfung ihrer Bereitschaften und Fähigkeiten hin konstruiert sind. Hinderlich sind z.B. die geltenden Laufbahnverordnungen, wie auch die Personalbeschaffungs- Personaleinsatz- und Personalverwendungspraktiken der Behörden. Hinzu kommen Stellen- und Geschäftsverteilungspläne und so genannte Stellenobergrenzenverordnungen. Mit Ihnen wird der Personalkörper der Behörden im Sinne einer Pyramide definiert, die sich durch eine breite Basis weniger anspruchsvoller Tätigkeiten (mittlerer und einfacher Dienst) und eine Zuspitzung zu anspruchsvolleren Tätigkeiten, bis zu der „monokratischen", d.h. mit einer einzigen Person besetzten Spitze charakterisiert. In deren Rollendefinition treffen konsequenterweise eine maximale Qualifikationszurechnung und höchste Selbstentfaltungschancen zusammen. Hinzu kommen weiter die Dienstanweisungen, Geschäftsordnungen und Geschäftsverteilungspläne, mit denen zwischen verschiedenen Ebenen des Qualifikations- und Wertverwirklichungsgefüges hierarchische Weisungsbeziehungen hergestellt werden. Wer höher steht, übt dementsprechend nicht nur eine anspruchsvollere Tätigkeit aus, die seinen Neigungen und Fähigkeiten mehr Spielraum bietet, sondern hat auch einen größeren Selbständigkeitsspielraum. Am optimalsten sind naturgemäß die Spitzenpositionen, die in der Regel durch ein Höchstmaß an Handlungs- und Entscheidungsfreiheit und Eigenverantwortung charakterisiert werden. Deutliche Ungleichheiten bezüglich der Möglichkeit, intrinsische Bereitschaften und Befähigungen zur Geltung zu bringen und Eigenverantwortung zu praktizieren, offenbaren sich aber auch beim Vergleich zwischen dem höheren, dem mittleren und dem einfachen Dienst im Ganzen. So konnte z.B. in einem Bundesministerium festgestellt werden, dass Beschäftigte im höheren Dienst bei hoher Arbeitsmotivation über Arbeitsüberlastung klagten, während der gehobene, der mittlere und der einfache Dienst bei gedämpfter Arbeitsmotivation Unterforderungsanzeichen zur Schau stellten.

Man konnte angesichts dieser Sachverhalte von einem „Taylorismus" im öffentlichen Dienst sprechen – ein Ausdruck, der diffamiert, aber auch die historische Bedingtheit und Antiquiertheit bürokratischer Sachverhalte trifft. In der Tat weist das gesamte dienst- und organisationsrechtliche Normengefüge, das den Personalbereich des öffentlichen Sektors regelt, auf eine Situation weit vor dem Wertewandel zurück. In ihr konnte noch mit einigem Recht von der Überzeugung ausgegangen werden, „einfache" Menschen seien in der Regel schlecht ausgebildet und mit geringer Sachmotivation ausgestattet. Der Organisationserfolg hing davon ab, sie einem strikten Weisungs- und Beaufsichtigungsregime zu unterwerfen und ihnen schmal zugeschnittene, möglichst schnell routinisierbare Tätigkeiten zuzuweisen. Der Wertewandel hat in Verbindung mit einem gewaltig angewachsenen Bildungsstand dazu geführt, dass diese Diagnose revidiert werden muss. Dies geschieht aber nur in einem unzureichenden Maße. Die organisatorischen Folgerungen aus früheren Ausgangsbedingungen überdauern aufgrund der Trägheit und Änderungsresistenz einmal etablierter Grundentscheidungen. Menschen mit hohem Selbständigkeitsbedürfnis und -potenzial werden dementsprechend in die „alten Kleider" weniger weit entwickelter Menschen von früher gesteckt.

Charakteristischerweise verbinden sich diese strukturellen mit mentalen Widerständen, indem die begünstigten Positionsinhaber im Hinblick auf die benachteiligten abwertende Menschenbilder entwickeln. Der unter Organisationsforschern bekannten „Theorie X" (McGregor) zufolge sind die meisten

Menschen von Natur aus faul und uninteressiert und somit nicht motivierbar. Menschenbilder, welche die Indifferenz gegenüber wertewandelsbedingten Selbstentfaltungsinteressen legitimieren, werden durch Alltagstheorien abgestützt. Ihnen zufolge muss man angeblich immer mit Enttäuschungen rechnen, wenn man den Menschen mit „humanitären Illusionen", so z.B. einer der Theorie X entgegengesetzten „Theory Y", begegnet, die auf die intrinsische Motivierbarkeit der Menschen baut. Alltagstheorien, welche die realen Wertorientierungen und Handlungsinteressen der Menschen ausblenden und verneinen, können paradoxerweise immer wieder mit scheinbaren Bestätigungen rechnen, die sich aus self-fulfilling prophecies in den sozialen Interaktionen ergeben. So kann ihnen eine vermeintliche Lebenserfahrung zuwachsen, an der entgegengesetzte Argumente wirkungslos abprallen. Wer als Vorgesetzter sagen kann „Ich hab's doch erlebt!", ist durch Hinweise auf andersartige Motive und Fähigkeiten, welche seine Mitarbeiter/-innen besitzen, kaum mehr zu überzeugen. Der Widerstand gegen den Wertewandel erhält hierdurch Verstärkungen auf der Ebene alltagsgängiger subjektiver Überzeugungen. Es entstehen wertewandelsresistente Struktur- und Kulturräume, welche die Realisationschancen der Selbstentfaltungswerte schmälern.

Unausgeschöpftes Humanpotenzial in der öffentlichen Verwaltung wird unmittelbar in der nachfolgenden Grafik sichtbar, das auf der Grundlage von Mitarbeiterbefragungen in fünf Behörden Ergebnisse ausweist, die sich in ganz ähnlicher Form auch bei zahlreichen weiteren Befragungen einstellten.

Es erweist sich, dass an der Spitze der Wunschliste durchgängig intrinsische Tätigkeitsmerkmale stehen, die Leistungsmotivation signalisieren, deren Erfüllung aber gleichzeitig weitere Leistungsmotivation freisetzt.[11] Der Wunsch nach „gerechter Bezahlung" tritt dahinter zurück. Die vom Computer produzierten Regressionsgeraden wandern nach oben hin auseinander, was besagen will, dass durchschnittlich gesehen bei den intrinsischen Merkmalen besonders weite Abstände zwischen Wunsch und Verwirklichung bestehen.

---

11 Vgl. zum Konzept der „intrinsischen" Arbeitsmotivation v. Rosenstiel 1975: 121 ff. Kurz gesagt handelt es sich um eine Motivation, die sich unmittelbar auf den Arbeitsvollzug und die aus ihm ableitbaren Befriedigungen richtet, bei deren Wirksamkeit also die Arbeitstätigkeit Selbstzweckcharakter annehmen kann.

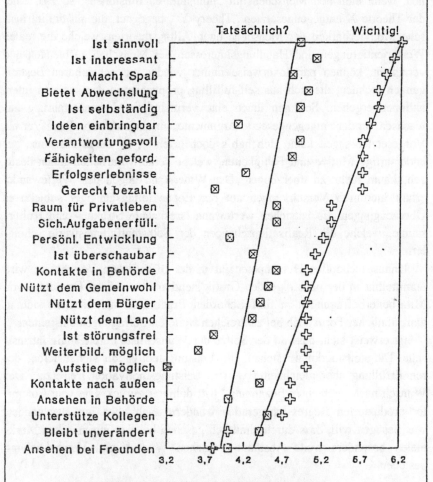

Wichtigkeit und Realisierung von Tätigkeitsmerkmalen

Tatsächlich?   Wichtig!

Ist sinnvoll
Ist interessant
Macht Spaß
Bietet Abwechslung
Ist selbständig
Ideen einbringbar
Verantwortungsvoll
Fähigkeiten geford.
Erfolgserlebnisse
Gerecht bezahlt
Raum für Privatleben
Sich. Aufgabenerfüll.
Persönl. Entwicklung
Ist überschaubar
Kontakte in Behörde
Nützt dem Gemeinwohl
Nützt dem Bürger
Nützt dem Land
Ist störungsfrei
Weiterbild. möglich
Aufstieg möglich
Kontakte nach außen
Ansehen in Behörde
Unterstütze Kollegen
Bleibt unverändert
Ansehen bei Freunden

3,2   3,7   4,2   4,7   5,2   5,7   6,2

Quelle: Klages/Gensicke'96, Mittelwerte
1-überhaupt nicht, 7-in hohem Ausmaß
Befragung 1994 in 5 Behörden (N=1.000)

Idealerweise sollten sich die Linien gerade umgekehrt in diesem Bereich einander annähern, da dies das Anzeichen für eine Ausschöpfung der gewissermaßen "schlafenden" Tätigkeitsinteressen und -bereitschaften der Mitarbeiter/-innen wäre. Charakteristischerweise erregen die betreffenden Erkenntnisse in den Führungsetagen der öffentlichen Verwaltung zwar regelmäßig Erstaunen, bislang jedoch kaum diejenige produktive Unruhe und Änderungsbereitschaft, die eigentlich die angemessene Reaktion wäre.

Der Fall der privaten Wirtschaft

Alle diese Probleme betreffen allerdings nicht nur den öffentlichen Dienst. Mit Blick auf den Bereich der privaten Wirtschaft erklären Klipstein und Strümpel (1985: 5) mit einer Nachdrücklichkeit und Entschiedenheit, die manche Staats- und Verwaltungskritik weit hinter sich lässt:

„Der kulturelle Wandel regiert massiv hinein in das Verhältnis zwischen Mensch und Wirtschaft. Die Vorstellung einer Arbeitswelt, die sich, gestützt auf die formal intakten Normen der Autorität, Hierarchie und Unterordnung, von dem Säkularisierungs- und Emanzipationsschub in der Gesamtgesellschaft abkoppeln könnte, und der Gedanke einer Wirtschaftspolitik, die das Geschäft einer eigenen, sachzwangbestimmten ökonomischen Rationalität betriebe, stößt sich an den Wünschen, Präferenzen und Angemessenheitsvorstellungen der Menschen. Die Wirtschaft droht zum Fremdkörper, zum Fossil zu werden, wenn sie sich dem kulturellen Wandel widersetzt und sich eher als Bollwerk gegen den massiven kulturellen Wandel versteht, der sich in den Bereichen Freizeit, Bildung und Medien abspielt."

In der Tat lässt sich feststellen, dass es in der Wirtschaft – insbesondere im Bereich der großen Unternehmen – ganz ähnliche Bürokratien und Bürokratieprobleme gibt wie im öffentlichen Bereich. Der scharfe Trennungsstrich, der in der Diskussion gewöhnlich zwischen den beiden Bereichen gezogen wird, lässt sich bei einer schärfer zupackenden strukturvergleichenden Betrachtung nicht länger aufrecht erhalten.

Allerdings gilt dies nicht uneingeschränkt. Strukturell gesehen unterscheiden sich unter den Bedingungen westlicher Gesellschaften der öffentliche und der private Bereich u.a. darin, dass in letzterem Produktionstätigkeiten, welche die physische Veränderung von Materie einschließen, einen ungleich viel breiteren Raum einnehmen. Da bei solchen Tätigkeiten aufgrund der technologischen Entwicklung Veränderungen zu beobachten sind, die sich aus der Perspektive der Potenzialausschöpfung positiv beurteilen lassen, muss die Bewertung der privaten Wirtschaft differenziert werden.

Die Situation der im Produktionsbereich tätigen Menschen hat sich durch die technologische Entwicklung sehr stark gewandelt. Für Karl Marx war es noch klar, dass das Schicksal der Industriearbeiter angesichts einer alle beruflichen Qualifikationselemente in sich aufsaugenden „großen Maschinerie" in einer totalen Entqualifizierung und Entfremdung bestehen werde. Neuere Studien über das Verhältnis zwischen Automatisierung und menschlicher Arbeitssituation zeigen aber, dass die Dinge inzwischen völlig anders liegen, falls vorhandene technische Spielräume organisatorisch ausgeschöpft werden. Marx hatte noch eine entqualifizierte „einfache Arbeit" als Zukunftsbild vor Augen. Diese lässt sich aus heutiger Perspektive jedoch einer „intermediären Technologie" zuordnen, deren historische Stunde angesichts des Trends zur Automation der Produktionsprozesse inzwischen abgelaufen ist (Blauner 1964). Dass nun nicht mehr die Maschinen die Menschen steuern, sondern die Menschen die Maschinen, bringt eine veränderte subjektive Situation der Arbeitenden und verstärkte Chancen zur Einbringung eigener Arbeitsinteressen und -bedürfnisse mit sich. Aufgrund von Untersuchungen von Gerhard Schmidtchen ist die „Erlebnisbilanz der täglichen Arbeit" an Arbeitsplätzen mit Elektronik „im ganzen positiver als an den anderen Arbeitsplätzen. Überdurchschnittlich ist die Zahl der Mitarbeiter an ‚elektronischen' Arbeitsplätzen, die erklären, man lerne immer wieder hinzu, die Arbeit mache Spaß, es gehe abwechslungsreich zu, man bekäme mit anderen Kontakt und könne selbständig an seiner Aufgabe arbeiten. Umgekehrt werden äußere Belastungen wie körperliche Anstrengung oder Schmutz, Staub, Lärm, Hitze, schlechte Luft wenig gemeldet." (Schmidtchen 1984: 87 f.)

Aus der Perspektive des Humanpotenzials ist allerdings negativ zu bewerten, dass die von der Technologieentwicklung angebotenen Spielräume keinesfalls überall ausgeschöpft, sondern noch sehr häufig aufgrund betriebsorganisatorischer Traditionalismen und Fehlorientierungen zu Ungunsten der Menschen vernachlässigt werden. Es gibt eine Fülle von Untersuchungen, aus denen sich hierzu reichliches Material beisteuern lässt (Kern/Schumann (1982).

Verschwendung von Humanpotenzial in politischen Parteien

Warum sind die meisten Menschen trotz eines durchschnittlich mit dem Wertewandel angewachsenen politischen Interesses nicht für die Mitgliedschaft in den politischen Parteien zu gewinnen?

Ein instruktives empirisches Forschungsergebnis hierzu ergab sich im Rahmen einer Untersuchung der Einstellungen von Beschäftigten im Höheren Dienst der öffentlichen Verwaltung zu Staat, Politik und Gesellschaft. Bei der Untersuchung, die wir selbst in der zweiten Hälfte der 80er Jahre von Speyer aus durchführten, bestand die Möglichkeit, die Befragungsteilnehmer nach einer Parteimitgliedschaft zu fragen und dabei drei Gruppen, nämlich aktive Parteimitglieder, passive Parteimitglieder und Nicht-Parteimitglieder zu unterscheiden. Überraschenderweise und entgegen jeglicher Erwartung erwies sich bei der Ergebnisauswertung, dass von den drei Gruppen die passiven Parteimitglieder das negativste „Politikbild" besaßen. In einem deutlich höheren Maße als die Angehörigen der anderen beiden Gruppen neigten sie nämlich dazu, den Politikern generell „mangelnde Problembefassung, Kontaktverlust, Uninformiertheit über die realen gesellschaftlichen Bedürfnisse und mangelndes Interesse an den Ansichten der Bürger" zu unterstellen. Sie beklagten auch den mangelnden Einfluss der Bürger jenseits der mehr oder weniger konsequenzenlosen Teilnahme an Wahlen. Außerdem bejahten sie deutlicher als die beiden anderen Gruppen das Statement „Der Parteienstreit schafft nur Unruhe" und ließen damit einen Vorbehalt gegen die pluralistische Parteiendemokratie erkennen. Auch dem Statement „Die meisten Menschen – ob Bürger oder Politiker – denken in erster Linie nur an sich selbst" stimmten sie häufiger zu als die Angehörigen der beiden anderen Gruppen (Herbert 1989: 296 ff.).

Bei der Suche nach Erklärungen für dieses unerwartete Resultat ergab sich eine Diagnose, die sich mit dem Stichwort „erfahrungsbedingter Parteienfrust" bezeichnen lässt. Es zeigte sich, dass die Einstellungen der passiven Parteimitglieder, d.h. also der Mehrheit der Mitglieder, von enttäuschten Erwartungen an ihre jeweilige Partei bestimmt waren. Dabei spielte es keine Rolle, welcher Partei sie angehörten. Mit anderen Worten neigten die passiven Parteimitglieder, in der Sprache der Politikforschung ausgedrückt, zu einem „system blame", der von frustrierenden persönlichen Erfahrungen mit dem Parteiensystem bestimmt war.

Dieses Ergebnis deckt sich mit Befunden bezüglich der „innerparteilichen Demokratie". Diese Befunde fallen sehr ernüchternd aus. Als das eigentliche Problem wird sichtbar, dass sich insbesondere die großen Parteien als so genannte Volksparteien vor die Notwendigkeit gestellt sehen, für möglichst große Teile der Bevölkerung wählbar zu sein. Dies können dies aber nur dann, wenn sie sich ideologisch neutral geben, während ihre Mitglieder aber aufgrund einer ideologisch bestimmten Identifikation zur Partei gekommen sind. Die Volksparteien stehen einerseits unter dem Druck der „Wechselwähler", von denen sie von außen her nach ihrer Problemlösungskompetenz beurteilt werden, andererseits aber unter dem Druck der Mitglieder, die von ihrer Partei Prinzipientreue erwarten. Diese einander gegenüberstehenden Kräfte lassen sich wegen ihrer Gegensätzlichkeit unter keinen Umständen auf einen gemeinsamen Nenner bringen. Vielmehr muss eine eindeutige Entscheidung getroffen werden. Angesichts der Abhängigkeit der Parteien von ihren Wahlerfolgen ist es klar, wohin das Pendel ausschlägt: Die Parteien orientieren sich – insbesondere natürlich in den Wahlkampfzeiten – vorrangig an den Wählern, während sie ihren Mitgliedern „ideologischen Zucker" anbieten, wie er sich z.B. in Parteiprogrammen findet. Dies kann den Wahlerfolg nicht gefährden, weil die Programme von den Nichtmitgliedern nicht gelesen und von den Medien kaum beachtet werden. Am liebsten würden die Parteien ihre Mitglieder gänzlich loswerden und auf die immer mehr zum Klotz am Bein werdende so genannte Massenbasis verzichten. Diese stammt aus einer Epoche, in welcher die Parteien noch soziale Kampfverbände waren, die in der Lage sein mussten, in eindrucksvoller Formation auf die Straße zu gehen. Da dies heute nicht mehr möglich ist, versuchen sie, ihre Mitglieder möglichst „stillzustellen", d.h. aber auch von der Einflussnahme auf das politische Geschehen fernzuhalten (Klages 1993: 87 f.).

Charakteristischerweise erklärte eine Spitzenpolitikerin vor einiger Zeit, als sie die Aktivitäten der durchschnittlichen Parteimitglieder darstellen und würdigen wollte, diese würden in der Vorwahlzeit „selbstlose Arbeit" beim Plakatekleben leisten. Mehr fiel ihr dazu nicht ein und viel mehr konnte ihr dazu wohl auch nicht einfallen. Den einfachen Mitgliedern bietet sich in den Parteien nicht nur keine Chance der Einflussnahme auf das politische Geschehen, sondern nicht einmal eine interessante Tätigkeitschance. Sie werden, respektlos ausgedrückt, nur gebraucht, um gelegentliche Handlangerdienste zu leisten und finanzielle Beiträge zu erbringen. Die Folge ist Enttäuschung, Frust, gelegentlicher konsequenzenloser Protest oder Parteiaustritt und in der Mehrzahl der Fälle stille Resignation. Diese verbindet sich oft genug mit dem „system blame", der bei der Speyerer Untersuchung festgestellt werden konnte. Konsequenterweise schätzte der Politikwissenschaftler Rudolf Wildenmann die Zahl der „Karteileichen" unter den Mitgliedern der politischen Parteien der Bundesrepublik Deutschland auf 80 bis 90% (Wildenmann 1989: 118).

Die schlechte Botschaft lautet: Die politischen Parteien haben trotz ihres unentwegt geäußerten Bedauerns angesichts einer angeblichen politischen Interesselosigkeit der Bevölkerung und trotz ihrer andauernden Aufforderung zur Mitgliedschaft politisch interessierten Menschen in Wahrheit nichts zu bieten. Insbesondere nicht denjenigen Menschen, die aufgrund des Wertewandels ein Bedürfnis haben, sich auf aktive und eigenverantwortliche Weise einzubringen. Sie wollen mitdenken, mithandeln und mitentscheiden. Sie erwarten eine Bestätigung des elementaren Wunsches, „Subjekt des eigenen Handelns" zu sein. Die Diskrepanz zwischen einem im Wertewandel zunehmenden politischen Interesse und einer handlungspraktischen Abstinenz gegenüber den politischen Parteien kann somit nicht den Bürgern angelastet werden. Sie geht vielmehr voll auf das Konto der Parteien. Diese machen den Menschen nur halbherzige Pseudoangebote, mit denen sie wenig begeistern können. Die Parteien brauchen sich unter diesen Umständen nicht zu wundern, wenn sich das politische Interesse in „unkonventionellem" politischen Verhalten äußert, d.h. in einem Verhalten, das sich auf einer von passiver Verdrossenheit bis zu aktivem Protest reichenden Skala bewegt, und sich seine eigenen oft unpolitisch anmutenden Betätigungsfelder außerhalb der etablierten Institutionenwelt sucht.

Die gute Botschaft lautet, dass sich dies alles ändern lässt, wenn nur der gute Wille dazu vorhanden ist. Eine wesentliche Voraussetzung hierfür ist, zu lernen, bei Problemen mit den Menschen nicht immer nur Schuldzuweisungen nach außen, an die scheinbare Ego-, Ellenbogen- und Raffke-Gesellschaft zu richten, sondern bei sich selbst anzufangen. Daran hapert es aber trotz gelegentlicher Einsichtsanwandlungen noch sehr.

Verschwendung von Humanpotenzial im Verhältnis zwischen Parteien und Wählern

Die Menschen sind in einem zunehmenden Maße Wechselwähler, die den früher vorherrschenden Stammwählern an die Seite treten und den Ausgang von Wahlen unprognostizierbarer werden lassen. Wechselwähler bringen den Parteien keine ideologisch gefestigte Loyalität mehr entgegen, sondern messen diese vielmehr an ihren aktuellen Leistungen. Das politische Geschäft wird damit schwieriger. Die Politiker glauben aber immer noch, die Menschen zur Dankbarkeit für vergangene Leistungen verpflichten zu können und sich angesichts der „Undankbarkeit" der Menschen moralisch entrüsten zu müssen.

Fragt man sich, wie die politischen Parteien auf diese Herausforderung reagieren, dann stößt man auf eine Programmatik der Öffnung gegenüber der Gesellschaft, die auf den ersten Blick situationsgerecht anmutet Faktisch steht dieser Programmatik aber eine Praxis des zunehmenden Rückzugs auf das politische Insidertum und auf dessen Binnen-Kommunikationsfelder gegenüber. Dies verbindet sich mit einer nach außen gerichteten Anwendung populistischer Meinungsbeeinflussungstechniken zur Wählerstimmengewinnung. Der Bonner Slogan von der „Luftherrschaft über den Stammtischen" gilt auch heute noch. Er macht deutlich, wie abgehoben die Funktionäre der Parteien denken und handeln. Der Umzug nach Berlin hat daran kaum irgend etwas geändert.

Eine von den Parteien bevorzugte Strategie der Wählerstimmengewinnung bestand in den zurückliegenden Jahrzehnten in der Sympathiewerbung mithilfe eines sozialstaatlich ausgerichteten Wunscherfüllungsangebots. Man war bemüht, rechtzeitig zur Wahl Gesetze zu verabschieden, die für möglichst breite Teile der Wählerschaft Vergünstigungen mit sich brachten. Als Opposition wollte man solche Gesetze bzw. die Aufhebung leistungseinschränkender Regelungen für den Fall eines Wahlsiegs auf den Weg bringen. In Unkenntnis der „sozialen Psyche" bedachte man nicht, dass hierdurch gesellschaftliche Anspruchslawinen ausgelöst wurden, welche die Leistungsfähigkeit des Staates überforderten und durch welche sich die Parteien in eine „Anspruchsfalle" manövrierten. Die steigende Verdrossenheit der Bürger hatte in den unvermeidlichen Enttäuschungen eine erste Wurzel. Es handelt sich um ein Eigentor der Parteien. Verdrossene oder zynische Einstellungen der Menschen zur Politik wurden aber auch durch eine zunehmend unter der

Gürtellinie ausgetragene Parteienkonkurrenz gefördert, die oft in ein Vertrauensvernichtungsspiel ausartete.

Die Politiker geben sich der Illusion hin, durch Untergraben der Vertrauensbasis des Gegners ihre eigene zu stärken. Sie rechnen nicht damit, dass der ideologisch ungebundene und allen Parteien gegenüber gleichermaßen offene Wechselwähler nicht nur auf sie, sondern gleichzeitig auch auf die Gegenseite hört. Diese sagt aber unter anderem Vorzeichen dasselbe, so dass sich am Ende in der Einschätzung des Wählers für alle Parteien Vertrauensverluste ergeben. Alle stehen sie am Ende mit einer geschädigten Vertrauensbasis da. Die durch diese beiden Eigentore verursachte Schädigung der politischen Kultur greift inzwischen von den Parteien auch auf die Basisinstitutionen der Demokratie über. Die enttäuschten Bürger fragen: Was bringt uns die Demokratie, wenn sie in den Händen der Parteien ist? Wenn Politiker heute über den Wertewandel schimpfen und bei ihm die Ursache für die Probleme suchen, die sie mit den Menschen haben, dann muss man ihnen zurufen: Greift euch an die eigene Nase, ihr selbst seid Mitverursacher dieser Probleme! Solange ihr dies nicht einseht, werdet ihr diese Probleme nicht verstehen geschweige denn lösen können! (Klages 1993)

Verschwendung von Humanpotenzial in den Mitgliedschaftsbereichen von Verbänden und großen Vereinigungen

Je mehr man den Radius der Betrachtung erweitert, desto mehr Verschwendung von Humanpotenzial wird sichtbar. Die ernüchternde Diagnose kann auf die Verbände, wie auch auf halb- und quasiöffentliche Einrichtungen wie Stiftungen, Körperschaften, private Träger öffentlichen Rechts, sowie private Träger der Wohlfahrtspflege ausgedehnt werden, bei denen gänzlich unabhängig von ihrer Ziel- und Zwecksetzung und Aufgabenstellung weitgehend noch konventionelle Organisationsprinzipien dominieren. In ihnen bestehen trotz aller Unterschiede herkömmliche Menschen- und Organisationsbilder und die aus ihnen resultierenden Prinzipien bürokratischer „Misstrauensorganisation" unangefochten weiter. Leider gibt es hierüber nur wenige empirische Untersuchungen (Ellwein/Hesse 1987: 169), so dass man auf der Suche nach verlässlichen Informationen auf Umfragen wie den *Speyerer Werte- und Engagementsurvey 1997* oder den *Freiwilligensurvey 1999* zurückverwiesen wird.

Aufgrund des Selbstverständnisses aller dieser Vereinigungen wird zwar auf offizieller Ebene überall davon ausgegangen, dass die Mitglieder unbegrenzte Chancen zur aktiven Beteiligung, zur Einbringung eigener Ideen und Anregungen, wie auch zur Übernahme eigenständiger Mitverantwortung haben. Die Mehrzahl der Vereinigungen verstehen sich heute als Plattformen für die Einbringung von Betätigungsbereitschaften und -interessen. Nahezu überall findet sich eine in den Satzungen verankerte demokratische Struktur. Man kann also „von einem eher hohen Stand formaler Verbandsdemokratie" sprechen. Die „Satzungspraxis", d.h. die Wirklichkeit, sieht aber auch hier völlig anders aus (ebd.: 170).

So war z.B. vor einiger Zeit der Presse zu entnehmen, die Mitglieder des ADAC würden sich hinsichtlich einer aktuellen verkehrspolitischen Frage einheitlich auf einen bestimmten Standpunkt stellen. Der Verband warf hier wie auch in anderen Fällen die große Zahl seiner Mitglieder als Gewicht in die politische Wagschale, um Einfluss geltend zu machen. Er berief sich dabei de facto auf einen vermeintlich vorausgegangenen Willensbildungsprozess innerhalb der Mitgliedschaft. In Wahrheit hatte dieser Willensbildungsprozess aber nicht stattgefunden, obwohl eine Repräsentativbefragung unter den Mitgliedern möglich gewesen wäre, um deren Meinung zu der zur Debatte stehenden Frage zu erforschen. Man hätte dann allerdings auch dazu bereit sein müssen, das Risiko abweichender Meinungsäußerungen auf sich zu nehmen. Das wollte man aber offensichtlich nicht, da man bei dem Geschäft der Interessenvertretung der Mitglieder seine vorformulierte, im kleineren Kreis ausgehandelte Meinung nicht von außen, durch die Mitglieder, in Frage stellen lassen wollte.

Fast alle überregionalen Vereinigungen weisen diese Verhältnisse auf. Überall gibt es die in den Satzungen verankerte offizielle Zielsetzung der Mitgliedervertretung nach außen unter Gewährleistung demokratischer Mitwirkung, Mitgestaltung und Mitbestimmung der Mitglieder. Überall gibt es aber auch die faktische Herrschaft der Verbandsspitzen über die Mitglieder, deren Mitwirkungsmöglichkeiten in Wahrheit sehr bescheiden sind und oft rein akklamatorischen Charakter besitzen. Diese Feststellung gilt – ähnlich wie bei den politischen Parteien – in erster Linie für die passiven Mitglieder, während den Funktionären Möglichkeiten aktiver Mitwirkung und Einflussnahme zukommen. Diese sind allerdings hierarchisch gestaffelt, d.h. nach unten hin rapide abnehmend. Ebenso wie in den politischen Parteien werden die einfachen Mitglieder nach Möglichkeit „stillgestellt" bzw. durch Ersatz-angebote wie Informationsbroschüren und -veranstaltungen, geldwerte Son-derleistungen, preisliche Vergünstigungen etc. „bei der Stange gehalten".

All dies mag harsch anmuten, wird aber von den Spezialisten, die sich mit Fragen der geschriebenen und der gelebten politischen und gesellschaftlichen Verfassung der Bundesrepublik Deutschland beschäftigen, bestätigt. So kann man in der „Staatslehre der Bundesrepublik Deutschland" von Herbert von Arnim nachlesen, dass die „effektive Mitwirkung der Mitglieder ... in vielen Verbänden in der Tat gering" sei. H. von Arnim fährt fort: „Die Verbands-spitze kann durch die Mitglieder oft kaum kontrolliert werden, nicht selten werden umgekehrt die Mitglieder durch eine selbstherrliche Führungsclique diszipliniert." (von Arnim 1984: 300) Übereinstimmend erklären Ellwein und Hesse, dass es in Deutschland „unzählige Vereinigungen mit einem har-ten Mitgliederkern" gibt, „welcher die innerverbindliche Willensbildung monopolisiert". Man muss dementsprechend sehr genau zwischen der bloßen „Mitgliedschaft oder sogar Aktivität in Vereinen und Verbänden" auf der einen Seite und „sozialem oder politischem Engagement" auf der anderen Seite unterscheiden (Ellwein/Hesse 1987: 169).

Eindämmung des Humanpotenzials in kleinen Vereinigungen

Man wird über der Beschäftigung mit den großen Organisationen nicht die zahllosen Vereine, Initiativen, Selbsthilfegruppen und Projekte außer Acht lassen dürfen. Die Existenz oder Nichtexistenz einer Gesellschaft, in der die Menschen in einem ausreichenden Maße über Chancen verfügen, sich einzu-bringen und somit Humanpotenzial zu entfalten, entscheidet sich in erhebli-chem Maße in der Frage, wie die Bedingungen für die Potenzialverwirkli-chung in dieser Humusschicht der kleinen Vereinigungen beschaffen sind. Dabei spielt es keine große Rolle, welche Ziele und Aufgaben sich diese Vereinigungen im Einzelnen vorgenommen haben und in welchen Bereichen sie tätig sind.

Dass es zwischen den großen und den kleinen Vereinigungen sehr be-trächtliche Unterschiede gibt, geht aus Ergebnissen des *Speyerer Werte- und Engagementsurvey 1997* hervor. Kleine Vereinigungen sind in einem höhe-ren Maße dazu in der Lage, Menschen zur Investition von Zeit in freiwillige Tätigkeiten zu motivieren. Der amerikanische Kommunitarist Robert Putnam, der in verschiedenen Regionen der USA forschte, stellte fest, dass da, wo kleine Vereinigungen kräftig entwickelt sind, die Menschen in einem höherem Maße zu sozialmoralisch positiv bewertbaren Verhaltensweisen bereit sind (Putnam 1996).

Zur Erklärung dieser Unterschiede wird man auf Erkenntnisse der Organisationssoziologie Bezug nehmen können, denen zufolge die „Bürokratieschwelle" (Bosetzky 1970: 120ff.) in großen Organisationen stärker ausgebildet ist als in kleinen. Letztere sind in einem geringeren Maße auf die Ausbildung bürokratischer Organisation, eines Apparates und zahlreicher Funktionäre angewiesen. Allerdings darf man nicht in ein unkritisches „Lob der Kleinheit" verfallen. Nicht alles was klein ist, ist auch immer von lebendiger Mitgliederpartizipation erfüllt, die Wertverwirklichung ermöglicht. Im Vereinsleben der Bundesrepublik hat sich geradezu ein Kult um die Betonung und öffentlichkeitswirksame Demonstration der besonderen Aktivität, Verantwortung und Ehrungsbedürftigkeit von Mandatsträgern ausgebildet. Im vereinigungsinternen „Stil der Rollendifferenzierung" orientieren sich die Kleinen vielfach kräftig am Modell der Großen. Sie entwickeln Strategien der Rollenformalisierung, die bezwecken sollen, einer kleineren Gruppe von Kernmitgliedern Macht- und Prestigevorteile zu verschaffen, d.h. in die Zeitung zu kommen, repräsentieren zu können, auf einer gesicherten Legitimitätsbasis „schalten und walten" zu können. Diese Kernmitglieder investieren besonders viel Zeit und Energie. Sie zahlen somit für die Selbstverwirklichungschancen, die ihnen zuteil werden. Was unter dem Aspekt der Potenzialverwirklichung ins Gewicht fällt, sind aber die „externen Kosten", bei den einfachen, von der Macht ausgeschlossenen Mitgliedern entstehen.

All dies findet sich nicht in den informellen Selbsthilfegruppen und Initiativen neuen Typs. Hier stoßen wir auf Prototypen menschlicher Vergesellschaftung, die auf ein hohes Maß der partizipativen Realisierung des Humanpotenzials aller Teilnehmer hin konstruiert sind. Charakteristischerweise haben solche Gruppen großen Zulauf, während sich z.B. in den großen Wohlfahrtsverbänden seit längerem eine Stagnation, teilweise sogar eine Rückläufigkeit der Engagementbereitschaft abzeichnet (Beher u.a. 2000: 41 ff.).

Es kann jedoch nicht befriedigen, dass sich bezüglich der Fähigkeit der Organisationen in unserer Gesellschaft, nach Realisierung suchendes Humanpotenzial aufzunehmen und ihm Verwirklichungsräume zu eröffnen, eine Spaltung zwischen den etablierten Großen und den sie imitierenden Kleinen und einer sozialorganisatorischen Gegenwelt unkonventioneller Kleiner abzeichnet. So erfreulich es ist, dass letztere im Vormarsch sind – erfreulich, weil dies auf die Virulenz und Selbstorganisationsfähigkeit des Humanpotenzials in unserer Gesellschaft hindeutet – so bedauerlich ist es, dass der Energiestrom, der hier entfaltet wird, in einer zunehmenden Zahl von Fällen an der etablierten Organisations- und Institutionenwelt vorbeigeleitet wird.

Die Ambivalenz der Institution Schule

Wenden wir uns der Schule als einer Institution zu, deren offizielle Hauptaufgabe in der Vorbereitung junger Menschen auf das Leben besteht, so stoßen wir auf den idealtypischen Fall von Angeboten, Erwartungen, Regeln, Normen und Rollenanforderungen, die hinsichtlich ihrer positiven oder hemmenden Bezüge zum Wertewandel in sich widersprüchlich sind.

Es war einerseits eine gesellschaftsgeschichtlich höchst bedeutsame Leistung, dass die Kinder und Jugendlichen in den Modernisierungs-Kernländern frühzeitig zum Schulbesuch verpflichtet wurden. So wurde die Alphabetisierung der Bevölkerung gewährleistet und allen Menschen ein Bildungszugang ermöglicht. Die Einführung der Schulpflicht war eine dringende Notwendigkeit. Jeder, der einmal einen Analphabeten beobachtet hat, besitzt eine Vorstellung davon, wie hilflos heute Menschen in Ländern sein können, in denen zwar der Modernisierungsprozess in Gang gekommen, jedoch die Verschulung noch nicht durchgesetzt ist. Den unmittelbar von dieser Situation betroffenen Menschen ist das Schicksal bestimmt, Modernisierungsverlierer zu sein.

Weniger positiv muss das Urteil über die Institution Schule dagegen ausfallen, wenn man die Frage nach dem Schicksal und den Wirkungen der schulischen Entwicklung und der vielfältigen Schulreformen aufwirft. Bei den Reformen der Lehrpläne gab es ein unsicheres Hin und Her, ohne dass sich eine klare Gesamttendenz einstellte. Hastige Konzipierungen und vielfache Zurücknahmen von Reformen prägten auch dort das Bild, wo es um die Zusammenführung verschiedener Schulzweige und -stufen, wie auch um die Didaktik der Unterrichtsgestaltung ging. Innovationen wie der Gruppenunterricht und der fächerüberschreitende Projektunterricht verschwanden stillschweigend wieder von der Bildfläche. Wer als älterer Erwachsener heute an einer Unterrichtsstunde teilnimmt, fühlt sich unwillkürlich an seine eigene Schulzeit erinnert. Heute wie damals dominiert der klassische Frontalunterricht. Dieser ist gekennzeichnet durch das Stoffdefinitionsmonopol des Lehrers, durch seine Vorgesetzten-Stellung und disziplinarische Gewalt, durch eine Beschränkung der Schüler/-innen auf rezeptive Tätigkeiten und durch ihre Isolierung voneinander. Es fällt auf, in welch geringem Maße die Schüler/-innen das Lernen lernen. Es wird ihnen damit eine Basisqualifizierung vorenthalten, die sie eigentlich als Vorbereitung zum lebenslangen Lernen aus der Schule ins Leben mitnehmen sollten. Die Ausgestaltung der Schülerrolle im schulischen Alltag ist nach wie vor an überkommenen Autoritätsmodellen und Unmündigkeitsunterstellungen orientiert.

Die Vernachlässigung der Förderung von Humanpotenzial in den mitteleuropäischen Schulen wird in einem Werbeprospekt der innovativen nordwestschweizer Privatschule „FG Talenta" deutlich. In einer Charakterisierung der heutigen Unterrichtssituation staatlicher Schulen heißt es wie folgt:

„In der Schweiz wird, sicherlich berechtigterweise, vor allem für schwächere SchülerInnen sehr viel getan. ... Gerade hochbegabte Kinder fallen jedoch „dem ‚helvetischen Rasenmäher' zum Opfer, der herausragenden Köpfen praktisch keine Chance zur individuellen Entwicklung gibt. Der Leidensdruck dieser SchülerInnen wird in einer Regelklasse oft immer größer und häufig sind folgende Reaktionen feststellbar:

– Lernmotivation geht verloren;
– kein Interesse mehr an der Schule;
– Talente verkümmern;
– vorhandene Fähigkeiten werden, um nicht aufzufallen, bewusst zurückgenommen (vor allem von Mädchen);
– aggressives und/oder depressives Verhalten (vor allem bei Knaben);
– 10% werden zu „MinderleisterInnen (IQ über 120, Noten zum Teil jedoch deutlich unter 4,5)."

Zutreffend wird im Text der FG Talenta festgestellt: „Dieses Humanpotenzial zu fördern anstatt verkümmern zu lassen, darf nicht, wie bisher, als elitär angesehen werden."

Ungeachtet solcher Defizite gibt es überraschenderweise enge Zusammenhänge zwischen dem Besuch schulischer Bildungseinrichtungen und dem gesellschaftlichen Wertewandel. Zwischen dem Bildungsniveau von

Personen und dem Ausmaß der bei ihnen feststellbaren Selbstentfaltungswerte besteht eine sehr deutliche statistische Beziehung (Klages 1985). Der Wertewandel nimmt um so ausgeprägtere Züge an, je mehr Zeit junge Menschen in Bildungseinrichtungen verbringen und je höhere Ausbildungsniveaus sie erreichen.

Will man diese erstaunliche Tatsache verstehen, dann bieten sich die folgenden Hypothesen an (Klages 1984):

1. Das Bildungssystem vermittelt vor allem in seinen gehobenen Regionen ein Wissen, das den laufenden Wissenschaftsfortschritt aufnimmt und verkörpert. Das „verwissenschaftlichte Wissen" der schulischen Bildungseinrichtungen konkurriert hierbei mit demjenigen vergleichsweise konservativen Alltagswissen, als dessen Hauptträger sich die Familie ausmachen lässt. Es konkurriert aber auch mit dem verflachenden und desorientierenden Pseudo-Wissen, das oftmals die Massenmedien vermitteln

2. Die Konfrontation mit dem in den „höheren Regionen" des Bildungssystems einschließlich der Hochschulen vermittelten Wissen führt zu einer inneren Ablösung der Menschen aus ihren sozialen Herkunftsmilieus. In diesem Zusammenhang weitet sich der Vorstellungsraum aus, in den man als junger Mensch seine Zukunftsbilder projizieren kann. An die Stelle von Vorstellungen eines vorherbestimmten Lebens treten in entferntere Regionen des sozialen Möglichkeitsraums vorstoßende Zielbilder.

3. Das Wissen, das in schulischen Bildungseinrichtungen vermittelt wird, ist typischerweise nicht auf bestimmte Berufs- oder Arbeitsrollen bezogen. Es orientiert sich an Wissensstoffen, die ein erweitertes und vertieftes Weltverständnis vermitteln und den eigenen Durchblick erweitern. In die Lerntätigkeit können deshalb individuelle Selbsterweiterungsinteressen einfließen.

4. Schülern und Studenten wird die Chance von „Freisetzungen" und „Entlastungen" zuteil, die Selbstentfaltungsinteressen entgegenkommen. Hierbei ist an eine fundamentale Tatsache zu denken, derer sich die jungen Menschen selbst vielfach gar nicht bewusst werden, die aber bei einem Vergleich mit der Situation junger Berufstätiger sofort ins Auge springt: Schüler und Studenten verfügen trotz der Tendenz zur Lehrstoffausweitung im Unterricht über mehr freie Zeit als die berufstätigen Altersgenossen (Statistisches Bundesamt 1995). Weiter sind die Lernenden aber auch zur individuellen Verantwortung für die Folgen des eigenen Handelns

aufgefordert, deren Resultat sich in der individuellen Notengebung niederschlägt. Auch die Konsequenzen von Leistungserfolgen oder -misserfolgen schlagen sich ausschließlich in der eigenen Biographie nieder. Die Lernmotivation der Schüler/-innen wird dementsprechend von individuellen Leitwerten und von Zielbildern der persönlichen Entwicklung und von der individuellen Interessen-Konstellation mitbestimmt. Selbst die Isolation der Schüler/-innen im schulischen Arbeitsprozess kann als Freisetzung zur Entwicklung individueller Selbstentfaltungsorientierungen interpretiert werden. Hinzu kommt eine Freisetzung von Schülern und Studenten zu selbstgewählten, unmittelbar auf Selbstthematisierung und Selbstverwirklichung abstellenden Tätigkeiten außerhalb der Bildungseinrichtungen. Dies hängt mit den besonderen Freizeitchancen zusammen, die sich ihnen im Vorfeld späterer beruflicher Verpflichtungen anbieten. Schüler und Studenten profitieren von einer in hohem Maße der individuellen Entscheidung und Verfügung offenstehenden Postadoleszenz-Situation. Andere sind unterdessen längst in die Profiterzielungskalküle von Unternehmen, oder in die Aufgabenerfüllungskonzepte öffentlicher Organisationen eingespannt.

Ironischerweise vermitteln schulische Bildungseinrichtungen jedoch alle diese Chancen zur Entwicklung von Selbstentfaltungswerten als nichtintendierte Nebeneffekte. Diese machen sich junge Menschen ungeachtet der vielen Rückständigkeiten, denen sie ausgeliefert sind, umso mehr zu Nutze, je länger sie sich in solchen Einrichtungen aufhalten. Es ist die „hidden agenda" jener Einrichtungen, die diesen positiven Effekt vermittelt, nicht die offizielle Organisationszielsetzung bis hinauf zu den Schulgesetzen einzelner Länder. Die Unterrichtsgestaltung wird bis heute mehr durch eine widersprüchliche Kombination von Zielen der Wissensförderung und von ungewollter Blockierung von Humanpotenzial bestimmt als durch entschlossene Bemühungen um die Modernisierung des Menschen.

Verschwendung von Humanpotenzial in den Grundstrukturen
moderner Gesellschaften

Die Bedeutung der Mehrfachbelastung der Frauen

Die vorstehenden Beispiele haben trotz aller Unterschiede gemeinsam, dass in ihnen mangelnde Möglichkeiten der Wertverwirklichung in Organisationen ans Tageslicht treten. Dies gilt eindeutig für die Unternehmen und Betriebe der Arbeitswelt. Es gilt aber auch für die politischen Parteien, deren Gespaltenheit zwischen Mitgliedern und Wählern als ein typisches Konsistenzproblem von Organisationen betrachtet werden kann. In all diesen und vielen anderen Fällen geht es darum, dass Menschen mit gewandelten Werten auf deren Austragung und Verwirklichung unter Nutzung von „Gelegenheiten", „Chancen", „soziokulturellen Realisierungsmöglichkeiten", oder „opportunity structures" in Handlungsfeldern angewiesen sind. Diese sind jedoch typischerweise fremdbestimmt und gleichzeitig unangemessen gestaltet. Ein mangelndes „soziales Dürfen" ist festzustellen. Das Alltagsverhalten verlässt daher die von den Werten vorgegebenen Bahnen. Gravierende Abweichungen zwischen den Werten der Menschen und ihren Alltagsverhaltensweisen können in Erscheinung treten.

Anders verhält es sich bei den Wandlungen des „generativen Verhaltens", bei der abnehmenden Geburtenfreudigkeit der Frauen, die zu dem noch dominanten Wertmuster „Familie mit Kindern" in deutlichem Widerspruch steht. Fortpflanzung vollzieht sich in Familien, die sich als Kernräume des Privaten verstehen lassen. Von einer unmittelbaren Fremdbestimmtheit und einem mangelnden „sozialen Dürfen" als Folge einschränkender Verhaltensvorschriften kann hier nicht die Rede sein. Was verursacht also die empirisch feststellbaren Abweichungen zwischen grundsätzlicher Bejahung und faktischem Verzicht? Handelt es sich hier vielleicht doch um eine negative Folge des Individualisierungsprozesses? Nach den Vorstellungen einiger Gesellschaftskritiker herrscht in „individualisierten Kulturen" gerade auch bei den jüngeren Menschen die Meinung vor, „dass ihre eigenen Interessen, wie sportliche Betätigungen, Hobbys und Urlaubsreisen, einer Familiengründung vorgehen, dass es „nach Auffassung einer großen Mehrheit ... Menschen ohne Kinder heute zutage besser haben als Leute mit Kindern" und dass „nur noch jeder Dritte" glaubt, „eine Frau müsse Kinder haben, um glücklich zu sein". Geht es also vielleicht wirklich darum, dass sich „Kinder schlecht in individualistische Kulturen" fügen, weil hier „der einzelne so mit der Entfaltung seiner selbst beschäftigt" ist, dass er sich Dritten „nur begrenzt zuwenden und mit ihnen dauerhafte Gemeinschaften bilden" kann? (Miegel /Wahl 1993: 62 f.)

Um die Frage zu beantworten, muss nicht nur von „sozialem Dürfen", sondern auch von „situativer Ermöglichung" die Rede sein. Die heutige Gesamtsituation von Frauen enthält eine Reihe äußerer Restriktionen, die den Willen zum Kind, wo dieser vorhanden ist, ungeachtet der dadurch verursachten subjektiven Belastungs- und Leidenszustände durchkreuzen.

Es wird in diesem Zusammenhang vielfach auf die „Unwirtlichkeit unserer Städte" (Mitscherlich) hingewiesen, die in ihrem Gesamtzuschnitt kinderfeindlich seien. Dadurch würden gerade besonders verantwortungsvolle Menschen zum Verzicht auf Kinder veranlasst. Aus dem Gefühl sozialer Verantwortung heraus verzichten in der Tat manche Paare darauf, Kinder in die Welt zu setzen, weil sie daran zweifeln, ihnen unter den Bedingungen der heutigen Welt eine menschenwürdige Existenz garantieren zu können. Dies ist die logische Konsequenz der Verinnerlichung desjenigen negativen Menschen- und Gesellschaftsbildes, das Gesellschaftskritiker produzieren.

Aber nur eine kleine Minderheit von Menschen handelt so radikal und konsequent. Viel einschneidender wirkt sich aus, dass Frauen heute seltener mit demjenigen früher verbindlichen und zwingenden weiblichen Normallebenslauf rechnen können. Dieser war in der ersten Jahrhunderthälfte noch vorherrschend und lässt sich durch die Schlagworte „Vorbereitung auf die Ehe – Heirat eines versorgungsfähigen Mannes – Familiengründung – Aufzucht von Kindern" beschreiben. Angesichts der einschneidenden sozio-ökonomischen Wandlungen im Gesamtverlauf der Modernisierung, die durch die Globalisierung noch verschärft werden, ist die ehemals selbstverständliche Versorgungsfunktion des Ehemannes fragwürdig geworden. Wie an früherer Stelle schon ausgeführt wurde, kann heute nicht mehr mit der einmaligen Wahl und lebenslangen Praktizierung eines Berufs als Normalfall gerechnet werden. Jeder Berufstätige, der sich nicht in einer privilegierten Nische befindet, hat damit zu rechnen, irgendwann einmal seine Stelle zu verlieren. Unter dieser Risikobelastung kann es nur noch wenige Männer geben, die guten Gewissens ihrer Braut die früher obligatorische Zusage einer gesicherten Zukunft geben können. Und es kann aus denselben Gründen auch nur noch wenige Frauen geben, die sich bei dem zum Existenzrisiko gewordenen Programm der Ehe und der nachfolgenden Familiengründung auf die Versorgungsleistung des Ehemanns einlassen und verlassen. Das diesem Programm zugrunde liegende herkömmliche Leitbild des weiblichen Normallebenslaufs ist unter den heute gegebenen und sich immer mehr verbreitenden Bedingungen irreal und irrational geworden.

Realistisch und damit rational ist demgegenüber die zunehmende Orientierung der Frauen an der Perspektive einer eigenen beruflichen Ausbildung und einer nachfolgenden beruflichen Tätigkeit geworden. Dabei bleibt es der individuellen Risikowahrnehmung und -bewertung überlassen, hiermit die Absicht einer permanenten oder sporadischen Berufstätigkeit zu verbinden. Unabhängig davon müssen Frauen heute selbst für sich vorsorgen. Wer dies nicht wahrhaben will, handelt objektiv verantwortungslos, es sei denn, er befindet sich in einer Situation individuellen Wohlstands, die ihn erfreulicherweise von diesem realitätsbezogenen Ethos entlastet.

Es wird heute noch viel zu wenig reflektiert, dass durch diese veränderten Rationalitätsgrundlagen des Alltags die Gründung einer Familie ein Problem mit sich bringt, das aus der Außerkraftsetzung des traditionellen Musters der Rollenteilung zwischen den Geschlechtern resultiert. Für die Bestandssicherung der Institution Familie war es in früheren Zeiten wichtig, dass sich die Frauen den Kindern, dem Haus und dem „leiblichen Wohl" widmen konnten, während die Männer „das Übrige" besorgten. Wenn heute auch die Frauen auf „das Übrige" verpflichtet werden, stellt sich die Frage, wer für die ehemals typisch weiblichen Aufgaben gerade stehen soll. Auf diese Frage geben aber bis heute weder der Staat noch sonstige Institutionen eine eindeutige Antwort. Vielmehr gibt es an dieser ausgesprochen strategischen Stelle des Funktionszusammenhangs der biologischen und sozialen Reproduktion bisher noch ein Spielfeld für Ideologiebildungen, in welchem sich konservative und anti-konservative Optionen aneinander reiben. Leider sind bisher keine tragfähigen Reformentwicklungen entstanden. Wie alle einschlägigen Untersuchungen zeigen, ergeben sich in dieser ungeklärten Situation für die berufstätigen Frauen mit Kindern schwere und eigentlich intolerable Belastungssituationen. Diese entstehen daraus entstehen, dass die Frauen mehrheitlich zusätzlich zu den Berufspflichten nach wie vor die traditionellen weiblichen Aufgaben wahrnehmen müssen. Sie werden dadurch Opfer einer Rollenverdoppelung, die jedoch ebenso dem Prinzip der strikten Trennung der Geschlechter-Rollen als einer pragmatischen Vorbedingung herkömmlicher stabiler Familienverhältnisse, wie auch modernen partnerschaftlichen Alternativvorstellungen widerspricht. Erschwerend kommt noch hinzu, dass sich für berufstätige Mütter in dem Maße, in welchem sie ihre Berufspflichten ernstnehmen, anspruchsvollere Berufe ausüben und die in zahlreiche Berufsrollen als Leistungsanreize eingebauten Karrierezwänge übernehmen, der Druck der Rollenverdoppelung weiter verstärkt.

Es wäre gedankenlos, diesem Zustand mit der Diagnose entgegenzutreten, dass sich Ehe und Familie im Konflikt mit den Maximen individualistischer Kulturen befinden, und im Anschluss hieran die Werteverfallsklage anzustimmen.

Der Wertewandel spielt dadurch in das Problem hinein, dass er aufgrund der Enttraditionalisierung des Denkens und Handelns Optionen für individuelle Problemlösungen öffnet, die früher nicht zugänglich waren. Zu diesen Optionen gehört heute auch der – meist zunächst nur als Verzicht auf Zeit gemeinte – Verzicht auf Kinder, was nicht zu verwundern braucht, es sei denn, man stellt sich strikt auf den Standpunkt der Gebärpflicht der Frau. Solch ein Standpunkt war aber für die Praxis der Kinderzeugung und –austragung niemals wirklich maßgeblich. Wer im Ernst behauptet, die Menschen hätten früher Kinder in die Welt gesetzt, um einer bevölkerungspolitischen Verpflichtung gegenüber der Gemeinschaft nachzukommen, muss sich soziologische Naivität vorwerfen lassen. Man lese z.B. den Klassiker von Gerhard Wurzbacher *Leitbilder gegenwärtigen deutschen Familienlebens* von 1951, um sich das nötige Wissen darüber anzueignen, dass es für Kinder schon immer „individualistische" Gründe gab.

In Anbetracht der gegenwärtigen Belastungen der Frauen besteht viel weniger Anlass zu einer Individualismus- und Werteverfallsklage als vielmehr zu einer Würdigung der Problembewältigungsleistung, die Ehepaare mit Kindern vollbringen. Untersuchungen von Hans Bertram zufolge nennen Mütter, wenn sie berufstätig sind, „bei Kindern unter drei Jahren in Westdeutschland eine wöchentliche Zeitbelastung von etwa 60 bis 63 Stunden, in den neuen Bundesländern von knapp 68 bis 70 Stunden. Die berufstätigen Frauen nennen zwischen 53 und 55 Stunden wöchentlich, wenn die Kinder älter werden. Die zeitliche Belastung sinkt auf 35 Stunden, wenn die Kinder das Haus verlassen." Damit „reflektiert die Bereitschaft der jungen berufstätigen Mütter, die notwendigen zeitlichen Aufwendungen für ihre Kinder zusätzlich zur Berufsarbeit zu erbringen, ... die Logik der kindlichen Entwicklung" und die durch sie gesetzten Notwendigkeiten, ohne dass die Berufstätigkeit zumindest in zeitlicher Hinsicht beeinträchtigend wirkt.

Was noch wichtiger ist: Berufstätige Eltern, die individualistische Werte besitzen, praktizieren überwiegend nicht einen „utilitaristischen" sondern vielmehr einen „kooperativen" Individualismus. „Bei allen abgefragten Aktivitäten werden nach den Partnern immer die Kinder genannt. Kinder spielen in familienbezogenen Aktivitäten wie Freizeit, Mahlzeiten, persönliches Besprechen und enge persönliche Gefühle eine außerordentlich bedeutungsvolle Rolle. ... Wenn es um gemeinsame Freizeit geht, werden hauptsächlich die Kinder genannt. ... Kinder beherrschen in den ersten fünf Lebensjahren ganz eindeutig das Leben und die Freizeit der Befragten." (Bertram 1996: 122 ff.)

Die Bedeutung traditioneller Elemente in den Geschlechterrollen

Ungeachtet der Liberalisierung, die im Verhältnis zwischen den Geschlechtern eingetreten ist (vgl. Kapitel 1) gibt es überraschenderweise noch vielfältige Traditionsreste in den Definitionen der Geschlechterrollen. Unproduktive Selbstentfaltungsbarrieren, die hierdurch verursacht werden, lassen sich in einem besonderen Maße am Beispiel der berufstätigen verheirateten Frauen weiterverfolgen. Neben den vorstehend behandelten Defiziten der „situativen Ermöglichung" treten hier Einschränkungen des „sozialen Dürfens" ins Blickfeld. Es lässt sich z.B. feststellen, dass die verheiraten berufstätigen Frauen vielfach noch durch betriebliche Arbeitszeitregelungen benachteiligt werden. Im Hintergrund lässt sich eine betriebspolitische Problemdimension entdecken, die auf strukturelle Aspekte der Unternehmensorganisation verweist. Die Problematik, um die es sich handelt, geht hierin aber typischerweise nicht auf. Im Umfeld der betriebspolitischen Aspekte wird eine breiter und tiefer ansetzende Problematik sichtbar, welche die Rolle der berufstätigen verheirateten Frau als solche, wie auch ihre Zuordnung zu der Rolle des berufstätigen verheirateten Mannes betrifft.

Der englische Soziologe Anthony Giddens hebt wesentliche Aspekte dieser Problematik hervor, wenn er in seinem Buch *Jenseits von Links und Rechts* auf das Fortleben von Traditionen des herkömmlichen Patriarchats unter dem Deckmantel von Demokratisierungs- und Gleichberechtigungsüberzeugungen und -rechten verweist (Giddens 1997: 322). Folgen dieser ärgerlichen aber alltäglichen Tatsache finden sich sowohl in der Familie als auch im Bereich der Arbeit. Die schon erwähnte Doppelbelastung, der verheiratete berufstätige Frauen unterliegen, leitet sich daraus ab, dass Frauen hinsichtlich der Beteiligung an der Arbeit eine formale Gleichberechtigung genießen, in der Familie aber noch die traditionelle Hausfrauenrolle wahrnehmen müssen. Aber auch im Arbeitsbereich sind die Folgen des Fortlebens traditioneller Definitionen der Geschlechtsrollen mit Händen zu greifen. Sie äußern sich in den großen Schwierigkeiten, darin, die Frauen immer noch haben, wenn sie Zugang zu den höheren Rängen der Berufsbereiche gewinnen wollen. Diese sind noch weitgehend – wenngleich mit abnehmender Tendenz – den Männern vorbehalten. Erst nach und nach fallen aber auch die Schranken, die Frauen den Zugang zu einer Reihe von Berufen vollständig verwehren. Bei der Suche nach den Gründen für solche Zugangsbarrieren stößt man jenseits vordergründiger Rechtfertigungen auf die Tatsache, dass an der historischen Wiege der Moderne die Berufsrolle insgesamt als männlich definiert wurde. Die Männlichkeitskomponente im Konzept der Berufsrolle spiegelt sich u.a. in der Tatsache, dass die von der Verantwortung des Familien-Ernährers abgeleitete „Vollstelle" immer noch den Normalfall der Berufstätigkeit repräsentiert. Teilzeitarbeitsmodelle und Modelle der Arbeitszeitflexibilisierung setzen sich jedenfalls in Deutschland vor allem bei den Männern nur ganz allmählich durch. Charakteristischerweise sträuben sich die Männer mehrheitlich noch gegen die Teilzeit, weil sie diese als weiblich ansehen. Wer eine Teilzeitstelle übernimmt, muss zudem – ob Mann oder Frau – Karriereverzichte inkauf nehmen.

Die Bedeutung der Trennung von Arbeits- und Freizeitrollen

Traditionelle Rollendefinitionen, welche die Aktualisierung von Humanpotenzial hemmen und begrenzen, kommen aber auch zum Vorschein, wenn man die scheinbar selbstverständliche Trennung von Arbeit und Freizeit ins Auge fasst. Diese beiden Lebensbereiche werden in scharfer Gegenüberstellung als komplementäre Bereiche definiert. Typischerweise verbinden sich mit der Definition der beruflichen Arbeitsrolle „harte" Anforderungen an Verhaltensrationalität, während Freizeitrollen die Erfüllung „weicher" Bedürfnisse zugestanden wird. Hierfür scheint es eine Fülle plausibler Sachgründe zu geben. Anthony Giddens macht jedoch darauf aufmerksam, dass die Abtrennung von Arbeit und Freizeit eine Ausgangsgrundlage in der Differenzierung der Geschlechterrollen hat. Indem die berufliche Arbeitsrolle als männlich definiert wurde, wurde sie von dem emotionalen „Interesse für Gefühle, Betreuung und Verantwortung" entlastet, das als weiblich angesehen und deshalb in eine andere Sphäre abgeschoben wurde. „Die Autonomisierung der Arbeit ... stand daher in enger Beziehung zu einer Umbildung der Trennungen im Geschlechterverhältnis und zu einer Umgestaltung der Familie. Die Frauen wurden zu 'Spezialistinnen der Liebe', während die Männer die Verbindung verloren zu den emotionalen Ursprüngen einer Gesellschaft, in der die Arbeit als Götze verehrt wurde." (Giddens 1997: 239)

Es gibt auch heute noch viele Führungskräfte, die sich auf den Standpunkt stellen, Gesichtspunkte der humanen Entwicklung hätten in der Arbeit nichts zu suchen, da hier andere Werte und Leitprinzipien gelten würden. Sie vernachlässigen damit die engen Verknüpfungen von individueller Selbstentfaltung und organisatorischer Produktivität in modernen Gesellschaften. Diese Einstellung hat eine wesentliche Wurzel in den von Giddens beschriebenen Zuständen..

Die der Aktualisierung von Humanpotenzial abträgliche strikte Gegenüberstellung von Arbeit und Freizeit wurde aber auch von einer anderen Entwicklung bestätigt und verstärkt. Die Freizeit wurde seit der 2. Hälfte des 19. Jahrhunderts von den Gewerkschaften als „freie Zeit" einer Arbeit abgerungen, die als „entfremdete" Arbeit unter dem Diktat kapitalistischer Fabrikdisziplin verstanden wurde. Es wurde unterstellt, die Arbeitszeit sei für die Selbstentfaltung der Menschen verloren und die Menschwerdung könne erst jenseits der Arbeit beginnen. Die Arbeitswelt wurde damit aus dem für die menschliche Entwicklung zur Verfügung stehenden Terrain ausgeklammert.

Man kann rückblickend den Standpunkt einnehmen, dass dies eine problematische Entscheidung war, zumal bei der „Eroberung der freien Zeit" die Chance der Menschwerdung grundsätzlich mit der Freiheit zu einem beliebigem Handeln gleichgesetzt wurde. Man machte sich auch nachfolgend nur verhältnismäßig wenige Gedanken über eine sinnvolle Verwendung der Freizeit. Es konnte deshalb auch nicht in den Sinn kommen, auch an Freizeittätigkeiten – so z.B. an Sport, Kleingärtnertum, oder Fernsehen – die Frage zu richten, in welchem Maße sie zur menschlichen Selbstentfaltung beitragen.

Man wird sich bei der Beurteilung historischer Vorgänge vor dem Fehler der Überheblichkeit des Nachgeborenen zu hüten haben, der von einer weiter fortgeschrittenen Entwicklungsstufe aus komfortabel auf frühere Zeiten herabblicken kann. Es dürfen aber die heutigen Nachwirkungen und Folgeprobleme historisch früherer Entscheidungen nicht übersehen werden, die zu ihrer Zeit richtig und notwendig gewesen sein mochten.

Die Bedeutung der negativen Rollendefinition der Alten

Die Umgestaltung grundlegender sozialer Rollen, die an der Wiege der Moderne vor sich ging, schlug noch weitere Schneisen ins gesellschaftliche Gefüge, die sich unter den heutigen Bedingungen problematisch auswirken, indem sie für breite Bevölkerungsteile gravierende Einschränkungen der Chancen für die Realisierung von Humanpotenzial mit sich bringen. Zu denken ist hierbei insbesondere auch an die Folgen, die sich für diejenigen Menschen ergeben, die mit der Pensionierung – ohne Berücksichtigung ihrer persönlichen Motivlage – aus dem Arbeitsleben ausgegliedert werden.

Diese Zwangsausgliederung trat an die Stelle sehr viel „weicherer" Lösungen, die im Zeichen des so genannten „ganzen Hauses" im vorindustriellen Zeitalter vorgeherrscht hatten. Sie wurde unter den frühindustriellen Bedingungen als Sieg im Kampf gegen eine entfremdete Arbeit verstanden. Unter den Bedingungen der Gegenwart muss dieser Sieg dagegen eher als eine Niederlage erscheinen. Der den Bevölkerungsstatistikern bekannte Pensionierungstod spricht in dieser Hinsicht Bände. Menschen, denen schlagartig die Betätigungsbasis unter den Füßen weggezogen wird, werden orientierungslos, haben Entfremdungs- und Anomiegefühle haben und verfallen der Depression. Es kommt hinzu, dass die älteren Menschen dank der Erfolge der modernen Medizin in einem zunehmenden Maße körperlich und geistig fit sind. Sie verkörpern immer mehr ein auf Realisierung drängendes Humanpotenzial. Charakteristischerweise wird dieses Potenzial bisher weder politisch noch gesellschaftlich in ausreichendem Maße ernst genommen. In Begriffen wie „neue Alte" oder „junge Alte", mit denen die tätigkeitswilligen Älteren belegt werden, spiegelt sich eine freundlich-herablassende Toleranz wider, die dem Phänomen aber nicht gerecht wird. Wie die Alternsforschung ausgemacht hat, steht hinter dieser unangemessenen Attitüde das immer noch fortlebende traditionelle Bild des gebrechlichen alten Menschen, dessen Zustand sich durch geistige und körperliche Defizite definiert, dem man deshalb mit einer Schonhaltung und Bereitschaft zur Pflege begegnen muss, der aber von allen produktiven Tätigkeiten möglichst fernzuhalten ist.

Angesichts dieses weiter wirkenden „Defizit-Modells" (Lehr 1991: 67 ff.) stehen für die „Alten", also für die aus dem Berufsleben ausgegrenzten älteren Menschen, bis heute keine sozio-ökonomisch und individuell produktiven, die Aktualisierung von Selbstentfaltungsbedürfnissen ermöglichenden Rollendefinitionen zur Verfügung. Die Definition der Altersrolle ist bis heute eine Negativ-Definition geblieben. Sie schneidet den Älteren die Chancen zur Selbstentfaltung ab, indem sie ihnen die hierzu erforderliche Grundlage des Wollens und Könnens abspricht und mit scheinbarer Stimmigkeit ein scharf reduziertes „soziales Dürfen" hinzusetzt, das durch Defizite im Bereich der „situativen Ermöglichung" ergänzt und bestätigt wird.

In einer ergrauenden Gesellschaft, in der das Durchschnittsalter ansteigt und die Geburtenrate sinkt, in der die älteren Menschen also einen immer größeren Bevölkerungsanteil darstellen, kann man angesichts einer solchen negativen Rollendefinition und Ausgrenzung eigentlich nur von einem Selbstmordprogramm sprechen. Es vollzieht sich in diesem Sektor gesellschaftspolitischer Gestaltung eine Verschwendung von Humanpotenzial großen Ausmaßes, die schlicht als irrational eingestuft werden muss. Zwar sind heute die Altersteilzeit und die gleitende Altersgrenze als Strategien der Modernisierung moderner Gesellschaften in der Diskussion, was einen Fortschritt darstellt. Die Zögerlichkeit, mit der sich solche Anpassungs-Innovationen durchsetzen, lässt aber erkennen, dass noch starke Widerstandskräfte am Werke sind, bei denen sich Traditionsreste, die in etablierten Verhältnissen häufig anzutreffenden Trägheitsmomente und politische und ökonomische Interessenverfolgungen ein Stelldichein geben.

Arbeitslosigkeit als Selbstentfaltungsschranke

Es mag überraschen, wenn die Arbeitslosigkeit als Selbstentfaltungschance ins Spiel gebracht wird. Man mag sich fragen, ob damit der Gesichtspunkt des unausgeschöpften und verschwendeten Humanpotenzials nicht überzogen wird. Unausgeschöpft und verschwendet kann ja nur etwas sein, was auf gangbaren Wegen als reale Möglichkeit ausgeschöpft und genutzt werden kann. Bei der Arbeitslosigkeit scheinen hingegen schwer beeinflussbare Umstände im Spiele zu sein.

Dem steht aber die Tatsache gegenüber, dass in der politischen Diskussion die Massenarbeitslosigkeit übereinstimmend als ein lösungsfähiges Problem definiert wird. Die Diskussion dreht sich nicht um das „Ob", sondern nur um das „Wie". Ein Programm der Modernisierung moderner Gesellschaften kann und muss daher, so scheint es, die Beseitigung der Massenarbeitslosigkeit einschließen. Eine Grundsatzerörterung hierüber scheint sich somit zu erübrigen.

Ein Blick auf verschwendetes Humanpotenzial eröffnet sich jedoch in Verbindung mit der Frage des produktiven Umgangs mit der individuellen Arbeitslosigkeit, d.h. ihrer Handhabung im Interesse der Betroffenen unter Berücksichtigung des Einzelfalls. Diese Frage wird durch die voraussehbare Bewältigung der Massenarbeitslosigkeit nicht gegenstandslos. Vielmehr drängt sie sich gerade dann auf, wenn man die längerfristigen Zukunftsperspektiven der gesellschaftlichen Entwicklung in den Blick nimmt. Wie im ersten Kapitel dieses Buches erörtert wurde, ist mit einem neuen Typus des beruflichen Lebenslaufes zu rechnen, der durch Mobilität, häufigen Wechsel der Tätigkeiten und Beschäftigungsverhältnisse, wie auch durch Phasen des Suchens und der Neupositionierung geprägt ist, in denen keine reguläre Tätigkeit ausgeübt werden kann. Nach heutigem Verständnis würden also in Zukunft möglicherweise mehr Menschen als heute jedenfalls zeitweilig arbeitslos sein.

Es ist vor allem dieser bisher noch weitgehend verdrängte, hinter vordergründigen Glanzpapierfassaden der virtuellen Zukunft versteckte Zusammenhang, den man im Auge haben muss, wenn man die Frage nach einer kontraproduktiven Rollendefinition der Arbeitslosigkeit aufwerfen will, die dazu beiträgt, Humanpotenziale in die Latenz zu verdrängen. Würde man auch für die Zukunft auf dem heute gängigen Verständnis von Arbeitslosigkeit beharren, dann wäre man gezwungen, das Szenario einer bürokratisch regulierten, beaufsichtigten und dirigierten Existenz mit eingeschränktem Bewegungsspielraum zu zeichnen, die rastlos zwischen Beschäftigungsphasen und Phasen mit Tätigkeitsverbot, Verbot des Verlassens der Wohnorts hin- und herpendelt. Diese Zwangsfolgen verbinden sich in Deutschland gegenwärtig noch mit der behördlich registrierten Arbeitslosigkeit. Das heutige Rollenverständnis definiert die Arbeitslosigkeit als einen negativen Ausnahmezustand, in welchem der Staat die Kuratel über die Betroffenen ausübt. Die Leistung, die der Staat mit der Arbeitslosenunterstützung erbringt, veranlasst ihn zur direktiven Härte im Umgang mit den Betroffenen.

Die kontra-produktive Wirkung einer solchen Definition der Arbeitslosigkeit ist heute schon spürbar. Sie multipliziert sich aber, wenn man sie in die Zukunft fortschreibt. Denn unter den Bedingungen, die in Zukunft zu erwarten sind, wird die zum Normalfall werdende temporäre Beschäftigungslosigkeit von einer gesteigerten Initiative und Beweglichkeit des innovativen Suchens gekennzeichnet sein müssen. Diese wird sich mit Flexibilität und Selektivität im Ergreifen von Chancen im Interesse einer zielgerichteten individuellen Selbstentfaltung, sowie mit Schüben persönlicher Weiterentwicklung zu verbinden haben. Die Menschen werden in solchen Phasen keine Reduzierung, sondern vielmehr eine Steigerung ihrer Aktivität zu vollbringen haben. Hierbei sollten sie nicht von depressiven Gefühlen des Scheiterns gehemmt, sondern umgekehrt von dem Gedanken an den Aufbruch zu neuen Ufern beflügelt sein. Die negativ besetzte Rolle des „Arbeitslosen" ist mit einer solchen Perspektive nicht vereinbar. Sie muss vielmehr insgesamt durch eine neue, positiv erfahrbare Rolle ersetzt werden, die mit Erlebnissen der Befreiung, der Selbsterweiterung und der Stimulierung der Phantasie verbunden ist.

Der erforderliche Rollenwandel fängt schon bei der Namengebung an. Die Chinesen bezeichnen Arbeitslose als „Menschen im Wartestand". Hierbei ist bereits ein beträchtlicher Schritt weg von der bei uns gebräuchlichen retrospektiven Negativbezeichnung getan. Die Menschen müssen aber die Chance haben, in den Zustand der Beschäftigungslosigkeit gegebenenfalls aus freien Stücken hineinzugehen, wenn sie dies um ihrer persönlichen Entwicklung willen für sinnvoll halten. Sie müssen die Möglichkeit haben, sich auf Lerntätigkeiten verschiedener Art zu werfen, hierbei Probierstadien zu durchlaufen und verschiedene Dinge zugleich anzufangen. Hierbei müssen sie von dem Gedanken an den Lebensunterhalt entlastet werden, zu welchem Zweck ihnen Unterstützung nach dem Modell der Stipendiengewährung zuerkannt werden sollte. Man wird den Menschen zwar zumindest in der absehbaren Zukunft kaum die Möglichkeit einräumen können, unbegrenzt in solch einem Zustand zu leben, aber die Bemessung der verfügbaren Zeiten wird großzügig zu handhaben sein.

117

Zur Kennzeichnung der Rolle um die es geht, wird sich dann an den Slogan vom lebenslangen Lernen anknüpfen lassen. Die Menschen ohne Beschäftigungsverhältnis werden dann als Lernende (oder als Berufstätige in post-edukativen Lernverhältnissen) bezeichnet werden können. So erhalten sie einen positiven, Optimismus und Zukunftshaltigkeit ausstrahlenden Namen.

Wir werden auf diesen Punkt nochmals zurückzukommen haben (vgl. das nachfolgende Kapitel).

4. Ansatzpunkte aktivierenden Handelns

Das Ungenügen gegenwärtiger Reformansätze

Die Vielfalt vorhandener Ansätze und eine notwendige Trennung:
Humanpotenzial – Humanressourcen – Humankapital

Der politischen Elite wurde im Lauf der neunziger Jahre von zwei aufeinanderfolgenden Bundespräsidenten – von Richard v. Weizsäcker, der die „Politikvergessenheit" und „Machtversessenheit" der politischen Elite anprangerte, und von Roman Herzog, der in seiner Berliner „Ruckrede" einen allgemeinen Reformstau beklagte – eine weitgehende Reformunfähigkeit ins Stammbuch geschrieben. Zur Kennzeichnung der Problematik schrieb Leif im Jahr 1998: „Immer wieder wird beklagt, dass Politik heute nur noch eine Summe von Einzelfallentscheidungen sei, der große Wurf aber fehle. Kohärente Programmentwürfe, die die schwierigen Problemfelder der Zukunft gründlich in den Blick nehmen, lägen kaum vor. Positionen, Programme und Profile der großen Volksparteien seien zudem aufgrund ihrer bewusst offen gehaltenen Aussagen, nahezu austauschbar." (Leif: 1998: 13)

Diesbezüglich hat es inzwischen einige Veränderungen gegeben. Programmpapiere des Bundeskanzlers und der Bundesregierung haben Bewegung in die politische Landschaft gebracht. Vor allem das Programm eines aktivierenden Staates erweckt Hoffnungen, dass sich der Staat in einer aufflammenden Reformdebatte nicht nur mit sich selbst und seinen Strukturen, sondern auch mit der Modernisierung der Gesellschaft beschäftigt. Die anhaltende Krise der öffentlichen Haushalte wirkt in dieser Hinsicht beschleunigend. Die Frage, was vom Staat auf die Gesellschaft übertragen werden kann, wird akut. Das Bild einer selbstverantwortlich handelnden Gesellschaft erhält gesteigerte Attraktivität. Von daher schiebt sich auch die Perspektive einer Stärkung der Aktivitäts- und Selbstverantwortungsfähigkeit des Individuums stärker und konkreter als bisher in den Vordergrund. Der anthropozentrische Traditionshintergrund der europäischen Geistes- und Verfassungsgeschichte (vgl. weiter oben) beginnt eine gesteigerte Virulenz zu entfalten. Allerdings lassen sich gerade diesbezüglich auch Bremskräfte feststellen, die mit dem bisher unausgetragenen Konflikt um die Bewertung des Werte- und Mentalitätswandels in der Bevölkerung in engem Zusammenhang stehen. Der individualistische Trend dieser Entwicklung wird vielfältig infrage gestellt und mit einer angeblich fortschreitenden Demoralisierung in Verbindung gebracht. Ideen des amerikanischen Kommunitarismus, welche die Bedeutung funktionierender Gemeinschaften in den Vordergrund rücken, werden irrtümlicherweise als Gegenargumente gehandelt. Dass der Wertewandel mit der Hochschätzung zwischenmenschlicher Bindungen und der Stützung des freiwilligen Engagements eine kommunitaristische Dimension besitzt, wird vernachlässigt. In Verbindung hiermit bleiben auch die Tatsachen der Verschwendung von Humanpotenzial und die Chancen einer hier ansetzenden Reformpolitik bisher noch überwiegend außen vor. Es mangelt der gesellschaftsbezogenen Reformdebatte selbst da noch an Vertiefung in diese Richtung, wo das Thema des „bürgerschaftlichen Engagements" zu einem Zentralthema neuer Politik erhoben wird. Allzu schnell findet hier eine politologische Fokussierung statt. Diese will eine gesellschaftliche Potenzialentfaltung und -nutzung nur da sehen, wo Systemveränderungen in Richtung einer Fundamentaldemokratie winken.

Die deutlichsten Annäherungen an die Erkenntnis der in den Menschen gegenwärtig schlummernden Potenziale lassen sich in demjenigen Bereich praxisorientierten Denkens auffinden, der sich mit dem Sammeltitel „Personalentwicklung" kennzeichnen lässt. Diesem Bereich können auf internationaler Ebene zahlreiche Reformstichworte und -aktivitäten zugeordnet werden, die Denkschritte in die richtige Richtung dokumentieren. Die nachfolgende, in den englischsprachigen Bereich hinein erweiterte Auswahlliste von einschlägigen Stichworten lässt den weiten Radius deutlich werden, den man im Auge haben muss, wenn man diese Aktivitäten auffinden will. Die den Stichworten in Klammern zugeordneten Zahlen geben die teils sehr beeindruckende Anzahl der Dokumente wieder, die im September 2000 bei Internet-Recherchen mit Hilfe der Suchmaschine Google identifiziert werden konnten:

Bildungsoffensive (ca. 2.800);
Lebenslanges Lernen (ca. 6.170);
Fortbildung (163.000);
Continued education (ca. 13.600);
Education for change (ca. 5.600);
Human Capital (ca. 145.000);
Human Capital Building (72);
Humankapital (4.830);
Human Development (ca. 330.000);
Human Resources (ca. 915.000);
Human Resource Management (ca. 87.800);
Humanressourcen (2.810);
Personalentwicklung (ca. 25.900);
Arbeitsmotivation (1.330);
Leistungsmotivation (1.970);
Motivierung von Mitarbeitern (38);
Motivierungsstrategien (44);
Mitarbeiterorientierung (1.390);
Social Capital Building (146).

Die direkte Suche nach dem englischsprachigen Begriff „Human Potenzial"
führte zur Auffindung von 82.100, die Suche nach dem deutschen Pendant
„Humanpotenzial/Humanpotenzial" zur Identifizierung von 233 Dokumenten. Eine stichprobenartige Inhaltsanalyse führte allerdings zu dem Ergebnis,
dass – mit der Ausnahme esoterischer Themenstellungen, die ausschließlich
dem Begriffsfeld „Human Potenzial" zuzuordnen waren – die Begriffe „Human Resources", „Human Capital" und „Human Potenzial" bisher mehr oder
weniger synonym gebraucht werden.

Diese schon weiter oben kritisierte Gleichsetzung hat *erstens* zur Folge,
dass die Beschäftigung mit Dispositionen unterbleibt, die in den Menschen
angelegt sind, deren Realisierung aber institutionell-organisatorische, ideologische, interessenpolitische und sozialpsychologische Widerstände entgegenstehen. Damit wird im Hinblick auf das menschliche Bereitschafts- und Fähigkeitspotenzial ein unkritisches Verständnis aufgebaut, das dazu verführt,
seine problemlose Abrufbarkeit und Entwickelbarkeit mit den Mitteln der
(Fort-)Bildungsplanung, Ressourcensteuerung und Wissensvermittlung vor-

auszusetzen. Auch der große Boom, den gegenwärtig der Begriff der „Wissensgesellschaft" erlebt, leidet an diesem Geburtsfehler. Auch hier wird allzu oft eine technokratisch eingeengte Sicht der Dinge unterlegt.

Diese Gleichsetzung hat *zweitens* zur Folge, dass bei der Beschäftigung mit menschlichen Fähigkeiten und Bereitschaften instrumentelle Überlegungen, Planungen und Angebote sehr stark in den Vordergrund treten. Bei der Auswertung der Dokumente, die sich im Internet unter den Stichworten „Human Resources", „Human Capital" und „Human Potenzial" finden, stößt man – von den esoterischen Themen abgesehen – überwiegend auf ein Angebot von Aus- und Fortbildungsprogrammen und von Trainingsveranstaltungen.

Diese Gleichsetzung bringt aber *drittens* die noch weitergehende Folge mit sich, dass sich eine vorherrschende Tendenz zur Instrumentalisierung der Bereitschaften und Fähigkeiten der Menschen selbst abzeichnet. Auch wenn in den Einleitungsteilen einschlägiger Dokumente betont wird, es gehe darum, das in den Menschen Angelegte zur Geltung und Blüte zu bringen, so setzen sich auf operativer Ebene überwiegend Qualifizierungs- und Leistungserwartungen durch, die aus den konkreten Anforderungszusammenhängen einzelner Tätigkeiten erwachsen und einem bedarfsorientierten Qualifikationsmanagement zuzuordnen sind. In dieser Einengung auf das scheinbar Naheliegende und Nützliche gerät das Humanpotenzial im umfassenderen Sinne des Wortes aus dem Blickfeld; ebenso die Investition in sozialorganisatorische Fähigkeiten, welche die Voraussetzung einer Aktualisierung des Humanpotenzials ist. Konsequenterweise entwickeln diejenigen Aktivitäten, die im Hinblick auf den Menschen unternommen werden, unterhalb der dekorativen Einleitungs- und Obersätze eine Tendenz zur Beschränkung auf „leichte", „einfach" zu bewerkstelligende Maßnahmen, bei denen letztlich der Gesichtspunkt der bloßen Kostengünstigkeit zur Vorherrschaft gelangt. In zahlreichen Fällen geht es dabei um Angebote von Fortbildungs- oder Trainingskursen, oder auch um die Gewährleistung der möglichst direkten Beziehung solcher Angebote auf die jeweiligen Tätigkeitsanforderungen.

Die problematischen Folgen dieser Einengung liegen offen zu tage. Wo die Zukunftsperspektiven nicht mehr sichtbar sind, welche vom Blick auf das Humanpotenzial im umfassenden Sinn erschlossen werden, scheinen sich allzu große Anstrengungen zu Gunsten des „Faktors Mensch" zu erübrigen. Der Faktor Mensch kann dann vielmehr – ungeachtet der Rhetorik, die zu seinen Gunsten ins Feld geführt wird – zu einem „weichen" Faktor degenerieren, der gegenüber den „harten" instrumentellen Faktoren in den Hintergrund und letztlich ins Hintertreffen gerät.

Wie in anderen Fällen so ist auch hier zu entscheiden, ob man ein halb gefülltes Glas „halb voll" oder „halb leer" nennen will. Letztere Alternative empfiehlt sich, wo der Kritik eine produktive, weiterführende Funktion zugeschrieben werden kann. Wenn nachfolgend der Weg eingeschlagen wird, einigen exemplarisch hervorgehobenen Reformansätzen im Bereich der Aktualisierung und Nutzbarmachung menschlicher Kräfte und Fähigkeiten kritisch gegenüberzutreten, dann mit diesem optimistischen Hintergedanken. Dass am Ende der gegenwärtigen Entwicklungen eine allgemeine politische und gesellschaftliche Initiative zur Aktualisierung des Humanpotenzials im unreduzierten Sinne des Wortes stehen wird, wird bei alledem als unvermeidbar unterstellt.

Erstes Beispiel: Human Resource Management in der Wirtschaft

Das Konzept der Managementwissenschaft

Wir wollen die vorstehenden kritischen Anmerkungen dem empirischen Bewährungstest ausliefern, indem wir drei aktuelle Reformansätze analysieren, die eine auf den Menschen gerichtete Modernisierung anstreben, oder in denen eine solche Zielsetzung verankert ist. An erster Stelle soll die betriebs- und managementwissenschaftliche Behandlung des „Human Resource Management" ins Blickfeld rücken.

Die Perspektive, die sich hier bietet, gibt zu großen Erwartungen Anlass. Wie man in dem von Wolfgang H. Staehle begründeten Standardwerk *Management* nachlesen kann, findet im Personalmanagement eine „Neuorientierung hin zu einer integrativen, proaktiven und strategischen Sichtweise des Faktors Arbeit" statt. Den Empfehlungen der Managementtheorie zufolge werden alle „mit dem Faktor Arbeit in Verbindung stehenden Handlungen und Entscheidungen ... als Human Resources Activities integrativ geplant und mit der Unternehmungsstrategie abgestimmt". (Staehle 1994: 727) Einige Theoretiker vertreten sogar den Standpunkt, dass in Umkehrung einer bisher vorherrschenden Praxis die Unternehmungsstrategie in Zukunft den Personalentscheidungen zu folgen habe. So erklärt z.B. Bühner, das Unternehmen solle keine Pläne entwickeln, für welche die „Fähigkeiten und Ressourcen erst zu finden" seien, sondern umgekehrt zuerst Fähigkeiten ausbilden und Ressourcen bereitstellen, „um daran orientiert die Planerstellung zur Ausschöpfung der im Markt vorhandenen Chancen und Gelegenheiten" voranzutreiben (ebd.: 751 f.). Dieser Position zufolge werden von der Humankapital-Theorie Ausgaben für die Aus- und Weiterbildung der Belegschaft als besonders ertragsversprechende Basisinvestitionen begriffen. Dementsprechend soll in der Bilanz der Faktor Arbeit nicht als Kostenfaktor, sondern als Aktivum erfasst werden. Die Human Resources „zu entwickeln, zu erhalten und optimal einzusetzen" wird zu einer primären Gestaltungsaufgabe des Managements erklärt (ebd.: S.742 f.). Damit übereinstimmend rücken diejenigen Faktoren, die für ihre Optimierung maßgeblich sind, in den Mittelpunkt des Interesses. Als ein produktiver Sammelpunkt der hier ansetzenden wissenschaftlichen Bemühungen hat sich, wie bei Staehle ausgeführt wird, die Beschäftigung mit den Bestimmungsgründen der Personalmotivation erwiesen. Der Theorie zufolge setzt das wissenschaftlich aufgeklärte Management Arbeitsanreize ein, die motivationssteigernde Wirkung haben, wobei sowohl die Werte und Bedürfnisstrukturen der Mitarbeiter/-innen, wie auch „externe Belohnungen" seitens des Unternehmens ins Blickfeld treten. Es wird erkannt, dass neben dem Arbeitsentgelt auch intrinsisch gelagerte Anreize wie der Arbeitsinhalt und die Strukturierung des Arbeitsvollzugs, die Gestaltung der Arbeitszeit und der Führungsstil der Vorgesetzten eine entscheidende Rolle spielen. Im Idealfall üben die Mitarbeiter/-innen eine Tätigkeit aus, die ihren Tätigkeitswünschen entgegenkommt und ihr Bedürfnis nach Selbständigkeit und verantwortlicher Beteiligung an Entscheidungen und gerechter Entlohnung befriedigt.

Umsetzungsperspektiven in der Praxis der Unternehmen

Auch bei Staehle fließen die Begriffe „Humankapital" und „Human Resources" ineinander. Der letztere Begriff steht aber im Mittelpunkt und ist in Richtung des Humanpotenzials geöffnet. Geht man von autoritativen Vorgaben solcher Art aus, dann ist man geneigt, auch der Unternehmenspraxis mit großen Erwartungen entgegenzutreten. Aus der Sicht der Managementlehre geht das moderne Unternehmen idealerweise von der Einsicht aus, dass die Leistungswilligkeit und -fähigkeit der Mitarbeiter/-innen seine wichtigste Ressource ist und der Unternehmenserfolg davon abhängig ist, dass die Be-

dingungen für eine möglichst weitgehende Mobilisierung von Mitarbeiter-
motivation gewährleistet werden. Besonders bemerkenswert ist, dass verschiedentlich ein positives Bild des Wertewandels gezeichnet wird, der als
eine zukunftsträchtige Kraft der Veränderung gewertet wird, da er u.a. zum
Aufbau von Motivationsgrundlagen beiträgt. In der Managementlehre sind
die Aussagen der Werte(wandels)forschung auf fruchtbaren Boden gefallen
(ebd.: 157 ff.).

Bereits in dem vorstehend zitierten Werk *Management* werden allerdings
bezüglich der Bereitschaft der Unternehmenspraxis, die Vorgaben der Managementlehre umzusetzen, erhebliche Zweifel angemeldet. Zwar wird festgestellt, dass die Wertschätzung des Personals in den Unternehmen gestiegen
und der „Faktor Mensch" als strategischer Erfolgsfaktor anerkannt sei. Es
heißt aber auch, dass sich bezüglich der herkömmlichen „Objektstellung und
Instrumentalfunktion des Personals" und hinsichtlich der Abhängigkeitsver-
hältnisse der Beschäftigten im Rahmen hierarchischer Weisungssysteme bisher „nichts geändert" habe (ebd.: 736 f.).

Ungeachtet der Tatsache, dass der modernen Managementlehre insgesamt
ein erheblicher Einfluss auf die Unternehmenspolitik zugebilligt werden
muss, scheint gerade die Botschaft der Werte(wandels)forschung und damit
auch die Humanpotenzialperspektive in der Unternehmenspraxis von Aus-
nahmen abgesehen noch nicht ausreichend angekommen zu sein. Vielmehr
lassen sich diesbezüglich sogar Rückschritte beobachten. So wird in der gegenwärtig weltweit verbreiteten „Shareholder Value"-Perspektive das Personal wieder zum bloßen Kostenfaktor heruntergestuft. In Folge dessen erscheint seine möglichste Reduzierung – ohne Rücksicht darauf, welches
Potenzial dem Unternehmen dabei schon rein mengenmäßig verloren geht –
erstrebenswert. Zwischen den Unternehmensleitungen und den „Personalis-
ten" kam es deswegen in den zurückliegenden Jahren häufiger zu Reibungen.

Die Potenzialperspektive hat sich aber vor allem auch auf der qualitativen
Ebene noch nicht ausreichend durchgesetzt. Zwar kann man bei einer großen
Zahl von Firmen heute dem Cost- oder Profitcenter-Prinzip begegnen, das
einzelnen Unternehmensteilen Flexibilitäts- und Eigenverantwortungsspiel-
räume einräumt, die bis zur rechtlichen Verselbständigung reichen können.
Aus der Untersuchung der Konzepte und Strategien, die hierbei zum Einsatz
gelangen, wird allerdings erkennbar, dass überwiegend mit materiellen An-
reizen gearbeitet wird. Von der Frage nach dem bei den Mitarbeitern vor-

handenen Bereitschafts- und Fähigkeitspotenzial wird mehr oder weniger abstrahiert. Bei einem Blick in die Landschaft der Beratungsunternehmen kann man darüber hinaus feststellen, dass Strategien der Negativmotivation von Mitarbeiten durch Androhung von Gehaltsentzug und Entlassung in der Unternehmenspraxis durchaus noch oder schon wieder einen Markt finden. Dasselbe gilt von Führungsvorstellungen, die nicht der „Mitarbeiterorientierung" der Vorgesetzten, sondern ihrer Machtausübungsfähigkeit und Durchsetzungskraft die entscheidende Bedeutung zuschreiben wollen.

Symptomatisch dafür ist, dass die international angesehene Managementinstitution INSEAD kürzlich ein Arbeitspapier eines Autorenteams vorlegte, in welchem dazu aufgefordert wird „vom hierarchie- und statusfreien Unternehmen Abschied zu nehmen". Mit einem bezeichnenden logischen Kurzschluss wird in diesem Papier aus dem angenommenen „anthropologischen" Gesetz, dass Menschen „genetisch darauf programmiert sind, nach Status zu streben", die Folgerung abgeleitet, es sei rational, „mehr Hierarchieebenen und Titel einzuführen" (Loch u.a. 2000). Es wird übersehen, dass diese Folgerung gerade dann, wenn ihre theoretische Grundlage zutreffen sollte, zum unvermeidlichen Frust der Mehrheit führen müsste. Das Prinzip der Hierarchie baut auf der Grundlage einer Statuszuteilung an Minderheiten auf, die nach „oben" hin rapide kleiner werden, ohne dass den zahlreichen „unten" Stehenden eine ausreichende Aussicht auf einen baldigen Aufstieg in die höheren Regionen gewährt werden kann. Man kann demgegenüber einen Autor wie Fukayama ins Feld führen, der zwar ebenfalls an ein eingewurzeltes Statusbedürfnis der Menschen glaubt, daraus aber gerade die umgekehrte Folgerung ableitet. Er fordert Institutionen zur Sicherung der Grundlagen liberaler Gesellschaften, die zur Beherrschung dieses Bedürfnisses beitragen können (Fukayama 1992).

Bezüglich der Situation in der amerikanischen Wirtschaft wurde vor einigen Jahren in dem so genannten Schuster-Report festgestellt, in den USA könnten Innovationen im Bereich des Human Resource Management nicht annähernd mit denen im technologischen Bereich Schritt halten. Dem Report ist allerdings auch eine Botschaft zu entnehmen, von der sich positive Erwartungen für die zukünftige Entwicklung ableiten lassen: Die Untersuchung der 1000 größten US-Industrieunternehmen und Nicht-Industrieunternehmen führte zu dem Ergebnis, dass ein statistischer Zusammenhang zwischen der Nutzung von Praktiken des Human Resource-Managements und dem finan-

126

ziellen Erfolg der Unternehmen besteht (Staehle 1994: 744). Es kann die These aufgestellt werden, dass mit einem solchen Ergebnis der Bereitschaft zur Anwendung fortgeschrittener Praktiken des Human Ressource-Managements selbst bei hartgesottenen Managern des „hardliner-Typs" der Weg geebnet wird.

Dass hierbei die Ambivalenz von Ansätzen des modernen Personalmanagements nicht notwendigerweise überwunden wird, lässt sich allerdings aus den Analysen des Managementkritikers Reinhard K. Sprenger ableiten. Sprenger wendet sich mit großem Sarkasmus gegen diejenigen Motivierungskonzepte, die heute in zahlreichen modernen Unternehmen in Umlauf sind. Er stellt fest, in der Unternehmenspraxis werde unter der „Motivierung" von Mitarbeitern weitgehend „das Erzeugen, Erhalten und Steigern der Verhaltensbereitschaft durch den Vorgesetzten" verstanden, wobei Vorstellungen einer technokratischen „Fremdsteuerung" im Gegensatz zur Nutzung der vorhandenen Eigenmotivation der Mitarbeiter/-innen dominierten. Die Vorgesetzten würden durch solche Konzepte in die Rolle der „nach-vorne-treibenden", „machenden" Führungskraft mit einer „Heraushol-Attitude" versetzt, die mittels geeigneter Anreize „das Beste aus ihren Mitarbeitern lockt" (Sprenger 1991: 18 f.). Gängige Verhaltensstrategien von Vorgesetzten, die durch diese Grunderwartung favorisiert werden, lassen sich nach Sprenger mit den Begriffen „Ködern" und „Verführen" charakterisieren. Das Gleiche gilt aber auch, wie er hinzufügt, für die Strategie „Zwang". Wenn ein Vorgesetzter erst einmal zu dem Glauben gelangt ist, es liege an ihm, mit welchen Mitteln auch immer aus den Mitarbeiter/-innen eine – möglicherweise willentlich – zurückgehaltene Leistungsfähigkeit herauszuholen, dann ist der Weg vom Ködern und Verführenwollen zur Anwendung von Zwangsmitteln, d.h. zur Androhung von Bestrafung oder Entlassung hinführt, sehr kurz (ebd.: 50 ff.).

Dieselbe, auf der Vernachlässigung des Humanpotenzials der Mitarbeiter/-innen und der mit ihm verbundenen Motivationsreserven aufbauende Fehleinstellung entdeckt Sprenger auch hinter den bei Unternehmen beliebten firmeninternen Leistungswettbewerben. „Die verbreitete Unsitte, aus Arbeit einen olympischen Wettkampf zu machen", schreibt Sprenger, ist ein weiteres Beispiel für die verdeckte Abwertung der bei den Mitarbeitern vorhandenen Eigenmotivation. „Niemand kann", so Sprenger, „ernsthaft glauben, dass Mitarbeiter auf lange Sicht ihre Leistung steigern, wenn sie in einer

Art innerbetrieblicher Dauerolympiade ihre Kräfte ‚gegeneinander' – und das ist der Kern des ‚Wettkampfs' – ausspielen müssen. Kurzfristig mag zwar eine gewünschte Reaktion erfolgen, ... aber das Unternehmen zahlt für einen möglichen Kurzzeiterfolg einen hohen Preis: Man muss sich ständig etwas Neues einfallen lassen. Das Ganze wird zur Masche und früher oder später merkt auch der letzte Mitarbeiter, dass er immer wieder mit neuen Ködern über den Tisch gezogen wird." (ebd.: 132 f.)

Ambivalent sind auch die gegenwärtig en vogue befindlichen Programme zur Verbesserung der Unternehmens-Kultur einzuschätzen. Sie operieren zwar mit Konzepten eines immateriellen „Commitment" der Mitarbeiter/-innen. Diese sind aber häufig mit rigiden Verpflichtungsprogrammen verknüpft, in denen die Mitarbeiter/-innen einem mit moralischem Anspruch vorgetragenen Identifikations- und Leistungszwang unterworfen werden, der an die Stelle der Eigenmotivation tritt. Zwar hat sich die Vorstellung durchgesetzt, dass im Zentrum der Unternehmungskultur „Werte" stehen. Es wird hierbei aber nur selten auf die individuellen Wertorientierungen der beteiligten Menschen Bezug genommen. Typischerweise ist meist von den Werten des Unternehmens die Rede, in welche die Wertorientierungen der Mitarbeiter/-innen unbesehen eingerechnet werden. Dabei wird die Notwendigkeit außer Acht gelassen, auf Menschen mit Selbstentfaltungsbedürfnissen und -interessen in angemessener Weise einzugehen, um ihr Potenzial zu erschließen. Unter der Hand findet auf der Ebene der einzelnen Organisation eine Rückkehr zum Prinzip einer wertintegrierten Gesellschaft statt, das aber unter modernen Bedingungen ins Reich der Geschichte oder der Utopie zu verweisen ist. Manchen Bemühungen um Unternehmens-Kultur muss mit dem Verdacht begegnet werden, dass ein neues Mittelalter en miniature oder auch eine quasi-tribalistische Vollvereinnahmung der Menschen angezielt wird.

Zwar gibt es in jeder Organisation eine Organisationskultur, in welcher auch gemeinsame Werte eine Rolle spielen. Mit Sicherheit gibt es auch Chancen für ein veränderndes Eingreifen in diese Kultur. Diese empirische Kultur darf aber nicht mit einem planbaren und beliebig gestaltbaren Managementinstrument verwechselt werden. (vgl. u.a. Holleis 1987: 294 ff.) Weiterhin bildet diese Kultur aber auch in einem erheblichen Ausmaß die informellen Strukturen einer Organisation ab, zu denen keineswegs nur Gemeinsamkeiten, sondern auch mikropolitische Praktiken der Machtgewinnung und -erhaltung, gegenseitige Absonderungen von Gruppen und Cliquen, wie auch

Konfliktlinien und -zonen gehören.[12] Realistisch betrachtet ist „die" Unternehmenskultur als die Summe der in einer Organisation vorhandenen Teil- oder Subkulturen zu verstehen, wobei es vom Einzelfall abhängt, ob und inwieweit es zwischen diesen eine Schnittmenge mentaler Gemeinsamkeiten gibt.

Zweites Beispiel: Verwaltungsmodernisierung

Zielsetzung und Kernkonzept

Seit den achtziger Jahren geht eine Erneuerungsbewegung durch die öffentlichen Verwaltungen zahlreicher Länder der westlichen Welt, die zu Beginn der neunziger Jahre auch Deutschland erreichte. Die begrüßenswerte Zielsetzung ist, aufgeblähte und somit teuere, gleichzeitig aber auch starre und langsame, eine „hoheitliche" Attitude zelebrierende Bürokratie-Apparate zu effizient und wirksam arbeitenden mitarbeiter- und bürgerfreundlichen Verwaltungsbetrieben umzugestalten, kurz ein „New Public Management" zu praktizieren. Beschränkt man sich auf die Konzeptebene der Reform, dann besteht auch hier wiederum Anlass zu großen Erwartungen. Es hieß in einem der ersten Leitdokumente der „Kommunalen Gemeinschaftsstelle" zum so genannten „Neuen Steuerungsmodell", das frühzeitig im Zentrum der Verwaltungsmodernisierung in Deutschland stand, in der Reform solle ein besonderer Nachdruck darauf gelegt werden, dass die Mitarbeiter/-innen „den Umgang mit größeren Handlungsspielräumen und größerer Verantwortung einüben" können. Im Übrigen soll das beim Verwaltungspersonal vorhandene „Innovationspotenzial" bereits im Reformprozess selbst nutzbar gemacht werden, indem „möglichst viele Mitarbeiter und Mitarbeiter/-innen aktiv in die Veränderungen einbezogen" werden. Der Umstellungsprozess solle durch eine „Personalentwicklungsstrategie unterstützt werden." Die Führung müsse „signalisieren, dass (in einem komplexen Veränderungsprozess ohnehin unvermeidliche) Fehler gemacht werden dürfen. Faktoren besonderer Erfolge und erkennbare Hindernisse" sollten „offen ansprechbar sein und

---

12 Instruktive Zugänge zur Mikropolitik in Organisationen vermitteln neben dem Klassiker Crozier/Friedberg 1979 z.B. Göbel 1999, Neuberger 1995 und Selvini Palazzoli u.a. 1986

ohne persönliche Schuldzuweisung ausdiskutiert werden." Nur so könne die „lernende Organisation ihr Innovationspotenzial mobilisieren" (KGSt 1993: 29).

Defizite in der Umsetzung der Verwaltungsmodernisierung

Wendet man sich der Reformumsetzung zu, dann sind allerdings auch hier gravierende Defizite festzustellen.

Vor allem die Kommunen begaben sich mit einem überraschenden Nachdruck auf den Modernisierungsweg. Einer Umfrage des Deutschen Städtetages (DST) im Herbst 1996 war zu entnehmen, dass schon zu diesem Zeitpunkt 83%, d.h. also die überwiegende Mehrheit der Mitgliedsstädte mit Modernisierungsmaßnahmen befasst war. Zusätzliche 9,1% der Mitglieder planten Modernisierungsmaßnahmen, so dass nur 7,8% Unentwegte übrig blieben, die sich von der Modernisierung noch fernhielten. Bei einer vorhergehenden Umfrage um die Jahreswende 1994/95 hatten die entsprechenden Zahlenwerte noch bei 71,8% bzw. 17,9% und 10,3% gelegen. Der Vergleich der beiden Zahlenfolgen erweist, dass sich die Modernisierungsbewegung in den größeren Städten offenbar mit beträchtlicher Geschwindigkeit der 100%-Marke annäherte.

Problematisch erscheint jedoch, dass eine zunehmende Zahl von Städten Vorbehalte gegen die Reform bzw. eine geringe Akzeptanz der Reform bei den Mitarbeitern meldete. Es gab diesbezüglich eine „u-förmige" Bewegung. Bereits bei der ersten Umfrage des DST im Jahr 1994/95 erregte die Tatsache Aufsehen, dass solche Schwierigkeiten von über 50% der Mitgliedsstädte angegeben wurden. Als sich diese Quote bei der zweiten Umfrage im Jahr 1996 auf 37% reduzierte, schien Entwarnung angesagt zu sein. Um so größer war die Enttäuschung, als die Quote bei der dritten Umfrage im Jahr 1998 wieder auf 51% hochschnellte und somit das negative Ausgangsniveau sogar leicht überschritt.

Die Antwort auf die Frage nach den Ursachen dieser problematischen Entwicklung ist in den drei Stichworten „Anfangsskepsis" – „Reformeuphorie" – „Reformenttäuschung" enthalten. Dass die Verwaltungsmodernisierung bei den Beschäftigten nicht sofort auf Gegenliebe stieß, braucht nicht zu überraschen. Angesichts der Bedingungen, unter denen die Menschen in größeren Organisationen tätig sind kann kaum mit spontaner Zustimmung für Innovationen „von oben" gerechnet werden. Eher ist damit zu rechnen, dass solchen Innovationen und den mit ihnen verbundenen Appellen mit einer erfahrungsgesättigten Zurückhaltung begegnet wird. Diese paart sich mit dem Bedürfnis, den Status quo, mit welchem man sich in der Regel persönlich arrangiert hat, nicht ohne Not zugunsten von Änderungen zu opfern, deren Konsequenzen nicht eindeutig absehbar sind. Unter den gegenwärtigen Normalbedingungen in größeren Organisationen kann man eine solche Anfangszurückhaltung und -skepsis durchaus dem rationalen Verhalten von Mitarbeiter/-innen zurechnen.

Von daher betrachtet war die Mobilisierungsleistung, die sich hinter der deutlichen Abnahme der Anfangsskepsis versteckt, eigentlich ein großer Erfolg. Der Einritt einer Reformeuphorie war nicht mit hoher Wahrscheinlichkeit zu erwarten.

Die „Modernisatoren" vermochten es allerdings in einem sehr großen Teil der Fälle nicht, diese Euphorie in eine nachhaltige Reformzustimmung der Mitarbeiter/-innen zu überführen. Ungewollt und zunächst auch unbemerkt verursachten sie vielmehr den Eintritt einer Enttäuschung, welche die Euphorie zusammenbrechen ließ.

Mitarbeiter/-innen als Verlierer im Modernisierungsprozess

Einen Einblick in die enttäuschenden Erfahrungen der Mitarbeiter/-innen mit der Reform kann man den Ergebnissen einer Mitarbeiterbefragung in einer kleineren Reformkommune entnehmen, die um die Zeit der dritten Umfrage des Deutschen Städtetages (1998) von Speyer aus durchgeführt wurde.

Die Mitarbeiter/-innen der Kommune billigten der Reform breit angelegte Erfolge zu. So waren sie z.B. durchaus der Meinung, die Stadtverwaltung sei im Zuge der Reform bürgerfreundlicher und moderner geworden. Was stutzig machte, war allerdings die Tatsache, dass sie einem überwiegenden Teil der Reformergebnisse – mit der Ausnahme der erhöhten Bürgerfreundlichkeit, die sie sehr hoch bewerteten – aus ihrer persönlichen Perspektive nur eine vergleichsweise geringe Wichtigkeit zuschrieben. Ihre Erwartungen an die Reform wurden gewissermaßen übererfüllt – mit einer allerdings entscheidenden Ausnahme: Bei dem Merkmal „Mitarbeiterorientierung" wurde eine deutliche Untererfüllung der Erwartungen erkennbar. Die Mitarbeiter/innen hatten den Eindruck, dass die Reform, deren objektive Bedeutung sie anerkannten, an ihnen vorbei gelaufen war, oder sogar auf ihre Kosten stattfand,. Die anhaltende zusätzliche Arbeitsbelastung, die durch die Reform entstand, wurde allgemein als Infragestellung der Erwartungen empfunden, mit denen sie in die Reform hineingegangen waren. Sie hatten mehrheitlich den Eindruck, dass die Nutznießer der Reform andere waren, während sie sich selbst als die Betroffenen der Reform, oder auch als Reformverlierer betrachten mussten.

Im Einzelnen betrachtet spielten hierbei die folgenden zehn Probleme eine Rolle:

1. Der Modernisierungsprozess führte nicht zu einer Beseitigung der am Arbeitsplatz vorhandenen Frustrationsquellen.
2. Hinsichtlich des Handlungsspielraums der Mitarbeiter/-innen ließen sich gewisse Verbesserungen feststellen, jedoch fielen große Unterschiede zwischen den Organisationseinheiten auf. Die Modernisierung erzielte somit keinen „systematischen" Effekt. Insbesondere fiel auf, dass die besten Ergebnisse bei den Modernisierern selbst erzielt wurden, die sich im Zuge der Reform Statusvorteile verschafften und gewissermaßen selbst privilegierten.
3. Das Niveau der Einbringbarkeit persönlicher Fähigkeiten und fachlicher Kenntnisse konnte sich im Reformprozess nicht merklich erhöhen. Es kam diesbezüglich zu unterschiedlichen Veränderungen, die sich ebenfalls auf den Nenner einer Selbstprivilegierung der Reformatoren bringen lassen.
4. Die Sicherheit bei der Aufgabenerfüllung und die Überschaubarkeit der Tätigkeiten sanken aus der Erfahrungsperspektive der Mitarbeiter/-innen im Reformverlauf.
5. Der Modernisierungsprozess war nicht in der Lage, das in der Verwaltung verbreitete Ungerechtigkeitsempfinden bezüglich der Relation zwischen Arbeitsleistung und Arbeitsentgelt zu beseitigen. Im Gegenteil vergrößerten sich die diesbezüglichen Probleme. Mangelnde Bezahlungsgerechtigkeit blieb ein von den Mitarbeitern empfundenes, ihre Befindlichkeit belastendes Problem.
6. Die individuelle Arbeitsbelastung wurde durchgängig als zu hoch empfunden (vgl. oben).

7. Der Modernisierungsprozess war nicht in der Lage, die herkömmlichen Schwachstellen der Verwaltung im Bereich der Informationsqualität zu beseitigen.

8. Es konnte aufgrund dieser und sonstiger Defizite in Verbindung mit der Modernisierung nicht zu einer Erhöhung der individuellen Arbeitszufriedenheit kommen.

9. Die Arbeitszufriedenheit differierte nach wie vor sehr deutlich zwischen den Laufbahngruppen, wie auch zwischen verschiedenen identifizierbaren Funktionsgruppen.

10. Die Modernisierungspromotoren wurden als rigide, ruppig und unsensibel eingestuft. Sie wurden nicht als Akteure bewertet, die „hinter den Mitarbeitern" stehen. Eher wurde ihnen die Absicht zugeschrieben, eigene Interessen zu vertreten (Klages 2000b).

Die Dominanz „harter" Elemente im Modernisierungsprozess

Die Erfahrungen von Mitarbeiter/-innen im Modernisierungsprozess einer Kommune lassen sich mit einer Reihe von Defizitbeobachtungen in Verbindung bringen, welche auf allgemeinerer Ebene gewonnen wurden. So gehört es zu den Erkenntnissen, welche die Umfragen des Deutschen Städtetages vermitteln, dass die Kommunalverwaltungen den einzelnen Komponenten des eigentlich als Einheit zu sehenden Modernisierungsprogramms unterschiedliche Prioritäten zuschrieben.

Insgesamt dominierten „harte" Elemente des betriebswirtschaftliche Kernes des Neuen Steuerungsmodells (Klages 1999: 48ff.). Eine Schlüsselrolle kam der Budgetierung zu. Hinzu traten Ansätze einer dezentralen Ressourcenverantwortung, bei deren ersten Schritten es sich z.B. um die Ausweitung von Wertgrenzen, um die Erweiterung der gegenseitigen Deckungsfähigkeit von Haushaltspositionen und um die Übertragbarkeit von Mitteln ins nachfolgende Haushaltsjahr handelte. Sehr häufig kamen Bemühungen um den Aufbau einer Kosten-Leistungsrechnung hinzu, die gewöhnlich durch die Auflösung der so genannten Sammelnachweise, wie auch durch die getrennt nach Haushaltsstellen erfolgende Ausweisung von Kostenarten eingeleitet wird. Weiter wurden mit Finanzkennzahlen ausgestattete Produktkataloge eingeführt. Auf dieser Grundlage wurde in vielen Fällen eine nach Kostenträgern unterscheidende Kosten-Leistungsrechnung durchgeführt, die z.B.

durch die Erfassung von Fallzahlen (Leistungsseite) und durch die Schätzung oder Erfassung von Arbeitszeiten auf Sachbearbeiterebene (Kostenseite) mit Daten versorgt wird. In einigen Fällen verbanden sich diese Ansätze mit mehr oder weniger ausgreifenden Bemühungen um eine Geschäftsprozessoptimierung.

Defizite im Fadenkreuz

Die Dominanz „harter" Elemente im Prozess der Verwaltungsmodernisierung betrifft nicht nur die Mitarbeiter/-innen, sondern auch die Bürger und die Politiker. Konzentrieren wir uns auf die Defizite bezüglich der Mitarbeiter/-innen, dann stoßen wir auf Sachverhalte der Vernachlässigung und Ausklammerung wesentlicher Aktivierungsaspekte. Das strategische Defizit findet sich im Bereich des Personalmanagements, genauer gesagt, in demjenigen Bereich der Personalentwicklung, bei dem es um die Ausschöpfung der weitgehend brachliegenden Motivation und Leistungsbereitschaft des Personals und damit letztlich um die Aktualisierung von Humanpotenzial geht. Für aufgeklärte Reformer ist es heute eine ausgemachte Sache, dass der Zugriff auf dieses Potenzial – in Verbindung mit einer hiermit abgestimmten Struktur- und Prozessoptimierung – die eigentliche Geheimformel ist, mit der der Klemme zwischen wachsenden Aufgaben und Sparzwängen begegnet werden kann. Wird die Motivationskomponente ausgeklammert, so sinken die im Leistungsbereich bei aller sonstigen Reformaktivität erzielbaren Effekte drastisch ab. In den Verwaltungen, die dem vorrangigen Trend folgen, wird aus dieser Tatsache aber bis heute nicht die nötige Konsequenz gezogen.

Drittes Beispiel: Das Leitbild des „aktivierenden Staates"

„Empowerment" als Perspektive

Ein weiteres Mal besteht Anlass zu großen Erwartungen, wenn man sich den Reformansätzen im Begegnungsbereich Staat-Gesellschaft zuwendet und das Leitbild eines „aktivierenden Staates" ins Auge fasst, das die Bundesregierung mit Kabinettsbeschluss vom 1.12.1999 verabschiedet hat. Eine optimistische Einschätzung wird insbesondere durch die Tatsache nahegelegt, dass

dem „empowerment" der Bürger, ihrer „Ermächtigung" zu eigenverantwort-
licher Aktivität, in diesem Leitbild ein zentraler Stellenwert eingeräumt wird.
Diese neuartige Intention kommt bereits im Begleitwort des Bundesmi-
nisters des Innern zum Ausdruck, dem zufolge, „Staat und Verwaltung ...
ihre Aufgaben und ihre Verantwortung unter veränderten gesellschaftlichen
Bedingungen neu bestimmen" müssen und eine „umfassende Modernisierung von Staat und Verwaltung" ins Auge gefasst werden muss. Der Text des
Kabinettsbeschlusses bestätigt diese Erklärung mit dem Bekenntnis zur Notwendigkeit einer „konzertierten Gesamtreform" und mit der Erklärung der
Absicht, mit dem Leitbild eines „aktivierenden Staates" über „die bisherigen
singulären Ansätze der Binnenmodernisierung hinauszugehen". Gleichzeitig
wird die „Empowerment"-Perspektive in der Absicht deutlich, eine „neue
Verantwortungsteilung zwischen Staat und Gesellschaft" und eine „neue Ba-
lance zwischen staatlichen Pflichten und zu aktivierender Eigeninitiative und
gesellschaftlichem Engagement" anzustreben. Der Staat soll – dem neuen
Leitbild zufolge – „weniger Entscheider und Produzent als vielmehr Moderator und Aktivator der gesellschaftlichen Entwicklungen sein, die er nicht
allein bestimmen kann und soll." „Aktivierender Staat" bedeutet demzufolge,
„die Selbstregulierungspotenziale der Gesellschaft zu fördern und ihnen den
notwendigen Freiraum zu schaffen."
Entgegen dem ersten Anschein lohnt es sich allerdings auch hier, der Frage nach der Tragfähigkeit der Umsetzungen mit kritikbereiter Skepsis nachzugehen. Insbesondere liegt es nahe, die Frage aufzuwerfen, ob mit den an
das Leitbild des aktivierenden Staates anschließenden Programmformulie-
rungen der Spielraum für die Entwicklung einer weiterführenden Alternative
zu der Werteverfallsklage ausgeschöpft wird, welche die öffentliche Diskussion in Deutschland unproduktiverweise immer noch weithin beherrscht.
Diese Frage legt sich insbesondere dann nahe, wenn man die Ergebnisse
der Forschungen über den Werte- und Einstellungswandel in den Bevölke-
rungen der entwickelten Gesellschaften im Kopf hat, die in diesem Buch
ausführlich dargestellt sind. Es sei die These aufgestellt, dass diese Ergebnisse bei der bisherigen Programmentwicklung zum Leitbild des „aktivierenden
Staates" noch nicht in einem ausreichenden Maße zur Kenntnis genommen
wurden.

Trägt man nämlich die Erwartung der Berücksichtigung dieser Forschungsergebnisse an die 15 Leitprojekte heran, mit denen laut Kabinettsbeschluss
der Bundesregierung vom 1.12.1999 – im Rahmen eines Programms „Moderner Staat – Moderne Verwaltung" – das Leitbild des aktivierenden Staates
umgesetzt werden soll (Bundesministerium des Innern 1999) und entwickelt
man von hier aus einen Bewertungsmaßstab, dann gelangt man zu einem
relativ enttäuschenden Ergebnis. Dieses wirft einen Schatten auf die Fähigkeit des neuen Leitbilds – oder vielmehr seines bisher vorliegenden Umset-
zungskonzepts – die eigentlich fälligen Beiträge zu einem „empowerment"
der Bevölkerung und zu der damit verbundenen Aktualisierung von Humanpotenzial zu leisten.

Bei einer ersten Gruppe von Leitprojekten geht es um die Sicherstellung
einer „höheren Wirksamkeit und Akzeptanz von Recht", d.h. auf der Umset-
zungsebene um ein „Handbuch zur Gesetzesfolgenabschätzung" und um die
„Identifizierung und den Abbau rechtlicher Hemmnisse für neue Dienstleistungen". Dabei werden insbesondere die Software-Branche, Mobilitäts-
dienstleistungen und Empfehlungen rechtlicher Innovationshemmnisse ins
Auge gefasst. Bei einer zweiten Gruppe von Leitprojekten geht es um die
Kooperation zwischen der Bundesregierung und anderen Verwaltungsebenen
und um das Zusammenwirken zwischen Staat, Privaten, Wohlfahrtsverbänden und anderen gemeinnützigen Einrichtungen. Hier rücken insbesondere
rechtliche Regelungen für „Public Private Partnership", Verbesserung der
Rahmenbedingungen für den Einsatz moderner Technologie und die Förderung des Datenschutzaudit in den Mittelpunkt. Es folgt eine dritte Gruppe
von Leitprojekten, die der Entwicklung einer „leistungsstarken, kostengüns-
tigen und transparenten Verwaltung" gewidmet sein sollen und die sich um
Themen wie die „Einführung von modernem Management in der Bundesverwaltung" und die „Einführung und Fortschreibung einer standardisierten
Kosten- und Leistungsrechnung" gruppieren.

Bis hierher wird die „Empowerment"-Perspektive nur unzusammenhän-
gend und mehr oder weniger unsystematisch innerhalb einzelner Politikfel-
der aufgegriffen. Das Vorhandensein unmittelbar integrierbarer Grundlagen
und Programmansätze, d.h. die Fundierung der jeweiligen Themen im administrativen Status quo, spielt dabei offenbar eine beträchtliche Rolle. Die

„Empowerment"-Thematik in dem Sinne, in dem sie sich darstellt, wenn man von den Ergebnissen der Forschungen über den Werte- und Einstellungswandel in der Bevölkerung her denkt, tritt nur sehr indirekt auf den „hohen" Ebenen des allgemeinen Bürokratieabbaus, der Staatsmodernisierung und der Einwirkung auf komplexe Interorganisationsbeziehungen in Erscheinung.

Dies ändert sich erst – wenngleich nur implizit und ohne Sichtbarmachung der gesellschaftspolitischen Bezugspunkte – bei einer vierten Gruppe von Leitprojekten, bei denen es sich um die Verbesserung der „Bedingungen für Leistungsfähigkeit und Leistungsbereitschaft, Eigenverantwortung, bessere Entwicklungsmöglichkeiten und flexible, selbstbestimmte Arbeitsformen" in der Bundesverwaltung gehen soll. Hier treten Gesichtspunkte, die für die Herstellung von Selbstverantwortungschancen der öffentlich Bediensteten von Bedeutung sind, in Erscheinung. Eine Reihe von Begriffen, die auf der Ebene der einzelnen Projektdefinitionen Verwendung finden, liefern produktive Richtungsangaben. So sollen alle Bundesministerien noch in der laufenden Legislaturperiode Personalentwicklungskonzepte erarbeiten, welche die Möglichkeit von „Zielvereinbarungen, Fortbildungsmaßnahmen sowie individuellen Entwicklungsplänen" eröffnen und die Gleichstellung von Frauen und Männern im öffentlichen Dienst fördern sollen. Dies alles klingt sehr vielversprechend, auch wenn zunächst noch kein revolutionärer Impetus verspürbar ist. Eine Einschränkung besteht allerdings darin, dass die unmittelbar Begünstigten nur Bundesbedienstete sein sollen. Die Programmformulierung ist – obwohl es um den „Staat" im allgemeinen geht – nur auf diesen Personenkreis zugeschnitten, ohne dass eine über ihn hinausweisende Signalfunktion erkennbar wird. Als operationales Programmziel wird eine an bundesinternen Rationalisierungszielen orientierten Binnenreform erkennbar, die zwar den „Empowerment"-Gedanken einschließt, ohne diesen aber als einen übergreifenden und auf entscheidende Weise richtunggebenden Leitgesichtspunkt mit gesamtgesellschaftlicher Ausstrahlung und „Ansteckungsfunktion" zur Geltung zu bringen.

Möglichkeitsspielräume einer aktivierenden Politik

Für die Weiterentwicklung der Programmatik eines „aktivierenden Staates", der sich der Idee eines „Empowerment" der Menschen verpflichtet fühlt, gibt es also noch reichlichen Spielraum. Dass die wünschenswerten Programmerweiterungen die unmittelbare Zuständigkeit der Bundesregierung überschreiten, kann keinen Einwand liefern. Denn wie auch im Leitbildentwurf der Bundesregierung betont wird, gehört es ja gerade zu den entscheidenden Aufgaben des Staates, im Rahmen einer „neuen Verantwortungsteilung", koordinativ und kooperativ als Moderator und Aktivator tätig zu werden und hierbei ein neues partnerschaftliches Verhältnis zu Ländern, Kommunen und Privaten zu realisieren. Insbesondere die Bundesregierung, aber auch die Länder und die Kommunen werden gemeinsam etwas zu betreiben haben, was man heute als „Good Governance" bezeichnet. Sie werden gemeinsame Zielvorstellungen und abgestimmte Programme zu entwickeln haben, welche die beteiligten Akteure mit speziellen Zuständigkeiten zu einem koordinierten Handeln befähigen.

Es gehört zu den Grenzen des vorliegenden Umsetzungsprogramms der Bundesregierung, dass es da, wo die angestrebte „neue Verantwortungsteilung" konkret werden müsste, zurückweicht und den negativen Aspekt der Zurücknahme eigener Exklusiv-Zuständigkeiten zugunsten einer Ausweitung der „Freiräume" der Länder und Kommunen in den Vordergrund stellt. In diesem Zusammenhang muss eingesehen werden, dass es nicht ausreicht, einer von staatlicher Bevormundung befreiten Gesellschaft mitsamt ihren Institutionen und Organisationen die Fähigkeit zur spontanen Entwicklung einer allen Erwartungen gerecht werdenden Eigenaktivität und -verantwortung zuzuschreiben. Eine solche Erwartung würde bedeuten, an die alte Vorstellung von der „invisible hand" anzuknüpfen und – ungeachtet unzähliger Belege für die stete Gefahr eines „Gesellschaftsversagens" – ein neuerliches „Laissez Faire" propagieren zu wollen. Es muss demgegenüber betont werden, dass die Befähigung der Gesellschaft dazu, eine „aktive Gesellschaft" zu werden, die als „bürgerliche Zivilgesellschaft" eigenverantwortungsbereit und -fähig ist, nicht ein bloßes Händewegnehmen erfordert, sondern eine Entwicklungs- und Modernisierungsaufgabe darstellt. Dass aufgrund des Wertewandels bei einem großen Teil der Menschen eine in die „richtige" Richtung verlaufende Grundbereitschaft und -motivation vorhanden ist, kann hierbei als eine in der gesellschaftlichen Eigendynamik verankerte Erfolgsbedingung in Rechnung gestellt werden.

Ein neuer Blick auf das Sozialkapital

Die Fehlerhaftigkeit kalkulatorischer Ansätze zur Aktivierung der „Ressource Mensch"

Die vorstehenden Kritiken an gegenwärtigen Reformansätzen, die der Aktivierung der „Ressource Mensch" gewidmet sind, sind exemplarisch gemeint. Sie können durch die Auseinandersetzung mit weiteren Ansätzen ergänzt werden, die aber kaum zu wesentlich positiveren Ergebnissen führt. Gemeinsam ist einer Mehrzahl von Ansätzen, dass sie zwar in eine richtige Richtung zielen, in ihrer Verfolgung jedoch nicht konsequent genug sind. In zahlreichen Fällen wird der Ausblick auf die uneingeschränkte Breite und Tiefe des Humanpotenzials durch Konzepte verhindert, die das Terrain nur flüchtig anvisieren, um sich sehr bald auf „machbare" Inputs in die Menschen anstelle der von den Menschen erwartbaren Eigenaktivitäten und -leistungen zu konzentrieren.

Dies ist insbesondere bei solchen Ansätzen der Fall, bei denen Bemühungen um die Aktivierung der Menschen unternommen werden, die mit Effizienzkalkulationen verbunden sind, wobei es sich – je nach dem gewählten Ausgangspunkt – um „Investitionen" oder „Anreize" handeln kann. Zahlreichen dieser Ansätze ist die Vorstellung gemeinsam, durch bestimmte Inputs in die Menschen, bei denen es sich um Geld, Informationen, oder Wissen handeln kann, wünschenswerte Outputs im Sinne von Veränderungen der Qualität oder Richtung ihres Verhaltens erzielen zu können. Im Einzelfall kann es hierbei zu Äquivalenzerwartungen kommen, bei denen oft sehr schlicht anmutende Vorstellungen über Input-Output-Beziehungen eine Rolle spielen. Kennzeichnend hierfür sind z.B. Aus- und Fortbildungskonzepte, bei denen davon ausgegangen wird, dass man das, was man in die Menschen in der Form von Wissensinvestitionen hineinsteckt, anschließend in der Form qualifizierter Leistungsbeiträge wieder herausbekommt. Äquivalenzvorstellungen übervereinfachender Art liegen vor allem da vor, wo Bemühungen unternommen werden, das Leistungsverhalten von Menschen mit Hilfe materieller Leistungsanreize zu aktivieren. Eine zu Zweifeln Anlass gebende Vorstellung der Aktivierung und Steuerung menschlichen Verhaltens mittels kalkulierbarer Anreize spielt aber vielfach auch dort eine entscheidende Rolle, wo man heute von den Menschen mehr Eigenverantwortung in sozialpolitischen Zusammenhängen erwartet. Die Zielsetzung ist hier etwa, die Menschen zur freiwilligen Übernahme zusätzlicher finanzieller Belastungen im Bereich der Altersvorsorge oder der Abdeckung des Krankheits- und Invaliditätsrisikos zu veranlassen. Das zum Einsatz gebrachte Kalkül besteht vornehmlich darin, die Leistungen aus Pflichtversicherungen zu verknappen, während die Bereitschaft zur freiwilligen Erbringung von Versicherungsbeiträgen durch das Angebot attraktiver Spannen zwischen individuellen Beitragszahlungen und erwartbaren Versicherungsleistungen gestärkt werden soll. Es wird hier gewissermaßen mit dem Prinzip von "Zuckerbrot und Peitsche" gearbeitet, indem einerseits der Risikodruck erhöht, andererseits aber auch die Neigung zu aktiver Eigenvorsorge durch freiwilliges Sparen stimuliert wird.

Zwar verbietet sich die pauschale Ablehnung solcher Ansätze schon deshalb, weil das Verhalten der Menschen, wie an früherer Stelle festgestellt wurde, unterhalb der Ebene der Wertorientierungen in einem erheblichen Maße durch rationale Erwägungen beeinflusst wird. Es kommt hinzu, dass es in der gegenwärtigen Gesellschaft ohnehin eine Fülle materieller Anreize gibt, die überwiegend ungeplant und ungewollt sind und „nicht-intendierte" Wirkungen auf menschliches Verhaltens ausüben, die allgemeiner Missbilligung verfallen würden, wenn sie bekannt wären. Die bewusstere Kontrolle und Planung solcher Anreize legt sich grundsätzlich nahe und kann als ein legitimes Ziel moderner Gesellschaftspolitik betrachtet werden.

Nichtsdestoweniger ist überall dort Kritik angebracht, wo heute solche Ansätze der Verhaltenskonditionierung als Königsweg zur Aktivierung der „Ressource Mensch" und zur Erhöhung gesellschaftlicher Eigenverantwortung angepriesen werden. Ansätze dieser Art lassen in der Regel die Frage nach der Disposition der Menschen zur spontanen Hervorbringung von Outputs unbeachtet und schneiden sich damit von vornherein von entscheidenden Aspekten der Frage nach der Aktivierung der „Ressource Mensch" ab. Insbesondere dort, wo ausschließlich eine materielle Motivation ins Kalkül gezogen wird, wird an den eigentlich entscheidenden Fundstellen menschlicher Antriebsenergie vorbeigedacht.

Erschwerend wirkt dabei, dass im Wertewandel materialistische Werte einer zunehmenden Abwertung unterliegen, was die Erfolgschancen materieller Aktivierungsstrategien generell infrage stellt. Es kommt jedoch hinzu, dass sich die Intervention in vorfindliche Verteilungsmuster materieller Gratifikationen leicht im Gestrüpp komplizierter Gerechtigkeits- und Gleichbehandlungsfragen verfängt und dabei zum Opfer kontraproduktiver Nebenwirkungen wird. Natürlich spielen hierbei mentale Nachwirkungen der Solidaritäts-Zielsetzungen der Sozial- und Wohlfahrtsstaats-Ära eine Rolle, mit denen keineswegs nur in Ostdeutschland zu rechnen ist. Grundsätzlich fällt es aber schwer, in einer komplexen Gesellschaft mit einer unübersichtlichen Vielfalt gesellschaftlicher Einkommensniveaus und Bedürfnislagen mit monetären Anreizmechanismen zu operieren, die von der Natur der Sache her einfach gelagert sein müssen. Diese unterliegen der steten Gefahr, unbeabsichtigte Vor- und Nachteilswirkungen hervorzurufen, die Ungerechtigkeitswahrnehmungen und somit auch Akzeptanzbarrieren mit sich bringen. Insbesondere im sozialpolitischen Bereich macht sich weiterhin das Wirken sozialpsychologischer Gesetzlichkeiten bemerkbar, die eine mentale Abwertung zukünftiger Risiken zugunsten aktueller Bedürfniserfüllungen mit sich bringen. Charakteristischer Weise wird z.B. die „Minderschätzung zukünftiger Bedürfnisse", die bereits von dem Nationalökonomen Eugen v.Böhm-Bawerk (1857-1914) als eine fundamentale Gesetzmäßigkeit des ökonomischen Verhaltens der Menschen erkannt wurde, von den Vertretern moderner Anreizkonzepte nicht zur Kenntnis genommen. Führt man solche verdrängten Erkenntnisse in gängige Kalküle zur Erhöhung menschlicher Eigenverantwortung mittels materieller Anreize ein, so verlieren diese schnell an Plausibilität. Es muss dann nämlich die Wahrscheinlichkeit in Betracht gezogen werden, dass die angezielten freiwilligen Einsparleistungen gerade von denen, die sie am dringendsten benötigen würden, nämlich von den Beziehern kleinerer Einkommen, am wenigsten geleistet werden, so dass man letztlich doch wieder zu dirigistischen Zwangslösungen wohlfahrtsstaatlicher Provenienz zurückkehren muss, wenn man Erfolg haben will. Die modern klingende Losung einer Stärkung der gesellschaftlichen Eigenverantwortung mittels geeigneter Anreizmechanismen enthüllt sich dann als eine freundliche Vordergrundskulisse, der zwar ein hoher Inszenierungswert, mit Sicherheit aber keine hohe Effektivität bei der Erreichung der gesteckten Ziele zugeschrieben werden kann.

Aktivierung der „Ressource Mensch" jenseits der Knappheit – eine Utopie?

So unglaubwürdig dies auch klingen mag – man kann im Prinzip auf die Kalkulation von Äquivalenzbeziehungen zwischen Input und Output verzichten, wenn man sich der Frage nach der Aktivierbarkeit der „Ressource Mensch" von der Seite der vorhandenen und gewissermaßen abrufbaren mentalen Bereitschaften der Menschen her annähert. Es entfallen damit auch die Kostenüberlegungen, die sich bei den gängigen Anreizkonzepten frühzeitig in den Vordergrund schieben und die Antwort auf diese Frage von den Chancen zur Mobilisierung knapper finanzieller Ressourcen abhängig werden lassen, wobei sich schnell unübersteigbare Barrieren auftun. Vielmehr kann man dann entdecken, dass die Menschen das was sie gern tun, von sich aus tun, ohne dass es hierzu besonderer Anreize und des Abzählens der verfügbaren „Moneten" bedürfte. Man hat dann unversehens ein „weites Feld" vor sich, auf dem das Wort Knappheit vergessen werden kann.

Die Betonung von Kostenvorteilen mag in Anbetracht der Grundsätzlichkeit der Frage nach der Mobilisierung der „Ressource Mensch" unangemessen erscheinen. Es ist jedoch wesentlich, ihr Vorhandensein zu betonen, weil damit der Irrtum verhindert wird, es gehe bei der wertewandelsorientierten Betrachtung, die in diesem Buch verfolgt wird, um die Propagierung einer idealistischen oder sogar utopischen Annäherung an das Thema der „Ressource Mensch". Es lässt sich vielmehr die Behauptung aufstellen, dass es sich bei der hier verfolgten Betrachtung um die eigentlich pragmatische handelt – sofern man unter Pragmatik nicht das Gemisch aus aktivistischer Hektik und informatorischer Naivität versteht, das sich sehr häufig hinter diesem Etikett versteckt.

Es wäre daher falsch, den ungenügenden Ansätzen zur Aktivierung der Ressource Mensch vorzuwerfen, sie würden sich nicht weit genug vorwagen. In Wahrheit schlagen sie bei der Aufsuchung der Fundstelle, um die sich alles dreht, aufwendige Umwege ein, bei deren Verfolgung sie die Orientierung verlieren. In vielen Fällen sind Fehleinstellungen im Spiel, die auf allzu negative Menschenbilder zurückverweisen. Wer allen Ernstes glaubt, die Menschen seien von Natur aus träge, faul, korrumpierbar und nur durch die Aussicht auf Geld zu motivieren, kann nicht hoffen, bezüglich der Aktivierbarkeit der „Ressource Mensch" zu einem realistischen und effizienten Lösungsmodell zu gelangen. Er kann dann vielmehr nur noch Bestechungsmodelle vorlegen („Du kriegst was, wenn Du mir entgegen kommst!").

Es wurde allerdings bereits darauf hingewiesen, dass es ebenfalls naiv wäre, von den Menschen die Automatik eines Handelns erwarten zu wollen, das in die Richtung der Verwirklichung ihrer Wertorientierungen läuft. An diesem Punkt grenzt sich die hier verfolgte Interpretation von den so genannten „Bedürfnistheorien" ab, die in der Psychologie verbreitet sind (Weinert 1981: 261 ff.). Weiter ergibt sich von hier aus aber z.b. auch eine Abgrenzung zu allzu blauäugigen Programmen der Bürgeraktivierung, die sich dem Glauben hingeben, die zukünftige Bürger- oder Zivilgesellschaft allein durch den „braven Entschluss", ihr ein Startfrei-Signal zu geben, herbeiführen zu können. Wie wir feststellten, gibt es zwischen den Wertorientierungen der Menschen und ihrem Alltagshandeln zahlreiche mitwirkende innere Instanzen, die eine dermaßen direkte Verbindung verhindern. Außerdem haben wir die Wichtigkeit äußerer Bedingungen betont, die als Barrieren wirken, oder umgekehrt die Aktualisierung der Werte fördern können. Es kommt aber auch hinzu, dass Werte die Menschen nicht zu einem genau angebbaren Handeln disponieren. Wie wir sagten, sind sie vielmehr inhaltlich weitgehend offen und gestatten den Menschen die Wahl zwischen einer Vielzahl von Verwirklichungswegen, was Unbestimmtheit, gleichzeitig aber auch eine hochgradige Flexibilität gegenüber aktuellen und greifbaren Chancen nach sich zieht.

Humanpotenzial und Sozialkapital

Was notwendig ist, um eine Aktualisierung von Humanpotenzial und damit eine volle Aktivierung der „Ressource Mensch" zu erreichen, ist dreierlei: Es müssen Barrieren beiseitegeräumt, fördernde Bedingungen erschlossen und Handlungsziele definiert werden. Bei alledem geht es darum, die äußeren Bedingungen zu optimieren, die der Aktualisierung des Humanpotenzials entgegenstehen. Wir sprachen in diesem Zusammenhang von einer Entwicklungs- und Modernisierungsaufgabe, wie auch davon, dass eine wesentliche Voraussetzung der Aktualisierung von Humanpotenzial die Einsicht in die Notwendigkeit von Innovationen bei den sozialorganisatorischen Fähigkeiten ist.

Es ist dies der Punkt, an welchem eine Brücke zu dem Begriff „Sozialkapital" geschlagen werden kann, der heute viel Furore macht.[13]

Die Begriffe „Humanpotenzial" und „Sozialkapital" bezeichnen verschiedene Dinge, sind aber gut miteinander vereinbar und auf eine gemeinsame Verwendung hin angelegt. Zum Verständnis dessen ist es zunächst erforderlich, den Begriffswirrwarr hinter sich zu lassen, der heute den Begriff „Sozialkapital" umgibt, welcher vielfach synonym mit Begriffen wie „Humanressourcen" und „Humankapital" verwendet wird. Begriffe wie „Humanpotenzial" und „Humanressourcen"/ „Humankapital" meinen aber die verfügbaren menschlichen Kräfte und Fähigkeiten, während sich der Begriff „Sozialkapital" auf die Mittel und Wege zur Aktivierung und Sicherung dieser Kräfte und Fähigkeiten bezieht. Wird dieser wesentliche Unterschied nicht berücksichtigt, dann ist der Weg zu einer aussichtsreichen Beschäftigung mit dem gesamten Themenkomplex verbaut, weil dann entweder die Substanz, um die es geht, oder die Voraussetzungen zu ihrer Aktualisierung und Aktivierung aus dem Blickfeld geraten. Man muss unter allen Umständen beides im Blick haben: Das zwar vorhandene, zunächst aber noch nicht unmittelbar für Verwertungszusammenhänge "aufbereitete" Humanpotenzial, wie auch das Sozialkapital, das eingesetzt werden muss, um das Humanpotenzial zur gesellschaftlichen Wirksamkeit gelangen zu lassen.

Vor allem in der amerikanischen Literatur wird inzwischen von der erforderlichen Investition in Sozialkapital gesprochen. Dieser Begriff ist zutreffend, sofern er metaphorisch gemeint ist, d.h. nicht unmittelbar auf Geld bezogen wird. Sinnvollerweise sollte mit dem Begriff vor allem die Vorstellung des Einsatzes sozialorganisatorischer Fähigkeiten verbunden werden, von denen bereits verschiedentlich die Rede war. Hiermit ist vor allem die Notwendigkeit gemeint, im Hinblick auf die gesellschaftliche Institutionenwelt zu Reformen zu gelangen. Es geht darum, gesellschaftliche Strukturen und institutionelle Ordnungen, die historischen Staub angesetzt haben, für die Herausforderungen das Wandels „fit" zu machen.

Bezeichnenderweise wird heute viel von den Menschen gesprochen, die fit zu machen seien. Dieser Vorstellung soll nicht widersprochen werden.

---

13 Auf die umfangreiche Literatur zum Begriff „Sozialkapital" kann hier nicht eingegangen werden. Eine kurze aber instruktive Übersicht über wesentliche Ausgangspositionen findet sich in Dörner/Vogt 1999. Die mit der wissenschaftlichen Verwendung des Begriffs verbundenen Theorieprobleme erörtert u.a. Habisch 1998

Kritisierenswert ist allerdings die Neigung, bei der erforderlichen Fitness nur – oder auch bevorzugt – an die Menschen zu denken, die Strukturen und institutionellen Ordnungen dagegen außer Betracht zu lassen. Beide Perspektiven sind wichtig und ergänzen sich gegenseitig. Im Hinblick auf die Menschen gibt es die fundamentale Aufgabe, sie für die Herausforderungen des Wandels fit zu machen, indem das „Gold" der Dispositionen, das sie in sich tragen, ans Licht gehoben, von Schlacken gereinigt und in eine „verkehrsfähige Form" gebracht wird. Auf der Seite der Strukturen bzw. Institutionen geht es darum, die hierzu erforderlichen Vorbedingungen zu schaffen, die bisher keinesfalls garantiert sind.

Verantwortungsrollen als grundlegendes Aktivierungserfordernis (Sozialkapital I)

Welche Leistungen muss ein Aktivierungskonzept erbringen?

Den weiteren Untersuchungen sollen einige Leitgesichtspunkte vorangestellt werden, die der Abklärung der Leistungen dienen, welche von einem Reformkonzept zu erwarten sind, das den bestehenden Problemen, aber auch den verfügbaren Möglichkeiten gerecht wird:

1. Inhaltlich gesehen sollte das Konzept die Frage beantworten, welche sozialorganisatorischen Wege eingeschlagen werden können, um Menschen auf eine real wirksame Weise in die Verantwortung zu stellen. Hierbei sollte es nicht um eine abstrakte, nur zugerechnete Verantwortung gehen, von der heute noch überwiegend die Rede ist, wenn der Verantwortungsbegriff ins Spiel kommt. Vielmehr sollte es sich um eine kontinuierlich im alltäglichen Handeln praktizierbare Verantwortung handeln, welche die Chance bietet, individuelle Dispositionen in konkreten Tätigkeiten „auszuagieren". Die Zielrichtung sollte sein, möglichst zahlreichen Menschen *Verantwortungsausübung im Lebens- und Tätigkeitsalltag zu ermöglichen*. Die heute so häufig strapazierten Begriffe des „enabling" und des „empowerment" sollten von hier aus mit Inhalt gefüllt werden.

2. Das Konzept sollte nicht auf utopischen Modellen einer Revolution der Systembedingungen aufbauen. Den ins Auge zu fassenden Veränderungsrahmen sollte ein Realismusprinzip abstecken, das die Umsetzbarkeit der Reform im Rahmen der geltenden Verfassung im Blick hat und das auf den legitimen Interessen der gesellschaftlich-politischen Kräfte aufbaut, mit denen zu rechnen ist. Systemänderungen – vor einigen Jahrzehnten handelte es sich bei diesem Wort noch um einen Schlachtruf von „Umstürzlern" – wird man zwar mit Sicherheit in Betracht zu ziehen haben. Es sollte sich aber um solche Systemänderungen handeln, die ohnehin „in der Luft liegen", die also auf dem Zukunftspfad des gesellschaftlichen Wandels aufzufinden sind und deren Beitrag zur Erhöhung der Zukunftsfähigkeit des Systems unter Inanspruchnahme von Evidenz demonstrierbar ist.

3. Der Reformansatz sollte nicht mit einem Zwang zur Verwendung unterschiedlicher Konzepte für verschiedene gesellschaftliche Wirklichkeitsbereiche verbunden sein. Er sollte vielmehr einen universellen, möglichst auf alle Wirklichkeitsbereiche anwendbaren Kerngehalt haben. Er sollte aber in sich selbst elastisch genug sein, um den speziellen Bedingungen in den verschiedenen Bereichen angepasst werden zu können, ohne hierbei an Substanz zu verlieren.

4. Der Reformansatz sollte eine höchstmögliche Effektivität (im Sinne von Wirksamkeit) garantieren, d.h. zur möglichst weitgehenden Nutzung des Humanpotenzials befähigen. Hierzu gehört die Bevorzugung von Konzepten, welche sowohl die Aktualisierung des vorhandenen Humanpotenzials, als auch die Förderung seiner weiteren Vermehrung garantieren. Der Reformansatz sollte nach diesen beiden Seiten hin wirksam sein.

5. Der Reformansatz sollte mit der Blickrichtung "von unten", d.h. von den real existierenden Menschen her entwickelbar sein. Er sollte sich diesbezüglich von der Mehrzahl bisheriger Reformen unterscheiden, die – willentlich oder unwillentlich – aus der Blickrichtung „von oben" konzipiert werden und deren reale Auswirkung auf die Menschen somit nicht vorhersehbar ist, auch wenn sie nominell auf „den Menschen" hinzielen. Der anthropozentrische (oder „subjektzentrierte") Charakter des anstehenden Veränderungsansatzes sollte sich dementsprechend nicht nur in einer entsprechenden Intention, sondern auch auf der Ebene der Konzepte, Programme und konkreten Vorgehensweisen niederschlagen. Dessen unge-

achtet sollte es der Veränderungsansatz erlauben, den Erfordernissen leistungsfähiger Strukturen und Institutionen unter Einbeziehung übergeordneter Gesichtspunkte Rechnung zu tragen. Der Ansatz sollte es gestatten, die natürliche Spannung zwischen diesen beiden Perspektiven auszugleichen.

Soziale Rollen: Treffpunkt von Mensch und Gesellschaft

Beim Rückblick auf die vorausgehenden Abschnitte dieses Buches mag auffallen, dass immer wieder von den sozialen Rollen der Menschen und ihren Problemen die Rede war.

Es hat dies damit zu tun, dass die sozialen Rollen, in denen sich die Menschen nahezu immer und überall bewegen, wenn sie „gesellschaftlich handeln", die entscheidenden Begegnungsfelder individueller Subjektivität und der von außen auf die Menschen zukommenden Forderungen, Ansprüche, Pflichten, Hemmungen und Einschränkungen und Regelungen, aber auch Bestätigungen, Freiheitschancen und Förderungen sind.[14] Alles was die Menschen an Regungen, Trieben, Bedürfnissen und Werten in sich tragen, muss in Rollengehalte eingegossen werden, wenn es gesellschaftlich real werden soll. Es gilt dies bereits für die Kinder im Elternhaus, denen in unterschiedlichen Kulturen – aber auch innerhalb ein und derselben Kultur in unterschiedlichen Sozialschichten - sehr verschiedenartige Kindschaftsrollen zugeschrieben werden, welche die Möglichkeiten ihrer Selbstentfaltung definieren. Es gilt dies für die Frauen, deren Emanzipationskampf während des 20. Jahrhunderts im wesentlichen ein Kampf um die Umdefinierung ihrer Sozialrolle war, zu der es herkömmlicherweise gehörte, dem Mann entsagungsvoll zur Seite zu stehen und in den „3 K" (Kinder, Küche, Kirche) aufzugehen. Es gilt dies für die älteren Menschen, denen immer noch eine Passivrolle aufgenötigt wird. Es gilt dies aber auch – mit unterschiedlichen Akzenten – für Mitarbeiter, Väter, Alte, Vorgesetzte, Parteimitglieder, Universitätsprofesso-

---

14 Diese nach zwei Seiten geöffnete Definition, die Aspekte der Sozialpsychologie aufnimmt, grenzt sich nachdrücklich von „soziologistischen" Definitionen ab, die in der sozialen Rolle einseitig Bündel normativer Erwartungen sehen wollen, die von außen auf den Menschen zukommen und ihn in vorgegebene Verhaltensmuster zwingen. Sie stimmt insoweit mit dem so genannten interaktionistischen Rollenkonzept überein. Vgl. Peukert 1995

ren, Studenten, Vereinsvorstände, Schiffskapitäne, Patienten, Krankenhausärzte, Versicherungsvertreter, Touristen, Mieter und Vermieter, ja selbst für Festival-, Kino- oder Theaterbesucher, oder für Verkehrsteilnehmer etc., soweit sie sich in ihrem Verhalten an vorformulierten sozialen Erwartungen orientieren. Überall wo Menschen „in Gesellschaft" handeln, stehen Rollen – gewissermaßen als soziale Kleider oder Anzüge – bereit, in die sie hineinschlüpfen müssen und die sie mehr oder weniger dauerhaft zu tragen haben, je nachdem wie dauerhaft die Situationen, Tätigkeiten und Sozialverhältnisse sind, um die es im einzelnen geht. Die soziale Rolle ist das Instrument, dessen sich die Gesellschaft immer und überall bedient, um das andernfalls chaotische und unberechenbare einzelmenschliche Verhalten berechenbar, prognostizierbar und überschaubar werden zu lassen. Der sozialen Rolle kommt somit derjenige universelle Charakter zu, den wir gerade eben als Vorbedingung für die Eignung eines Reformansatzes festgestellt hatten.

Der sozialen Rolle kommt bei alledem ein Doppelcharakter zu. Sie ist einerseits die eigentlich entscheidende auf die Menschen gerichtete Regulierungsinstanz, auf die sich unzählige offizielle Regelungen, Gesetze und Ordnungen beziehen, in die aber auch zahllose informelle soziale Normen eingehen. Gleichzeitig ist die soziale Rolle für die Menschen selbst aber auch der entscheidende Selbstverwirklichungszugang, den sie alltagspraktisch benutzen müssen, wenn es darum geht, das was sie „in sich tragen", zu gesellschaftlicher Realität und damit auch zum gesicherten individuellen Besitz werden zu lassen. Was hier „durch die Roste fällt", geht tendenziell auch für die Menschen selbst verloren; oder es wird zu einer mehr oder weniger verschatteten und verschwiegenen, im Zweifelsfall verdrängten und ins Unterbewusste absinkenden „Unterwelt" der individuellen Psyche, deren Besitz sich der einzelne kaum mehr sicher sein kann – es sei denn, er findet Möglichkeiten zur Selbststabilisierung in sozialen Nischen mit abweichenden Rollenangeboten, oder im Grenzfall auch in einsamen Praktiken angestrengten individuellen Selbsttrainings. Soziale Rollen sind von daher gesehen der alltägliche Austragungsort der individuellen Wertorientierungen, an dem über die Aktualisierung von Humanpotenzial entschieden wird. Je nachdem wie die Rollen beschaffen sind, die den Menschen zugänglich sind, oder denen diese sich zu stellen und auszuliefern haben, können sie ihre Selbstentfaltungsfähigkeiten und -neigungen „ausagieren" oder nicht. In den sozialen Rollen begegnen sich somit, wie in den vorstehenden Leitgesichtspunkten gefordert, die Blickrichtungen „von unten" und „von oben". Indem man Menschen in die Verantwortung stellt, praktiziert man ein „enabling" und „empowerment". Gleichzeitig vollzieht sich dann aber auch ein entscheidender Akt der Sozialisation der Menschen, d.h. ihrer Einordnung in die Gesellschaft!

Ein Ansatz bei der sozialen Rolle legt sich aber auch vom Machbarkeitsgesichtspunkt her nahe, handelt es sich bei ihr doch um ein Mikroelement des sozialen Gesamtgefüges, dessen Wandel dieses selbst nicht infrage stellt. Vielmehr ist der sozialen Rolle ebenso eine Resistenz gegen Gefügeänderungen zuzuschreiben ist, wie dem Gesamtgefüge gegen Änderungen von Rollendefinitionen.

Weiter kann einem Reformansatz bei den sozialen Rollen aber auch die in den Leitgesichtspunkten geforderte doppelte Effektivität zugeschrieben werden, die sich aus der Eignung für die Aktualisierung, wie auch für die Vermehrung von Humanpotenzial ableitet. Genau genommen findet sich bei den sozialen Rollen die einzig denkbare Möglichkeit hierzu. Soziale Rollen können gegebenenfalls auf die Menschen wie Stabilisatoren und Verstärker wirken, die sie befähigen, in den Werten angelegte Selbstentfaltungsfähigkeiten und -bereitschaften „auszuagieren". Wo soziale Rollen solche Fähigkeiten und Bereitschaften zwingend fordern, können sie ggf. aber gleichzeitig auch als Treiber entsprechender Wertorientierungen wirken. Da die Werteformierung hierbei von der Verhaltensebene her erzielt wird, handelt es sich bei dem entstehenden Humanpotenzial sogar um ein schon weitgehend realisiertes Potenzial, dem dann weitere Entwicklungschancen zuwachsen können.

Merkmale von Verantwortungsrollen

Insgesamt kann somit kein Zweifel daran bestehen, dass die sozialen Rollen einen optimal geeigneten Ansatzpunkt für eine Reformstrategie zur Aktualisierung des Humanpotenzials und damit zur Mobilisierung der „Ressource Mensch" anbieten. Dementsprechend muss die Gestaltung sozialer Rollen viel stärker als bisher in den Mittelpunkt gesellschaftlicher Reformüberlegungen gerückt werden. Das allgemeine Leitbild der Rollengestaltung soll durch den Begriff „Verantwortungsrolle" markiert werden. Es soll sich hierbei – der oben genannten Vorgabe entsprechend – um Rollen handeln, die es erlauben, Menschen auf eine konkrete, im Alltag wirksame Weise in die Verantwortung zu stellen.

Hinsichtlich der Merkmale von Rollen, die diese Leistung erbringen, lässt sich auf verschiedenartige Erfahrungen zurückgreifen. Es gibt in zahlreichen Wissenschaftsbereichen einschlägige Erkenntnisse, die sich fruchtbringend verwerten lassen. Typischerweise finden sich diese Erkenntnisse allerdings sehr verstreut und unter höchst verschiedenartigen Zuordnungstiteln, wie z.B. Werte(wandels)forschung, Lebensstilforschung, Biographieforschung, Glücksforschung, Arbeitswissenschaft und -forschung, Motivationspsychologie, Management, Personalmanagement, Organisationslehre, industrielle Arbeitslehre, Allgemeine Sozialpsychologie, Industrie- und Betriebspsychologie, Industrie- und Betriebssoziologie, Führungsforschung und -lehre etc. Es erscheint äußerst wichtig, die „membra disjecta" eines einschlägigen Gesamtwissens, die sich in diesen teils nachdrücklich gegeneinander abgeschotteten Wissensbereichen finden, zusammenzuführen. Hierbei muss das Ziel sein, eine übergreifende Gestaltungslehre mit anthropozentrischer Orientierung zu entwickeln

Diese Aufgabe kann an dieser Stelle nur skizzenhaft, stichwortartig und vorläufig in Angriff genommen werden. Als Einstieg wird nachfolgend eine kurz kommentierte Liste von vierzehn primär wichtigen Merkmalen von Verantwortungsrollen angeboten:

1. *Spielraum für selbständiges und eigenverantwortliches Handeln und Entscheiden:* Es handelt sich hier um eine grundlegende Bedingung für das Vorhandensein von Verantwortungsrollen, wobei die Betonung auf „Spielraum" liegt. Tätigkeiten, die eine Grundlage für die Wahrnehmung von Verantwortungsrollen bieten sollen, müssen – im Sinne des so genannten „job enrichment" der Arbeitsgestaltung[15] – so zugeschnitten und gestaltet sein, dass die Menschen, die sie ausüben, über Chancen zur Entwicklung eigener Initiativen, zur Einbringung eigener Ideen, wie auch über Wahlmöglichkeiten bei der Einschlagung von Lösungswegen zur Bewältigung von Aufgaben, bei der Wahl von Mitteln, bei der Entscheidung über die Reihenfolge von Tätigkeitsschritten verfügen, die ihnen eigenverantwortliches Entscheiden ermöglichen. Sie müssen sich, mit

---

15 Vgl. zu weiterführenden Erläuterungen zur „Arbeitsgestaltung" z.B. v.Rosenstiel 1992: 72 ff.

anderen Worten, als *Subjekt des eigenen Handelns* erleben können. Bei einem gegen die Vorherrschaft überkommener „tayloristischer" Organisationsprinzipien gerichteten Institutionenumbau wird man normalerweise intensiv von der Möglichkeit einer Delegation von Verantwortung Gebrauch zu machen haben, um von der üblichen Verknappung von Verantwortungschancen durch ihre exklusive Zuteilung an privilegierte „Verantwortungsträger" wegzukommen.

2. *Chance zur Entfaltung intrinsischer Motivation*: Von einer Verantwortungsrolle wird man nur sprechen können, wenn Tätigkeiten, die um einer Aufgabenerfüllung willen ausgeübt werden, von den Menschen als attraktiv empfunden werden können. Die Rolle muss so gestaltet sein, dass ihre Ausübung „Spaß" macht. Sie muss, mit anderen Worten, ihre entscheidenden Belohnungen in sich selbst tragen, indem sie die Motivation zu ihrer Ausübung und Fortsetzung aus sich selbst erzeugt (= intrinsische Motivation). Für möglichst zahlreiche Menschen sollte die Chance bestehen, bei der Ausübung von Tätigkeiten mit der Vereinigung von „Konzentration, Aufmerksamkeit, Aktivität, Stärke, Kreativität, Freiheit und Offenheit" dasjenige „Bündel von Erfahrungsdimensionen" zu realisieren, das „Flow"-Erlebnisse ermöglicht (Csikszentmihalyi 1991: 382).

Damit dies erreicht wird, muss das Anforderungsprofil der Rolle die Kräfte und Fähigkeiten der Menschen dort herausfordern, wo sie ihre Stärkefelder haben oder vermuten. Die Menschen dürfen weder unterfordert noch überfordert werden, weil ihnen dadurch die Chance genommen wird, in der Rollenausübung das Gefühl der Situations- und Sachbeherrschung zu entwickeln, das für die Entwicklung der intrinsischen Motivation und des Flow-Erlebnisses unverzichtbar ist.

3. *Chance, etwas subjektiv Sinnvolles zu tun*: Das Bedürfnis nach sinnvoller Tätigkeit ist bei der Mehrzahl der Menschen im Anwachsen. „Sinn" kann dabei entweder – sehr weit ausgreifend – z.B. die gesellschaftliche oder politische Bedeutung der Tätigkeit meinen, oder auch nur die Bedeutung, die der Tätigkeit im jeweiligen Interaktionszusammenhang zugemessen wird. Die Spanne zwischen diesen beiden Möglichkeiten ist offensichtlich sehr groß. Man wird davon auszugehen haben, dass das letztere Sinnbedürfnis heute überall vorhanden ist, das erstere dagegen nicht unbedingt. Mit anderen Worten können auch die Beschäftigten eines Unternehmens, das Seifenpulver oder Klosettpapier herstellt, mit ih-

rer Tätigkeit ein Sinnerlebnis verbinden, wenn sie subjektiv das Gefühl haben, dass ihr Tätigkeitsergebnis „gebraucht" wird, also einen Wert hat. Eine weitere Bedeutungsdimension von „Sinn" hat mit dem Tätigkeitserfolg zu tun. Wer das Gefühl hat, nicht zum Ziel zu kommen, weil ihm die nötigen Kenntnisse oder Hilfsmittel fehlen, entwickelt das Gefühl, das alles keinen Sinn hat. Es ist also eine wichtige Voraussetzung für das Entstehen von Verantwortungsrollen, dass die Menschen eine ausreichende Sicherheit haben, ihr Handlungsziel erreichen zu können.[16]

Natürlich gehört zu den elementaren Bedingungen eines Sinnerlebnisses an allererster Stelle, dass überhaupt ein Handlungsziel vorhanden ist. Wer ziellos ist, kann nicht eigenverantwortlich handeln und infolge dessen auch kein mit dem Handeln verbundenes Sinnerlebnis haben.

4. *Ergebnisorientierung*: Dieses Kriterium spielt über all da eine Rolle, wo davon gesprochen wird, dass die Menschen heute mehr als früher eine projektförmige und kurzfristige Tätigkeit wünschen und dass sie sich –in der Politik, im Ehrenamt, oder bei der Arbeit – in erster Linie da engagieren, wo diese beiden Bedingungen erfüllt sind. Es knüpft sich daran häufig das Bedenken, die langfristige und kontinuierliche Belastbarkeit der Menschen nehme in fortlaufenden Leistungszusammenhängen ab, wodurch das Sozialsystem einen Produktivitätsverlust erleiden könnte. Es muss angesichts dessen betont werden, dass das Merkmal der Ergebnisorientierung mit den Begriffen „Projektförmigkeit" und „Kurzfristigkeit" nur teilweise getroffen wird. Primär geht es darum, dass Menschen, die nach Möglichkeiten zum selbständigen und eigenverantwortlichen Handeln und Entscheiden suchen und die hiermit ein „Sinn"-Bedürfnis verbinden, notwendigerweise eine Chance benötigen, sich an den Ergebnissen eigenen Handelns zu orientieren, um hieraus Erfolgsfeststellungen und Selbstverbesserungsziele ableiten zu können. Letztlich ist Eigenverantwortung ohne eine solche Chance nicht denkbar. Diese ist auch entscheidende Voraussetzung für Verantwortungszuschreibung und Selbstkontrolle. (Vgl. hierzu die nachfolgenden Merkmale) Projektförmig und kurzfristig angelegte Tätigkeiten kommen diesem Erfordernis zwar unmittelbar entgegen. Es lassen sich aber auch auf Dauer angelegte Tätigkeiten, aus denen die einschlägigen Erkenntnisse der Motivationspsycho-

---

16 Vgl. hierzu die „Instrumentalitäts-Erwartungs-Theorien" der Motivationsforschung

logie sogar in erster Linie gewonnen wurden, ohne weiteres so organisieren, dass diesem Erfordernis Rechnung getragen wird.

5. *Formelle Verantwortungszuschreibung*: Man könnte meinen, dieses Merkmal sei bereits im Merkmal 1. enthalten und könne z.b. durch Delegationslösungen und Tätigkeitsweiterungen nach dem Modell des job enrichment erledigt werden. Wie die soziologische Berufsforschung herausgefunden hat, gibt es aber in zahlreichen Tätigkeitsbereichen starke Diskrepanzen zwischen der „faktisch abgeforderten materialen Problemlösungskompetenz" und der „formalen Verantwortung", die überwiegend mit dem beruflichen Status gekoppelt ist. So muss „ein Wach- und Streifenpolizist außerordentlich komplexe, vielfältige und wenig standardisierbare Krisenbewältigung permanent betreiben, von deren Erfolg außerordentlich viel abhängt, während der in der formalen Polizeiorganisation Höherrangige es weitgehend nur noch mit eher eindimensionaler formaler Rationalität von Verwaltungsabläufen zu tun hat." (Oevermann 2000: 63) Man kann folgern, dass Erweiterungen des Spielraums für selbständiges und eigenverantwortliches Handeln und Entscheiden (vgl. Merkmal 1.), die nicht von einer angemessenen Ausweitung der formellen Verantwortungszuschreibung begleitet werden, sehr leicht zur Verschärfung bestehender Diskrepanzen zwischen Tätigkeitscharakter und Status führen können. Angesichts der gegenwärtig noch weithin gehandhabten Trennung von hierarchisch übergeordneten „Verantwortungsträgern" und „Untergebenen", denen nur eine eingeschränkte formelle Verantwortung für ihre Tätigkeitsausübung zugestanden wird, handelt es sich hierbei um ein Problem von allgemeinerer Bedeutung. Es muss angesichts dessen betont werden, dass *Verantwortung* an erster Stelle die Chance und Verpflichtung bedeutet, sich das Ergebnis einer Tätigkeit selbst zuzurechnen und für dessen Qualität, Sachangemessenheit, Rechtzeitigkeit etc. persönlich einzustehen.[17] Es ist daher erforderlich, dem

---

17 Der hier zugrunde gelegte Verantwortungsbegriff begegnet sich insoweit mit dem traditionellen philosophischen Begriffsverständnis, demzufolge Verantwortung bedeutet, „dass ein handelndes Subjekt für die Ergebnisse und Folgen seines Handelns einstehen oder eintreten muss." (Lenk 1992; vgl. auch Koch 2001: 13) Im Zusammenhang der Frage nach den Bedingungen der Potenzialaktivierung ist jedoch von ausschlaggebender Bedeutung, dass Menschen nicht erst nachträglich „zur Verantwortung gezogen" werden, wie dies heute noch weitgehend üblich ist. Vielmehr muss die Chance bestehen, sich Verantwortung von vornherein zuzuschreiben. Nur unter dieser Bedingung der antizipativen Selbstzuschreibung

Verhältnis von faktischer und formell geregelter Verantwortung grundsätzlich große Aufmerksamkeit zu widmen und für eine möglichst weitgehende Ausgewogenheit der beiden Seiten Sorge zu tragen. Es ist auch darauf zu achten, die hier einsetzenden Reformen angemessen in Satzungen, Geschäftsordnungen, Dienstordnungen etc. zur Geltung zu bringen und zu verankern.

6. *Chance zur Selbstkontrolle*: Kontrolle ist aus einer Verantwortungsrolle nicht wegzudenken. Allerdings zeichnen sich Verantwortungsrollen durch eine sehr weitgehende Ersetzung von Fremdkontrolle durch Selbstkontrolle aus. Diese sollte so gestaltet sein, dass die Menschen im richtigen Augenblick Rückmeldungen „(feedbacks") über ihre Tätigkeitserfolge erhalten, um gegebenenfalls Selbstkorrekturen mit dem Ziel einer Verbesserung von Tätigkeitsplanungen, -konzepten und -ergebnissen, wie auch ggf. mit dem weiterführenden Ziel einer fortwährenden Anhebung der eigenen Güte- und Erfolgsmaßstäbe vorzunehmen. Eine so verstandene Selbstkontrolle schließt eine Fremdkontrolle nicht aus, begrenzt deren Zu- und Eingriffsmöglichkeit jedoch sehr eindeutig.

7. *Angemessene Qualifizierung*: Dieses Merkmal, das schon immer wichtig war, erhält in Anbetracht einer zunehmenden gesellschaftlichen Bedeutung der Eigenverantwortung ein erhöhtes Gewicht. Unter der Rahmenbedingung eines häufigeren Wechsels der Tätigkeitsumfelder und Tätigkeiten wird „lebenslanges Lernen" zu einer entscheidenden persönlichen Erfolgs-, ja Überlebensbedingung. Es wird unter dieser Rahmenbedingung zunehmend rational, Zeit, Energie und Geld in eine abschnittsweise in den individuellen Lebensverlauf eingelagerte tätigkeitsbezogene Qualifizierung zu investieren. Allerdings erfordert die Förderung der Bereitschaft und Fähigkeit zu selbständigem Handeln und Entscheiden eine darüber hinausreichende, die Perspektive der längerfristigen Potenzialentwicklung und -nutzung einbeziehende Qualifizierungsstrategie. In der privaten Wirtschaft und im öffentlichen Beschäftigungssektor finden sich heute bereits Konzepte der Personalentwicklung, die diesen Gesichtspunkt systematisch einbeziehen.

---

von Handlungsergebnissen können in einem ausreichenden Maße auf die eigene Person bezogene Erfolgserwartungen aufgebaut werden, die für die Entstehung von „Leistungsmotivation" erforderlich sind. Vgl. Heckhausen 1989: 387 ff; Lenk 1983: 25 ff.

8. *Verfügung über die erforderlichen Mittel und Bedingungen:* Es gehört zur Verantwortungsrolle wie zu jeder ordentlich organisierten Rolle hinzu, dass die Menschen über die für ihre Ausübung erforderlichen Mittel verfügen. Hierzu rechnen neben den Sachmitteln auch organisatorische Mittel, d.h. die erforderlichen Verknüpfungen mit anderen Rollen, die Erbringung managerieller Vorleistungen und vieles andere mehr. Ähnlich wie bei anderen Merkmalen geht es auch hier um Fragen der Gewährleistung flankierender Bedingungen von Freiheitsspielräumen, ohne welche diese abstrakt und hinfällig wären.

Der Radius der Dinge, die hier in Betracht kommen, wird erkennbar, wenn man einbezieht, was an früherer Stelle über „Gelegenheiten", „Chancenstrukturen", „soziokulturelle Realisierungsmöglichkeiten" und Bedingungen „situativer Ermöglichung" gesagt wurde. Es sei an den maßgeblichen Einfluss fehlender Möglichkeiten zur Entlastung berufstätiger verheirateter Frauen auf die Geburtenrate erinnert, um deutlich zu machen, welche Bedeutungsgewichte hier im Spiel sind. Die Stichworte Kinderkrippe, Ganztags-Kindergarten und Ganztagsschule sollen für den Augenblick genügen, um exemplarisch die weit ausgreifenden, u.U. weit jenseits der eigentlichen Rollenausübung verorteten Gestaltungsansätze zu markieren, die in Betracht zu ziehen sind.

9. *Flexibilität des Zeitrahmens:* Die Chance zu eigenständigem und eigenverantwortlichem Handeln und Entscheiden ist in einem erheblichen Maße davon abhängig, ob es gelingt, den Menschen einen größeren Spielraum für die Praktizierung von „Zeitsouveränität" zu eröffnen. Gegenwärtig existiert in der Mehrzahl der gesellschaftlichen Interaktionszusammenhänge noch ein starres Zeitregime, das seine Berechtigung nicht aus funktionalen Erfordernissen, sondern aus Disziplinierungskonzepten ableitet, die auf das Nachwirken älterer Menschen-, Mitarbeiter- und Mitgliederbilder schließen lassen. Konzepte wie die Gleitzeit haben hier Auflockerungen gebracht. Experimente mit Zeitkonten, wie auch mit frei variierbaren bzw. im Team vereinbaren Arbeitszeiten zeigen aber, welche Entwicklungsspielräume hier noch existieren. Charakteristischerweise lassen diese Experimente ebenso wie alle anderen Experimente mit Elementen von Verantwortungsrollen erkennen, dass die Gewährung von Freiheit nicht mit Produktivitätsverlusten, sondern vielmehr mit Produktivitätsgewinnen einhergeht.

10. *Chance zur Beteiligung an der Festlegung von Tätigkeitszielen*: Bei der Ausübung von Verantwortungsrollen wird es sich in der Regel nicht um solitäre Tätigkeiten handeln, sondern um Tätigkeiten, die in einem sozialen Interaktionszusammenhang, also in Gruppen oder in Organisationen stattfinden. Dementsprechend wäre es unrealistisch, eine uneingeschränkte Verfügung der Menschen über ihre Tätigkeitsziele zu fordern. Die sich gegenwärtig in der Arbeitswelt entwickelnde Praxis eines Kontraktmanagements mit Zielvereinbarung zeigt jedoch an, wie viel in dieser Richtung selbst in strikt an Letztzielen der Gewinnmaximierung oder des „hoheitlichen" Gesetzesvollzugs orientierten Organisationen möglich ist. Wichtig ist allerdings, dass es sich bei Zielvereinbarungen – mit Reinhard K. Sprenger gesagt – nicht um „semantisch weichgespülte Zahlendiktate" mit „Strafandrohungen" für den Fall von Zielverfehlungen handelt (Sprenger 2000: 148 f.). Man wird Sprenger zustimmen können, wenn er feststellt, für die Entfesselung schlafender individueller Potenziale durch Zielvereinbarungen seien die Eigenaktivität und -entscheidung der Menschen und das Vertrauen, das ihnen dabei gewährt wird, von entscheidender Bedeutung.[18]

11. *Unterstützung*: In der Managementlehre der privaten Wirtschaft und des öffentlichen Sektors hat ein tiefgreifendes Umdenken hinsichtlich der Funktionen und Dysfunktionen von Vorgesetzten eingesetzt. Man hat entdeckt, dass der Gesamtnutzen eines Vorgesetzten im negativen Bereich liegen kann, falls er sich – wenn auch ungewollt und unbewusst – als „Motivationskiller" betätigt. Dies ist weit häufiger der Fall ist als man gemeinhin annimmt, wie empirische Studien zeigen (Klages/Gensicke 1999: 195 ff.). Die Theorie und Praxis der „Geschäftsprozessoptimierung" hat überdies die Einsicht erbracht, dass die nach „tayloristischen" Prinzipien gestaltete Organisation ein disfunktionales Übermaß an Kontrollen, Genehmigungsvorbehalten, hierarchisch geregelten Zeichnungsberechtigungen etc. aufweist, das nur historisch, durch den Rückverweis auf ältere Menschen-, Mitarbeiter- und Mitgliederbilder, erklärbar ist. Man weiß heute, dass beim Übergang zu der durch das Organisationsprinzip „Eigenverantwortung durch Delegation" ermöglichten „flachen

---

18 vgl. zu einer höchst aufschlussreichen Erörterung der Erfolgsbedingungen des Kontraktmanagements aus der Perspektive der Neuen Institutionenökonomik Osner 2001: 201 ff.

Hierarchie", d.h. durch Streichung ganzer Ebenen von Vorgesetztenpositionen, viel Geld eingespart und zusätzlicher Anreiz in den Kernbereichen der Wertschöpfung erzeugt werden kann. Das bedeutet aber nicht, dass da, wo auch die „einfachen" Menschen Verantwortungsrollen wahrnehmen, Führungskräfte überflüssig werden. Vielmehr unterliegen diese einem Funktionswandel, der auf die Sicherung der Rahmenbedingungen der Tätigkeiten, auf das Management und auf unterstützende Funktionen zielt. (Vgl. hierzu auch die nachfolgende ausführlichere Beschäftigung mit der Führungsthematik)

12. *Chance zum jederzeitigen Wiederaustritt, zur „Untreue"*: Der herkömmlichen Organisationslogik entspricht es, die größtmögliche Stabilität eines Mitglieder-, Nutzer-, Wähler- und Mitarbeiter-Stamms aus den verschiedensten Gründen für wünschenswert zu erachten. Von dieser Regel wird allerdings, wie wir gesehen haben, vor allem in der Wirtschaft unter dem Druck von Flexibilitätserfordernissen zunehmend abgewichen. Mitarbeiter/-innen werden zunehmend als auswechselbare Ressourcen betrachtet, auf die man bei Bedarf zurückgreift und die man reduziert, wenn die Marktlage dies erfordert. Besteht das flexible Unternehmen in dieser Situation gegenüber seinen Mitarbeiter/-innen auf Firmentreue, dann ergibt sich das Problem einer mit Benachteiligungen verbundenen doppelten Moral, die sozialethisch nicht vertretbar ist. Den Menschen muss die Wahrnehmung persönlicher Flexibilitätsinteressen zugestanden werden, wenn man mit gleichen Maßstäben messen will. Allgemeiner ausgedrückt müssen es Organisationen in Zukunft ihren Nutzern, Mitgliedern, Wählern und Mitarbeiter/-innen zugestehen, aufgrund eigener Entscheidung ein- und auszutreten, um individuellen Optimierungsgesichtspunkten Rechnung tragen zu können. Der aktiv und selbstverantwortlich handelnde flexible Mensch muss die Chance zur „Untreue" gegenüber Organisationen und zum Eingehen von Verpflichtungen auf Zeit haben, ohne dass ihm hieraus die heute noch üblichen Nachteile erwachsen (Wer ohne zwingenden Grund häufig die Firma wechselt, wird heute meist noch kritisch beäugt).

Dies wird auch außerhalb der Arbeitswelt zunehmend zu einem zwingenden Erfordernis, wie ein Blick auf das freiwillige Engagement zeigt. Dieses wird, neueren Erkenntnisse zufolge, überwiegend diskontinuierlich ausgeübt, ohne dass bisher ausreichende Vorkehrungen für eine Wiedergewinnung von Aussteigern getroffen wären (Klages 2000a: 132 ff.). Darüber hinaus ist die Frage naheliegend, inwieweit z.B. die politischen Parteien, die Gewerkschaften, und die Kirchen, oder auch traditionelle studentische Vereinigungen heute bereits auf den Trend zur Mitgliedschaftsmobilität vorbereit sind. Die Antwort wird negativ ausfallen. Die „treuen" Mitglieder werden meist noch als die eigentlich wünschenswerten Mitglieder angesehen, auch wenn über die Frage, wie ihnen Verantwortungsrollen angeboten werden können, die ihre Aktivitätsbedürfnisse und -interessen befriedigen, nicht viele Gedanken verloren werden.

13. *Chance zu kooperativem Verhalten:* Soziale Rollen sind wie schon gesagt meist keine Solitärrollen. Sie definieren grundsätzlich ein soziales Verhalten, das sich in der Mehrzahl der Fälle in Interaktionszusammenhängen abspielt. So sind Rollen in Arbeitsorganisationen gewöhnlich aus der Aufgliederung komplexerer Aufgaben abgeleitet, die arbeitsteilig mehreren Personen übertragen werden. Dementsprechend enthalten Stellenbeschreibungen, wie sie in solchen Organisationen üblich sind, in der Regel mehr oder weniger genaue Angaben darüber, mit wem auf welche Weise zusammenzuarbeiten ist. Für die Behandlung von Zusammenarbeitsproblemen werden spezielle Lösungsmechanismen bereitgehalten, die gegebenenfalls bis zur Inanspruchnahme des Gerichtswesens reichen. Häufig finden sich in Geschäftsordnungen und Dienstanweisungen Vorgaben bezüglich des angestrebten Stils der Zusammenarbeit. Dass sich das Zusammenwirken unter Einhaltung von Grundsätzen des reibungslosen Umgangs vollzieht, wird aber im allgemeinen vorausgesetzt. Man verlässt sich darauf, dass die Rolleninhaber eine soziale Kompetenz einbringen, die sie befähigen, beim Vollzug der zahlreichen Kontakte, welche das alltägliche Zusammenwirken mit sich bringt, auf eine zielführende und möglichst konfliktfreie Weise zu kooperieren. Man kann hierbei auf die gesellige Grundveranlagung der Menschen, wie auch auf sozialisierende Lernprozesse bauen, die diese normalerweise in vorgelagerten Lebenszusammenhängen (Familie, peergroup, Nachbarschaft, Schule, Sportverein etc.) durchlaufen haben.

Solche Grundvoraussetzungen eines kooperativen Verhaltens sind natürlich auch da mitzudenken, wo es um die Kennzeichnung der Merkmale von Verantwortungsrollen geht. Es kommt hier aber die zusätzliche Forderung hinzu, der spontanen Bereitschaft und Neigung der Menschen zu persönlich gelagerter Kommunikation und Kooperation keine Hindernisse in den Weg zu legen, d.h. ein diesbezügliches „Dürfen" institutionell zu verankern. Dies hat ausdrücklich auch für die Neigung der Menschen zur gruppenhaften Verfestigungen von Kommunikationszusammenhängen zu gelten, die sich mit informellen kooperativen Unterstützungen und Hilfeleistungen und ggf. auch mit der eigenständigen Umdefinition von Tätigkeiten verbinden können. Es ist notwendig, dies zu betonen, weil sich heute noch in einer Vielzahl von Organisationen eine Neigung zur minutiösen Vorwegplanung menschlichen Verhaltens „von oben" und zum Beharren auf der buchstabengetreuen Einhaltung von Vorgaben findet, die sich mit einer strikten Betonung vorgegebener Zuständigkeiten verbindet. Zusätzlich ist die Regelungssucht vieler Vorgesetzter und die Inanspruchnahme eines bis ins Detail gehenden Direktionsrechts bezüglich der Tätigkeiten von „Untergebenen" in Rechnung zu stellen. Umgekehrt wird man unter kooperationsfreundlichen institutionellen Bedingungen bei der Formulierung von Vorgaben für individuelle Rollen eher zurückhaltend vorgehen, zum Beispiel also Stellenbeschreibungen auf Minimalerfordernisse beschränken. Man wird die Entstehung gruppenförmiger Interaktionszusammenhänge eher ermutigen als verhindern. Man wird aber auch die spontane Umdefinition von Tätigkeitsrollen „von unten" nicht als Verstoß gegen Vorschriften ahnden, sondern mit „weichen" Mitteln unter Kontrolle halten. Zuständige Führungskräfte werden sich als Förderer und „befähigende" Supervisoren und nicht als Verhinderer kooperativen Verhaltens verstehen und betätigen. (Vgl. dazu auch die nachfolgenden Ausführungen zur aktivierenden Führung)

14. *Chance zur sozialethischen Reflexion eigenen Verhaltens:* Bis hierhin ging es eher um individuelle Chancen als um Pflichten, deren Übernahme traditioneller Weise gern mit Verantwortung zusammengedacht wird. Diese veränderte Schwerpunktbildung bei der Definition der Merkmale von Verantwortungsrollen mag auf den ersten Blick überraschen. Sie legt sich jedoch angesichts des Ausgangspunkts bei der Diagnose verschwendeten Humanpotenzials zwingend nahe. Es geht auf diesem Hintergrund vorrangig um die Erschließung erweiterter Möglichkeiten, Menschen alltäglich in die Verantwortung zu stellen, um ihnen das „Ausagieren" ihrer Grundbereitschaften zu ermöglichen. Dies bedeutet aber nicht, dass individueller Willkür Tür und Tor geöffnet wird. Auch Ver-

antwortungsrollen konstituieren sich in der Bündelung gesellschaftlicher Erwartungen, die von außen und oben kommen. Nur so können sie der oben formulierten Grundbedingung gerecht werden, die natürliche Spannung zwischen der Person und der Gesellschaft zum Ausgleich zu bringen. Der Freiheitsraum, den sie dem Einzelnen öffnen, ist unvermeidlich in Gemeinschaftszwecke eingebettet, die ihrer eigenen Logik folgen. Dieser Grundsachverhalt sollte vor den Menschen nicht illusionistisch versteckt werden. Vielmehr sollten ihnen die Rahmenbedingungen und Ordnungssachverhalte, die auch Verantwortungsrollen zugrunde liegen, klar vor Augen stehen. Die Menschen sollten in die Lage versetzt werden, sich diese Grundsachverhalte anzueignen und sie zu verinnerlichen. Der im Angebot von Verantwortungsrollen zum Ausdruck kommenden „Institutionenethik" (Homann 1994; Böhr 1994: 108ff.) sollte auf der Ebene der Rollenübernahme und -ausübung eine Individualethik entsprechen, welche Antworten auf die Frage einschließt, für wen und in welchem Sinne Verantwortung auszuüben ist. Mit anderen Worten sollte sich mit der Wahrnehmung von Verantwortungsrollen die Chance zur Entwicklung eines Bewusstseins verbinden, in welchem die notwendige Abstimmung zwischen den persönlichen Motivlagen und überindividuellen Zwecksetzungen zum Thema werden kann. Dieses Bewusstsein sollte seine Entstehung aber keiner Indoktrination verdanken, sondern vielmehr einem Reflexionsangebot, das um die Pole der Freiheit des Einzelnen und der von der Gesellschaft ausgehenden Solidaritätsansprüche gruppiert ist. Den rechtlichen Aspekten sollte hierbei angemessen Rechnung tragen werden Den natürlichen Ort der Vermittlung eines solchen Bewusstseins wird man z.B. in der Schule zu suchen haben. Es würde aber für alle Beteiligten nützlich sein, entsprechende Grundsätze in die einzelnen Rollentexte einzubeziehen und sie z.B. auch zum Gegenstand von Zielvereinbarungen (vgl. oben) werden zu lassen.

Exemplarische Umsetzungsperspektiven: Verantwortungsrollen in der Erwerbsarbeit, im freiwilligen Engagement und in der Schule

Wie wir sagten, verbindet sich der Reformansatz bei der Verantwortungsrolle keinesfalls mit dem Zwang zur Verwendung spezieller Konzepte für verschiedene gesellschaftliche Wirklichkeitsbereiche. Er besitzt vielmehr einen universellen, auf alle Wirklichkeitsbereiche anwendbaren Kerngehalt. Wir fügten allerdings hinzu, dass dieser Reformansatz in sich selbst elastisch genug ist, um den Bedingungen in verschiedenen Wirklichkeitsbereichen angepasst werden zu können, ohne dabei an Substanz zu verlieren.

Die Umsetzung des Prinzips Verantwortungsrolle auf alle gesellschaftlichen Lebens- und Handlungsbereiche kann hier nicht umfassend behandelt werden, weil das den Rahmen dieses Buches sprengen würde. Mit Blick auf einige ausgewählte Bereiche sind jedoch Präzisierungen von Nutzen, um den Weg zu markieren, der bei der Umsetzung eingeschlagen werden muss. Im Folgenden werden anhand von drei Beispielen Richtungsschilder zur Orientierung aufgestellt.

Umsetzungsperspektiven 1: Spielraum für eigenständiges und eigenverantwortliches Verhalten

Vergleicht man die Handlungsbereiche Erwerbsarbeit, freiwilliges Engagement und Schule und wendet man sich dem ersten Merkmal „Spielraum für selbständiges und eigenverantwortliches Handeln und Entscheiden" zu, dann wird man bei der Erwerbsarbeit ohne weiteres an Delegationslösungen denken können, wie sie dem modernen Organisator zumindest als Möglichkeiten vertraut sind. Auch mit den Stichworten „Arbeitsgestaltung" und „Organisationsentwicklung" lassen sich vielfältige Gestaltungsansätze markieren, die sich in der Erwerbsarbeit zumindest in Experimentierstadien auffinden lassen. Im Bereich des freiwilligen Engagements fehlen entsprechende Organisationsvorstellungen noch weitgehend, was auf eine der typischen Schwachstellen dieses Bereichs hinweist. Insbesondere ist hier das Verhältnis zwischen den Hauptamtlichen und den freiwilligen Helfern, die oft noch als „Laien", d.h. als unqualifiziert zuarbeitende Hilfskräfte behandelt werden, noch völlig ungeklärt. Man wird hier eine nachdrückliche Rollenumschreibung vorzunehmen haben, um freiwillig Engagierte ernsthaft in die Verantwortung stellen zu können. Man wird aber auch die bisher meist noch sehr rigiden Trennlinien zwischen „verantwortlichen" Funktionären und „einfachen" Mitgliedern in Verbänden, Parteien und Vereinen relativieren müssen. Auch hier geht es um eine Rollenumschreibung. Man wird sich hierzu allerhand einfallen lassen und u.a. auch manche Satzungsteile neu formulieren müssen. Die Entwicklung von Modellsatzungen erscheint dringlich.

Am schwierigsten erscheint die Umsetzung des ersten Merkmals in der Schule, vor allem dann, wenn man sich fragt, wie eine Umschreibung der Schülerrolle in eine Verantwortungsrolle zu erreichen ist. Man kann sich jedoch einer Lösung unter Rückgriff auf diejenigen Ansätze zu einem „selbstregulierten Lernen" annähern, über die neuerdings die international vergleichende PISA-Studie informiert (PISA 2000: 271 ff.) In die richtige Richtung bewegen sich auch neuere Ansätze zur Gruppenarbeit und zu einem projektförmigen Unterricht, welche die Schüler zu hochgradig autonomiefähigen „Mitarbeitern" der Lehrpersonen werden lassen und somit eine direkte Übertragung von Delegationsmodellen aus dem Beschäftigungs- in den Unterrichtsbereich ermöglichen. All dies wird – im Sinne eines Synergieeffekts – erleichtert, wenn man von der Ganztagsschule als einem organisatorischen Rahmen ausgehen kann, der sich vom Merkmal 8 her nahelegt (vgl. oben).

Umsetzungsperspektiven 2: Flexibilität des Zeitrahmens

Geht man folgerichtig vor und berücksichtigt die Zusammenhänge zwischen den vorstehend beschriebenen Merkmalen, dann wird man keine Schwierigkeiten haben, die Merkmale 2 bis 8 in die Lösungswege einzubeziehen, denen man sich zuwendet. Diese Merkmale können im Gegenteil hilfreich sein, wenn es darum geht, den Kurs näher zu bestimmen, der bei der Ausarbeitung von Lösungswegen einzuschlagen ist, und Auswahlentscheidungen zwischen Alternativen zu treffen. Sie sollten sich z.B. ohne weiteres als Kriterien bei diesbezüglichen Nutzwertanalysen einsetzen lassen.

Größere Schwierigkeiten scheinen sich – jedenfalls beim freiwilligen Engagement und bei der Schule – bezüglich der Umsetzung des Merkmals 9 einzustellen, das die Flexibilität des Zeitrahmens der Tätigkeit betrifft. Der Beschäftigungsbereich bietet auch hier eine größere Zahl innovativer Lösungsansätze an, so die variable Teilzeit, das Time- und Jobsharing, das Zeitkonto, aber auch die Telearbeit. Beim freiwilligen Engagement wird man viel deutlicher als bisher in Betracht zu ziehen haben, dass empirischen Forschungen zufolge der Großteil der Engagierten nur bis zu vier Stunden pro Woche tätig ist und sich überdies nur ungern auf eine längerfristige Verpflichtung zur Einhaltung fixer Termine festlegen lässt. Es kommt hinzu, dass Termine, auf die man sich einigt, häufig nicht eingehalten werden können, da sie durch Krankheiten und unvorhersehbare Ereignisse verschiedener Art durchkreuzt werden.

Genau an diesem Punkt scheiden sich gegenwärtig noch die Geister. Wer vom Wertewandel her denkt, wird an diesem Punkt der bisher noch unerfüllte, vielfach noch gar nicht erkannte Bedarf an flexiblen Organisationslösungen im Freiwilligenbereich erkennbar. Für viele Hauptamtliche wird hier dagegen hier die wesenhafte Unzuverlässigkeit der Freiwilligen und die Frustrationsbelastung des Umgang mit ihnen sichtbar. Demgegenüber kommt es einerseits darauf an, von den Möglichkeiten der Selbstorganisation (vgl. Merkmal 1.) Gebrauch zu machen, d.h. die Freiwilligen ihr eigenes netzwerkförmiges Vertretungssystem organisieren zu lassen. Andererseits wird man aber auch dafür Sorge zu tragen haben, dass es in den Organisationen des Freiwilligenbereichs eine Gewährleistungskapazität von Hauptamtlichen gibt, die als „Springer" tätig werden, falls die Leistungspotenziale der Freiwilligen an ihre Grenzen stoßen.

Was kann aber „Flexibilität des Zeitrahmens" bei Schülern bedeuten? Legt man die bisher noch vorherrschende Praxis einer fest vorgegebenen Unterrichtsstundenzahl pro Woche und einer im Lehrplan festgeschriebenen Verteilung der Unterrichtsstunden auf die Wochentage und Tageszeiten zugrunde, dann scheint der hier bestehende Spielraum nicht sehr groß zu sein. Allerdings lehrt der internationale Vergleich, den die PISA-Studie gestattet, dass diesbezüglich in einem viel stärkerem Maße als man zunächst vermuten sollte, einzelstaatliche Festlegungen und hinter ihnen stehende Traditionen im Spiele sind. Insbesondere erweist sich das Verhältnis zwischen der pflichtgemäß in der Schule verbrachten Zeit und der für freiwillige Lerntätigkeiten außerhalb der Schule aufgewendeten Zeit als eine Variable mit einem verhältnismäßig breiten Spielraum (PISA 2000: 416 ff.). In Finnland z.B. wird Schulpflicht ausdrücklich nicht mit Anwesenheitspflicht gleichgesetzt. „Jeder Schüler kann seinen Stoff lernen wo er will" (Schmoll 2002: 3). Auf diesem Hintergrund wird es möglich, dass jedes Kind „einen eigenen Lehrplan" erhält, „der mit den Eltern und Schülern besprochen und manchmal sogar durch einen Vertrag besiegelt wird." (Schmoll: ebenda) Der Schulbesuch wird individualisiert, wobei in einem hohen Ausmaß die Bedürfnisse des einzelnen Schülers zugrundegelegt werden können. Dem ersten Eindruck zuwiderlaufend erweist sich hier, wie groß die Möglichkeiten zu einer sinnvollen, die individuelle Autonomie vergrößernden, bei richtiger Gestaltung aber gleichzeitig auch den Lernerfolg fördernden Flexibilisierung des Zeitrahmens in der scheinbar unverrückbar auf starre Schemata festgelegten Schule sind, wenn man nur bereit ist, über den Tellerrand des Gewohnten hinauszublicken.

Umsetzungsperspektiven 3: Chance zur Beteiligung an der Festlegung von Tätigkeitszielen

Wichtig erscheint eine auf Umsetzungen eingehende Interpretation auch beim Merkmal 10 („Chance zur Beteiligung an der Festlegung von Tätigkeitszielen"). Es ist dies ein Punkt, an welchem der hier verfolgte Reformansatz mit traditionsreichen, aber immer wieder virulenten Vorstellungen von Fundamentaldemokratie in Beziehung gesetzt werden muss. Geht man von dem Grundsatz aus, dass es darum geht, Menschen in die Verantwortung zu stellen, d.h. ein „enabling" und „empowerment", gleichzeitig aber auch eine Sozialisation der Menschen, d.h. ihre Einordnung in die Gesellschaft zu erreichen, dann wird man erkennen, dass eine direkte Gleichsetzung mit solchen Vorstellungen nicht möglich ist. In den hier verfolgten Reformansatz ist – um es nochmals zu sagen – nicht ausschließlich der Blick „von unten", sondern auch der Blick „von oben" einbezogen. Dies hat zwar die Folge, dass allen Ideen zur Verstärkung plebiszitärer Elemente in Verfassungen, wie z.B. auch zur Direktwahl von Amtsinhabern, eine nachdrücklich positive Bedeutung zufällt. Aufgrund des Blicks „von unten" werden aber die Aktionsmöglichkeiten des Individuums in seinem unmittelbaren Lebens- und Tätigkeitsumfeld in den Vordergrund gerückt.

Bei der Umsetzung in den Beschäftigungsbereich kann man sich z.B. an den inzwischen vielfach erprobten Modellen zur „Zielvereinbarung" orientieren. Diese gehen davon aus, dass es ungeachtet der Notwendigkeit übergeordneter Zielvorgaben immer einen breiten Spielraum für „Unterziele" gibt, an deren Zustandekommen Mitarbeiter/-innen sinnvollerweise beteiligt werden können. Vor allem öffnen solche Modelle den Mitarbeiter/-innen einen Freiheitsspielraum zur selbständigen und selbstverantwortlichen Zielverfolgung. Auch hier kann der Beschäftigungsbereich eine relative Fortgeschrittenheit für sich beanspruchen, welche die Möglichkeit zu Übertragungen eröffnet.

Zielvereinbarungen können ohne weiteres in das freiwillige Engagement übernommen werden, wo sie bisher noch nicht üblich sind. Entsprechende Möglichkeiten bestehen aber auch im schulischen Bereich. Unter Umständen wird man übermäßig detaillierte Vorgaben in den Unterrichtsplanungen zurückzunehmen haben. Überall wo der projektorientierte Unterricht Einzug gehalten hat, werden diesbezüglich aber Wege offen stehen, die ohne weiteres gangbar sind. Zusätzlich zu Sachzielen lassen sich Zielvereinbarungen bezüglich der zu erreichenden Leistungsziele vorstellen, deren Realisierung auf der Grundlage der üblichen schulischen Leistungsbewertung leicht zu überprüfen ist. Voraussetzung ist allerdings, dass daran anschließend Lehrer-Schüler-Gespräche stattfinden, die dem Auffinden von Gründen fehlenden Zielerreichens und der Vereinbarung von Abhilfemaßnahmen dienen.

Umsetzungsperspektiven 4. Unterstützung

Bezüglich des Merkmals „Unterstützung" ist generell auf den Abschnitt über aktivierende Führung zu verweisen. Das Prinzip eines „Neu-Denkens" der Hierarchie findet hier einen wesentlichen Ansatzpunkt. Führungskräfte dürfen sich in Zukunft nicht mehr als „Vor-Gesetzte" verstehen, die „über" den ihnen Anvertrauten stehen, um sie „von oben" zu dirigieren. Oberste Zielsetzung von Führungskräften im weitesten Sinne des Wortes muss es in Zukunft sein, Mitarbeiter, Mitglieder, Klienten, Schüler etc. zu selbständigem Handeln zu befähigen. Hierzu gehört neben der Zielvereinbarung, der Vermittlung von Vorbild-Motivation, der Rückmeldung von Leistungen, der Zielerreichungskontrolle und der Klärung von Zielereichungshemmnissen auch die Unterstützung bei der Überwindung von Schwierigkeiten.

Im Abschnitt über aktivierende Führung findet in diesem Zusammenhang der Begriff des „Coaching" Verwendung. Insbesondere der schulische Bereich ist aber geeignet, auf weitere Möglichkeiten hinzuweisen, die in diesem Zusammenhang von Bedeutung sein können. So kann man in den USA beobachten, dass dann, wenn Schüler Schwierigkeiten haben, den schulischen Leistungsanforderungen gerecht zu werden, Förderlehrer eingreifen, die ihnen einen individuellen Zusatzunterricht auf Zeit erteilen. In solchen Unterricht ist u.a. auch ein gemeinsames Üben und Lernen einbezogen, das der Verbesserung der Lern- und Arbeitspraktiken dienen soll. In der wohlhabenden Bundesrepublik Deutschland wird an diese eigentlich naheliegende

Möglichkeit bisher noch kaum gedacht. Benotungen erfolgen in hoheitlicher Manier im Sinn eines nicht einklagbaren Verwaltungsakts. Konsequenterweise beantwortet die Schule besonders schlechte Noten mit der Verweigerung der Versetzung in die höhere Klasse, also mit einer Negativsanktion. Aus der hier verfolgten Perspektive ist dies eine Vernachlässigung der elementaren Fürsorgepflicht für anvertrautes Humanpotenzial unter Ausklammerung bestehender Unterstützungsmöglichkeiten.

Umsetzungsperspektiven 5: Chancen zum Wiederaustritt

Auch beim Merkmal 12 („Chancen zum jederzeitigen Wiederaustritt, zur ‚Untreue‘") eröffnen sich im Beschäftigungsbereich die naheliegendsten Möglichkeiten. Ergänzend zu den bereits genannten Möglichkeiten des Wechsels des Arbeitgebers kommen hier vielfältige Möglichkeiten des Arbeitsplatzwechsels in Betracht, für die es großenteils bereits praktische Erfahrungen gibt. „Mobilitätsprogramme", „Rotationsprogramme" und „Jobbörsen" wurden in den letzten Jahren auch bereits in Behörden eingerichtet, um Mitarbeiter/-innen Möglichkeiten zum Wechsel anzubieten. Es zeigte sich hierbei, dass man nicht einfach auf eine spontane Nutzung solcher Angebote vertrauen darf, sondern den Mitarbeiter/-innen flankierend Informations- und Schnupperchancen und gegebenenfalls auch Rückkehrgarantien anbieten muss. Auch in solchen konkreten Zusammenhängen bedarf es also eines „enabling" und „empowerment", konkret: einer Ermutigung und der Vermittlung von Absicherungen.

Im freiwilligen Engagement spielt der Gesichtspunkt zunächst überall da eine große Rolle, wo die weit verbreitete Unstetigkeit der Tätigkeit ins Spiel kommt. Ein großer Teil der Engagierten verlässt einen Tätigkeitsbereich nach einiger Zeit wieder, weil Umzüge, Krankheiten, Kinder, oder besondere berufliche Belastungen dazu zwingen, oder weil die ausgeübten Tätigkeiten von vornherein befristet waren. Wie die empirischen Daten zeigen (Klages 2000a: 132 ff.), wollen sich zwar sehr viele von ihnen wieder engagieren, nicht aber zwar mit derselben Tätigkeit. Es gibt somit ein Mobilitätsbedürfnis im Engagement, dem aber bisher nicht ausreichend Rechnung getragen wird. Sehr viele Rückkehrwillige gehen dem Engagement deshalb verloren, repräsentieren gewissermaßen einen „Blutverlust" des Humanpotenzials. Dieser wäre vermeidbar, wenn es geeignete sozialorganisatorische Vorkehrungen gäbe, wie z.B. informations- und vermittlungsfähige Freiwilligenbörsen und -agenturen oder Informations- und Kontaktstellen im lokalen Bereich, die bereits da und dort existieren, die aber flächendeckend verfügbar sein sollten. Es ist darüber hinaus aber auch erforderlich, der Tatsache ins Gesicht zu sehen, dass sich viele Engagierte eine andere Tätigkeit wünschen, die ihren Fähigkeiten und Neigungen mehr entgegenkommt und von der sie sich deshalb auch mehr „Spaß", d.h. eine größere Chance zur Aktualisierung ihres Potenzials erhoffen. Es legt sich dementsprechend nahe, Freiwilligenbörsen und -agenturen bzw. Informations- und Kontaktstellen auch für Menschen zu öffnen, die bereits engagiert sind, um ihnen Chancen zu einem Wechsel zu erschließen, der bisher eher noch als unmoralisch verworfen und als Ausdruck persönlicher Unstetigkeit und Unzuverlässigkeit interpretiert wird und der somit bisher auch sozialorganisatorisch außer Betracht bleibt (Braun/Alt 2000).

Für „Untreue" im schulischen Bereich scheint es auf den ersten Blick keine Chancen zu geben. Richten wir aber den Blick auf die schulorganisatorischen Verhältnisse jenseits der deutschen Grenzen, dann sehen wir sofort, dass diese Annahme einer nationalstaatlichen Blickverengung entspringt. In anderen Ländern wie z.B. den USA ist es erstens möglich, die Kinder auch bei Schulen außerhalb des eigenen Wohngebiets anzumelden. Zweitens ist es dort auch möglich, die Kinder ohne bürokratischen Genehmigungsaufwand einen Schulwechsel vollziehen zu lassen, falls es hierzu Anlässe gibt. Zieht man solche Möglichkeiten in Betracht, dann bekommt man Chancen zu einem Wettbewerb der Schulen um Kinder in den Blick. Die Kinder bekommen dann die Möglichkeit einer „Abstimmung mit den Füßen". Es profitieren davon diejenigen Schulen, die einen modernen Unterricht anbieten, der den Kindern Spaß macht, d.h. ihnen Chancen zur Aktivierung von Potenzial anbietet.

Interpersonalität – Gruppen und Teams als Verstärker und Treiber (Sozialkapital II)

Die Bedeutung der Interpersonalität in Verantwortungsrollen

Wie schon gesagt wurde, werden soziale Rollen in der Regel nicht für Robinsone geschrieben, sondern für Menschen, die sich in gesellschaftlichen Zusammenhängen bewegen. Soziologisch gesehen definiert sich die Rolle u.a. durch Erwartungen, die aus sozialen Zusammenhängen an Menschen gerichtet werden. Man kann sich an den Ursprungsbereich des Wortes, an das Theater halten, um die Interpersonalität der Rolle zu erkennen: Die Rolle schreibt einem Schauspieler vor, was er im Zusammenspiel mit anderen zu tun und zu sagen hat. Die anderen mögen im Grenzfall abwesend sein. Selbst im Rollentext des monologisierenden Schauspielers sind sie aber virtuell präsent. Letztlich ist es die Existenz von Rollenvorgaben, die das Zusammenspiel sichert. Gäbe es sie nicht, wäre das Spiel in Gefahr. Die Grenze des Möglichen wird durch die Commedia dell'Arte demonstriert. Hier sind den Spielern nicht Texte, sondern nur Charaktere mit einer feststehenden Verhaltenstypik vorgegeben, so dass von Mal zu Mal individuelle Variationen und damit auch Überraschungen ins Spiel einfließen können. Allen Beteiligten ist damit aber viel Geistesgegenwart abgefordert und das Spielergebnis wird zufällig. Ginge man – was in gesellschaftlichen Zusammenhängen unvermeidlich ist – davon aus, dass es auf das Spielergebnis (auf Effizienz und Effektivität) ankommt, wären Enttäuschungen und Fehlschläge unvermeidlich und das Spiel müsste müßig erscheinen..

Auch Verantwortungsrollen sind von diesem Zwang zur Interpersonalität nicht ausgenommen. Zwar sollen sie ausdrücklich so konstruiert sein, dass sie dem Einzelnen Möglichkeiten anbieten, sein Potenzial zu entfalten, ja sie sollen ihn – im Sinne des „enabling" und „empowerment" – in dieser Richtung fördern und unterstützen. Dies kann aber nicht bedeuten, mit offenem Ausgang Commedia dell'Arte zu spielen. In allen Verantwortungsrollen finden sich Elemente von „Textvorgaben". Verantwortungsrollen verdienten ihren Namen nicht, wären sie individueller Beliebigkeit ausgeliefert. Auch die Merkmale, mit denen wir sie definiert haben, liefen dann letztlich ins Leere. Einen Spielraum für selbständiges und eigenverantwortliches Handeln mit Sinn-Qualität kann es nur geben, wo dem Handelnden Anhaltspunkte für die Auffindung „richtiger" und „erfolgreicher" Lösungen zur Verfügung stehen, mit denen er soziale Anerkennung erreichen kann. Auch die Größe des Spielraums ist nicht zufällig. Sie wird durch das Bedürfnis aller nach der Vorhersehbarkeit der Erträge der Einzelverhaltensweisen mitbestimmt. Ein sozialorganisatorischer Basis-Trick der Verantwortungsrolle ist es, den Einzelnen von durchgängigen und detaillierten Rollentext-Vorgaben bezüglich der Art und Weise seines Handelns zu entlasten und an ihrer Stelle Erwartungen in den Mittelpunkt zu rücken, die sich an seine Handlungsergebnisse richten. Der Einzelne ist dann frei, unter Einsatz eigener Phantasie, Energie und Kompetenz das Notwendige zu tun, oder es vielleicht auch zu übertreffen.

Die zwei Seiten menschlicher Kommunikation

Interpersonalität fließt in Rollen nicht nur aufgrund von Interaktionen ein, die durch aufgabenorientierte Leistungszusammenhänge bedingt sind. Vielmehr kommt noch eine andere Art von Interpersonalität hinzu, die von „innen" (und von „unten"), d.h. von den beteiligten Personen selbst entspringt. Worum es geht, wurde von dem Sozialpsychologen Paul Watzlawick bei der Untersuchung von Kommunikationsprozessen entdeckt. Er stellte es geradezu als ein Axiom heraus, dass jegliche menschliche Kommunikation zwei Seiten habe, nämlich einen „Sachaspekt" und einen „Beziehungsaspekt". Schulz von Thun fügte noch zwei weitere Aspekte hinzu, einen „Selbstoffenbarungsaspekt" und einen „Appell-Aspekt". Gemeint ist, dass Menschen auch dann, wenn sie in scheinbar nur sachbezogenen Interaktionsprozessen stehen, immer auch ihre persönlichen Wertungen, Interessen und Bedürfnisse zum Ausdruck bringen. Man kann ihnen z.B. anmerken, dass sie ihre Interaktionspartner aus Gründen, die mit dem Sachthema nichts zu tun haben, mehr oder weniger mögen und schätzen. Gleichzeitig verfolgen sie aber auch Selbstdarstellungsstrategien und sie versuchen, mit eigenen Auffassungen und Wertungen Einfluss auf andere auszuüben (Schulz von Thun 1981: 11 ff.).

Selbstverständlich gilt dies auch und in einem besonderen Maße für Verantwortungsrollen angesichts des mit ihnen verbundenen Spielraums für das Individuelle. Es gehört zu solchen Rollen hinzu, dass sich die Menschen, die sie ausüben, nicht als Funktionäre des Sozialen, nicht als „Rädchen" im sozialen Getriebe verstehen, sondern sich mit dem was sie tun und äußern, in einem hohen Maße identifizieren. Sie neigen eher dazu, die Aspekte der Fremddeterminiertheit, die auch Verantwortungsrollen anhaften, zu unterschätzen und zu verdrängen und bei ihrer Ausübung sehr viel von ihrer Eigenpersönlichkeit einzubringen. Man wird dies bei aufgeklärter Beurteilung nicht nur als eine hinzunehmende Begleiterscheinung von Verantwortungsrollen zu akzeptieren, sondern vielmehr zu begrüßen haben, da dadurch die Bereitschaft und Fähigkeit zur Aktivierung von Eigenpotenzial gesteigert wird. Es entsteht hierdurch gewissermaßen ein Mehrwert der Potenzialaktivierung, der die gewisse Sperrigkeit aufwiegt, die forcierten Individualitätsdarstellungen anhaftet.

Ausübung von Verantwortungsrollen in Gruppen

Merkmale und Leistungen von Gruppen

Dasselbe gilt auch überall da, wo die Kommunikation zwischen Menschen die Form von „Gruppen" annimmt. Gruppen entstehen als informelle Phänomene überall dort, wo mehrere Menschen, die in einer regelmäßigen und direkten Kommunikation stehen, ein Wir-Gefühl entwickeln und sich als Einheit empfinden. Überall wo dies der Fall ist, gibt es Kohäsions-Bestrebungen, Solidaritätsgefühle und Neigungen, sich von der sozialen Umgebung abzugrenzen (v. Rosenstiel 1992: 257 ff.). Typischerweise empfinden sich Menschen, die sich einer Gruppe zurechnen, in wesentlicher Hinsicht als ähnlich und sie neigen dazu, sich weiter anzuähnlen. Sie entwickeln somit Züge einer kollektiven Individualität, die sich jedoch jeder Einzelne als eigene Identität zurechnen kann. Von daher ist zu verstehen, dass auch Menschen mit Selbstentfaltungswerten, die Individualisten mit hohem Autonomiebedürfnis sind, in der Kommunikation mit ihresgleichen eine ausgeprägte Gruppenbildungsfähigkeit und -tendenz aufweisen. Den Ergebnissen der Speyerer Werte- und Einstellungsforschung zufolge strebt der zum „aktiven Realisten" tendierende deutsche Mainstream-Angehörige darnach, seine eigene Phantasie und Kreativität zu entwickeln und eigenverantwortlich zu leben und zu handeln. Er legt aber auch Wert darauf gute Freunde zu haben,

170

zieht gern mit anderen Menschen an einem Strang und hat Freude daran, Einfluss auf sie auszuüben, ohne dabei Macht anzustreben.

Es gehört zur normalen Dynamik von Gruppenbildungsprozessen, dass sich die interpersonale Angleichungstendenz in die Herausbildung verbindlicher Meinungs- und Bewertungsstandards fortsetzt, die von den Gruppenangehörigen verinnerlicht und aktiv mitgetragen werden. Diese informellen Quasi-Normen müssen keineswegs nur neben den von „außen" und „oben" kommenden Rollenerwartungen herlaufen. Die Reaktionen der Gruppenangehörigen auf diese Erwartungen können durch sie vielmehr in einem gravierenden Ausmaß positiv oder negativ beeinflusst werden.

So entdeckte man z.B. in den zwanziger Jahren des 20.Jahrhunderts bei Betriebsuntersuchungen in Chicago, dass eine Arbeitsgruppe, die sich vom Unternehmen anerkannt und ausgezeichnet fühlte, eine exorbitante Steigerung der Arbeitsproduktivität entfaltete. Man nannte dies den „Hawthorne-Effekt". Etwas später führten Untersuchungen einer anderen Gruppe allerdings zu der entgegengesetzten Entdeckung einer gemeinsamen Leistungszurückhaltung, die darauf zurückzuführen war, dass sich die Gruppe mit einer managementkritischen Gewerkschaftsposition identifizierte. In den vierziger Jahren gehörte zu den besonders aufsehenerregenden Ergebnissen der neuen amerikanischen Massenkommunikationsforschung die Entdeckung der „Two-Step-Communication". Sie besagt, dass sich die Akzeptanz und Wirkung massenmedialer Informationen in der Bewertung entscheidet, die ihnen auf der Ebene der informalen Kleingruppen im Freundes- und Kollegenkreis zukommt. Um dieselbe Zeit entdeckte eine Forschergruppe bei der Untersuchung der Faktoren, die für die Kampfmoral amerikanischer Truppen im Zweiten Weltkrieg maßgeblich waren, die entscheidende Bedeutung des in der kleinen Kampfgruppe vorherrschenden sozialmoralischen Klimas. In den fünfziger Jahren entdeckte man schließlich den generellen Leistungsvorteil der Gruppe, der darin zum Ausdruck gelangt, dass die Ergebnisse von Gruppen bei Problemlösungsexperimenten unter bestimmten Bedingungen besser ausfallen als die Ergebnisse isolierter Experimentteilnehmer (v. Rosenstiel 1992: 329 ff.).

Auf der Grundlage solcher Erkenntnisse setzte in den USA und anderen Ländern schon seit den zwanziger Jahren ein enormer, unter wechselnden Namen bis heute fortdauernder Boom der Bildung, Beeinflussung und Formung von Gruppen und Gruppenprozessen ein, der zur Entstehung verschiedenster wissenschaftlicher Schulen und Managementpraktiken führte. In den achtziger Jahren machte z.B. die Umstellung der Montage von Kraftfahrzeugen auf Teamarbeit aufgrund der dabei erzielbaren Steigerungen der Arbeitsleistung und -qualität Furore, nachdem die schwedische Firma Volvo in dieser Richtung schon seit den sechziger Jahren Pionierarbeit geleistet hatte. In der Industrie und öffentlichen Verwaltung zahlreicher Länder kam es zur Anwendung eines Gruppenverfahren einschließenden „Total Quality Management", wie z.b. zur Bewegung des auf solche Verfahren zentrierten „KVP" (des „Kontinuierlichen Verbesserungsprozesses") Angesichts der Breite und Vielfalt der inzwischen verfügbaren Ansätze können hier nur einige Namen erwähnt werden. Es entstanden u.a. die Human Relations-Bewegung, die Gruppendynamik, die Bewegung der Organisationsentwicklung (Organisational Development) mit verschiedenartigen Auszweigungen, die T-Group-Bewegung, das Sensitivity Training, das Psychodrama und Soziodrama, die Themenzentrierte Interaktion, der Creativity Workshop, das Encounter- oder Begegnungsgruppenverfahren, die Qualitätszirkel-Bewegung und die Teamentwicklung.

Die Bedeutung von Gruppen für die Aktivierung des Menschen
– Begegnung mit dem Kommunitarismus

Naturgemäß drängt sich die Frage auf, welche Bedeutung solchen Ansätzen in einer auf die Aktivierung der „Ressource Mensch" zielenden Reformkonzeption zukommen soll und kann.

Die Antwort lautet, dass die Bedeutung dieser Ansätze grundsätzlich sehr hoch einzuschätzen ist. Auch die gruppenförmig verdichtete Interpersonalität stellt hinsichtlich der Aktivierung der „Ressource Mensch" einen Mehrwert in Aussicht. Gruppen können als Potenzialverstärker und als Aktualisierungstreiber, gleichzeitig aber auch als Verbindungsglied zwischen dem Individuum und der gesellschaftlichen Welt der Strukturen und Institutionen wirken. Sie verkörpern eine Chance zur Entwicklung derjenigen doppelten Effektivität, die wir von einem sozialorganisatorisch qualifizierten Reformansatz fordern. Gut gestaltete Gruppen zählen somit aus der hier vertretenen Sicht sehr eindeutig zum Sozialkapital einer Gesellschaft.

Der in diesem Buch vertretene Reformansatz trifft sich an diesem Punkt mit dem Kommunitarismus, der als ein gruppenzentrierter Reformansatz verstehbar ist. Er grenzt sich vom Kommunitarismus allerdings ab, indem er sich erstens nicht auf die Verwendung des emotionsgeladenen Ausdrucks „Gemeinschaft" einlässt, mit dem sich eine einseitige Bevorzugung gewachsener traditionaler Gruppenbildungen im Bereich von Familie und Nachbarschaft verbindet. Er grenzt sich vom Kommunitarismus aber vor allem aber auch zweitens insofern ab, als er den Blick auf Gruppenprozesse durch den Blick auf das Humanpotenzial des Individuums unterbaut. Damit verbindet sich eine analytisch orientierte Kritikbereitschaft gegenüber der fast unübersehbaren Formenvielfalt, die sich im Bereich von Gruppen findet. Gruppen weisen große Unterschiede auf, sowohl hinsichtlich ihrer nach „außen" und „oben" gerichteten Leistungsfähigkeit, wie auch hinsichtlich ihrer Fähigkeit, nach „innen" und „unten" als Potenzialverstärker und Aktualisierungstreiber zu wirken.

Entwicklung eines optimierten Gruppenkonzepts

Es lassen sich auf der Grundlage der hier eingeschlagenen anthropozentrischen Orientierung modellhaft die Züge eines optimierten Gruppenkonzepts entwickeln, dem diese doppelte Effektivität zuzurechnen ist.

Hierbei kommt der Frage entscheidende Bedeutung zu, wie das Verhältnis zwischen Individualität und Interpersonalität im Gruppenkontext gestaltet wird. Vergleicht man die vorhandenen Ansätze, dann werden Extreme sichtbar. Auf der einen Seite steht beispielsweise der Kommunitarismus, der das Individuum in der Gemeinschaft aufgehen lassen will. Auf der anderen Seite stehen Ansätze, die den Gruppenzusammenhang nur als eine lose Hülle um die festen Kerne der Individuen verstehen wollen. Ein Blick auf die Team-Konzeption des St.Gallener Managementtheoretikers Fredmund Malik lässt eine differenziertere Vorstellung erkennen, in die verschiedenartige Elemente eingehen und die wir – mit der Bereitschaft zu einer kritischen Auseinandersetzung – als Ausgangsgrundlage für die Entwicklung eines optimierten Gruppenansatzes verwenden wollen.

Malik zufolge kommt es einerseits darauf an, dass in Teams „die Aufgaben klar sein müssen", dass eine „präzise Arbeitsteilung" mit klar abgegrenzten individuellen Verantwortungsbereichen und Zuständigkeiten existiert, dass eine „strikte Disziplin" garantiert ist und eine Leitung vorhanden ist, die auf „strikter Einhaltung von Regeln und Grundsätzen" achtet und der ein

Letztentscheidungsrecht zukommt. Andererseits fordert er für das Team eine strikte „Geschlossenheit im Auftritt", wie auch eine vollständige gegenseitige Information aller Teammitglieder. Er fügt hinzu, die Gewährleistung aller dieser Vorbedingungen lasse die „ständig zitierte" gut funktionierende „Chemie" eigentlich überflüssig werden lasse (Malik 2001).

Es ist zu erkennen, dass Malik eine Ausbalancierung von Individualität und Interpersonalität anstrebt. Er ist dabei allerdings von einem doppelten Misstrauen gegenüber dem Einzelindividuum und gegenüber dem Gruppenprinzip im sozialpsychologischen Sinne des Wortes beherrscht. Von der besonderen Eignung der Gruppe zur Mobilisierung der „Ressource Mensch" ist nicht die Rede; der anthropozentrische Aspekt fehlt also. Der Nachdruck wird auf die „von oben" garantierte Verzahnung der Rollentexte und die Sicherstellung von Entscheidungskapazitäten gelegt. Die Gruppe im Sinne einer sozialen Einheit mit Wir-Gefühl und allen daraus resultierenden Konsequenzen kommt in seinem Konzept als Sollbestandteil gar nicht vor. Aber auch die Verantwortungsrolle ist nicht im Blickfeld, so dass die Frage nicht behandelt werden kann, wie eine Gruppe beschaffen sein muss, um als Potenzialverstärker und Aktivierungstreiber wirken zu können.

Pointiert ausgedrückt geht es Malik um die Frage, wie ‚trotz Team' die Effizienz und Effektivität des Arbeitens sichergestellt werden kann. Fragen wir demgegenüber, wie diese Zielsetzung umgekehrt durch das Teamprinzip gefördert werden kann, dann stoßen wir – aufgrund zahlreicher Berichte, die es hierüber aus dem Beschäftigungsbereich gibt – vor allem auf zwei Elemente: Einerseits auf den Faktor Teammotivation und andererseits auf den Faktor Teamflexibilität.

Der erste Faktor tritt in Wirksamkeit, sobald ein Team – etwa im Wettbewerb mit anderen Teams – den gemeinsamen Willen entwickelt, eine hohe Leistung zu erreichen und wenn sich eine hierauf gerichtete gegenseitige Erwartung ausbildet, mit der sich die Teammitglieder identifizieren. Es handelt sich um die schon angesprochene Entstehung von Meinungs- und Bewertungsstandards, die von den Gruppenmitgliedern verinnerlicht und aktiv mitgetragen werden. Damit der Eintritt des zweite Faktors eintritt, muss es dem Team gelingen, sich so zu organisieren, dass jeder Einzelne in die Lage versetzt wird, einen seinen Fähigkeiten entsprechenden Beitrag zum Gesamtergebnis zu leisten. Es handelt sich dabei um eine Fähigkeit zur Selbstorganisation unter Aktivierung und Nutzung des individuellen Potenzials. Es ist aber auch wichtig, dass jeder Einzelne im Team bereit und in der Lage ist, seine Fähigkeiten flexibel einzusetzen, um zur Bewältigung unerwarteter Probleme, Schwierigkeiten und Umstellungserfordernisse im Team beizutragen. Es handelt sich dabei um eine Selbstorganisationsleistung unter Nutzung von Solidaritätsbereitschaften, wie sie für Teams typisch sind, unter Rückgriff auf das individuelle Potenzial. Selbstverständlich benötigt ein funktionierendes Team eine Entscheidungsfähigkeit, die Einzelpersonen als Führungsaufgabe zugeordnet werden muss. Wie man aber aus der Forschung weiß, entwickeln gut funktionierende Gruppen spontan aus sich heraus eine Rollenspezialisierung, die u.a. auch die individuellen Fähigkeiten zum sachgerechten Entscheiden und zur Konsensherstellung einbezieht. Zwar legt sich eine Formalisierung der Teamleiter- oder -koordinatorenrolle nahe. Entscheidend ist aber, dass man dabei nicht an der spontanen Rollenspezialisierung vorbeiorganisiert. Es empfiehlt sich daher eine Wahl des Teamkoordinators durch das Team selbst, dessen Selbstorganisationsfähigkeit durch ein solches Vorgehen bestätigt und gestützt wird. Man schreibt dem Team damit eine Selbstorganisationsverantwortung zu und überlässt es ihm, zu einer internen Rollenaufteilung zu gelangen, mit welcher eine Ausbalancierung der Gesichtspunkte „von unten" und „von oben" erreicht werden kann. Das optimierte Team ist mit anderen Worten optimal selbstoptimierungsfähig.

Offene Netzwerke und Agenturen als Aktivierungsbedingungen (Sozialkapital III)

Was macht Netzwerke für Reformer attraktiv?

Über Netzwerke spricht man gegenwärtig vor allem in informationstechnischen Zusammenhängen, wo der Begriff eine präzise Bedeutung hat. Er kennzeichnet hier u.a. eine Verbindung von IT-Prozessoren unter Zugrundelegung einheitlicher Softwarekomponenten, die eine direkte Kommunikation der Nutzer und den Austausch von Dokumenten und Daten ermöglichen. Über die Art der Kommunikation, Daten und Dokumente sagt der technische Netzwerkbegriff nichts aus. Er ist gegenüber diesen inhaltlichen Aspekten neutral.

Dieselbe Unbestimmtheit haftet überraschenderweise zunächst auch dem Begriff des „sozialen Netzwerks" an, der von den technischen Bedingungen absieht und sich direkt auf die interpersonale Kommunikationsebene begibt. Einer weiten Definition zufolge können Gesellschaften grundsätzlich als Netzwerke von Individuen und/oder sozialen Gebilden begriffen werden. Der einzelne Mensch wird hierbei in Analogie zu technischen Vorgaben als „Knoten" in einem Netzwerk gesellschaftlicher Beziehungen definierbar. Da davon auszugehen ist, dass es verschiedene Elemente und Formen sozialer Beziehungen gibt, sind logischerweise alle diese Elemente und Formen, d.h. also Rollen, Gruppen, Organisationen etc., im Netzwerkbegriff mitenthalten. So betrachtet fügt der Netzwerkbegriff der Empirie und Theorie des Sozialen zunächst nichts inhaltlich Neues hinzu. Einer radikalen Vorstellung zufolge liefert das Konzept des sozialen Netzwerks sogar nur Instrumente zur Analyse sozialer Strukturen unter Aufgreifung von Ansätzen, die sich im technischen Bereich bewährt haben.

Die Beliebtheit des Netzwerkbegriffs, die sich vor allem dort findet, wo über neue Formen sozialer Beziehungen nachgedacht wird, kann hiermit nicht erklärt werden. Ebenso wenig die Vorstellung, mit dem Netzwerk neue Möglichkeiten für die Schaffung von Sozialkapital erschließen zu können. Tatsächlich verbindet sich mit der Verwendung des Wortes „Netzwerk" allenthalben eine dezidiert von der obigen Definition abweichende Vorstellung leistungsfähigerer, zugleich aber auch menschlicherer sozialer Strukturen. Gegenüber dem allgemeinen und abstrakten wird hier offensichtlich ein konkreteres Netzwerkverständnis zugrunde gelegt, das einen engeren Bereich von Netzwerken hervorhebt, mit denen innovative Möglichkeiten sozialer Gestaltung anvisiert werden können.

Fragt man, um welche Formen es sich handelt, dann stößt man allerdings auf unterschiedliche Vorstellungen. Bei einer größeren Gruppe sozialwissenschaftlicher „Netzwerker" ist bevorzugt von Cliquen, Freundschafts-, Nachbarschafts-, Kontakt-, oder Bekanntenkreisen, d.h. also von kleineren, meist engräumigen Beziehungszusammenhängen die Rede, in die oft ausdrücklich auch Gruppen einbezogen werden. Auch diese Denkrichtung bringt zunächst wenig Neues gegenüber den Dingen mit sich, die in den vorstehenden Abschnitten schon besprochen wurden. Ein zusätzliches Sozialkapital tritt hier im Grunde genommen nicht in Erscheinung. Ganz anders verhält es sich allerdings bei einer zweiten Denkrichtung, bei der ausdrücklich ausgeschlossen wird, dass mit „Netzwerken" „Gruppen" gemeint sind. Aufschlussreich ist, dass man hier dazu neigt, das Internet als den idealtypischen Fall eines besonders leistungsfähigen, zugleich aber auch menschlichen, individuellen Bedürfnissen gegenüber aufgeschlossenen Netzwerks anzusehen.

Leistungsmerkmale „offener" Netzwerke

Was konkret gemeint ist, wird aus den Eigenschaften ersichtlich, die man bei dem angezielten Netzwerktypus konkret im Auge hat. Es wird herausgestrichen, dass Netzwerke des gemeinten Typs die folgenden Vorteile bieten:

– leichte Zugänglichkeit ohne Vorbedingungen, die an Ausbildung, Geldbesitz, Herkunft, Verwandtschaft, Religionszugehörigkeit, Zugehörigkeit zu Nationen, Organisationen, Gruppen, oder an ähnliche ausschließend wirkenden Merkmale geknüpft wären;
– Möglichkeit des unbeschränkten Zugriffs auf die im Netz befindlichen Informationen unter weitestgehender Freiheit der individuellen Weiterverwendung;
– große Chance, angesichts der im Netz befindlichen Vielfalt von Informationen und der Möglichkeit eines Zugriffs nach selbstgewählten Suchkriterien individuelle Informationsbedürfnisse erfüllen zu können;
– uneingeschränkte Möglichkeit zur Einbringung eigener Beiträge, die sich an alle Netzteilnehmer als Angebot richten können;
– Möglichkeit mit allen Netzteilnehmern ohne vorgegebene Kontaktbarrieren und Hierarchiegrenzen direkt in Kommunikation treten zu können und
– uneingeschränkte Möglichkeit des jederzeitigen Ein- und Austritts, bzw. der Mitgliedschaft auf Zeit.

Die gegenseitige Ergänzung von Gruppen und Netzwerken

Dass solche Eigenschaften gegenüber der etablierten „Welt des Sozialen" revolutionäre Innovationen verkörpern, ist eindeutig. Ebenso kann davon ausgegangen werden, dass Netzwerke mit solchen Eigenschaften an einer Reihe von Punkten deutlich von sozialen Beziehungen mit Gruppen-Charakter abweichen: Die Mitglieder von Gruppen sind klar zu identifizieren; es gibt eine deutliche Abgrenzung zwischen denen, die dazugehören und denen, die nicht dazugehören. Wie wir sagten, entwickeln sich in Gruppen außerdem Meinungs- und Bewertungsstandards mit Verbindlichkeitsanspruch, denen gegenüber Ansprüche von Mitgliedern auf unabhängige Urteilsbildung eher als Abweichung auffallen können.

Das alles hebt sich sehr deutlich von den Bedingungen in Netzwerken des dargestellten Typs ab, der sich als „offener" Netzwerktyp bezeichnen lässt. Die Frage liegt nahe, ob hier nicht ein Widerspruch zwischen einander ausschließenden Extremen vorliegt, so dass eine Entscheidung für die eine oder die andere Alternative zu treffen ist. In Wahrheit handelt es sich aber um ein Komplementaritätsverhältnis zwischen einander hervorragend ergänzenden Funktionen. Das wichtige 12. Merkmal der Verantwortungsrolle (Chance zum Wechsel, zur Untreue) wäre wahrscheinlich nicht realisierbar, wenn die Menschen nur die Wahl hätten, von einer Verantwortungsrolle unmittelbar in eine andere und in die mit ihr verbundenen Gruppenstrukturen überzuwechseln.

Aufgrund der heute schon absehbaren Entwicklungen ist damit zu rechnen, dass ein solcher Rollenwechsel in Zukunft in einem zunehmenden Maß von außen erzwungen wird. Die zunehmende strukturelle Arbeitslosigkeit ist diesbezüglich als ein Signal zu werten. Es ist aber damit zu rechnen, dass die Menschen auch in einem zunehmenden Maße von sich aus, ohne durch die Umstände dazu gezwungen zu sein, zum Rollenwechsel neigen werden – ganz einfach deshalb, weil die wachsende Vielzahl der verfügbaren Rollen ein Chancenangebot zur Selbstentfaltung verkörpert, das eine Anreizwirkung ausübt.

Es gehört notwendigerweise zu einem Reformprogramm, das die Verantwortungsrolle in den Mittelpunkt stellt, den Menschen eine möglichst weitgehende Nutzung dieses Chancenangebots zu ermöglichen. An die Stelle der heute noch vorherrschenden kritischen Bewertung des freiwilligen Wechsels wird eine Bewertung zu treten haben, die dem Wechsel grundsätzlich eine positive (weil Selbstentfaltung fördernde und Humanpotenzial steigernde) Bedeutung zuschreibt. Vor allem wird es aber erforderlich sein, den Menschen selbst eine positive Bewertung und Nutzung des Wechsels auch da zu ermöglichen, wo er erzwungen ist. Hierbei muss das Ziel sein, die Menschen von dem Menetekel des Schicksalsschlags zu befreien, das sich gegenwärtig vor allem noch mit dem Arbeitsplatzverlust und einem Absinken in die Arbeitslosigkeit verbindet. Die Menschen müssen in die Lage versetzt werden, auch das erzwungene Ausscheiden aus einer Rolle – nach dem Prinzip der Nutzung der Krise als Chance – als eine produktive Herausforderung zur Weiterentwicklung zu erleben. Es sollte sich damit nicht im entferntesten der Gedanke an ein einschneidendes Existenzrisiko oder einen Selbstwertverlust aufgrund eines Versagens vor den Augen der Nachbarn verbinden. Die bisher noch mauerartig befestigte psychologische Grenze zwischen dem freiwilligen Ausscheiden aus einer Rolle angesichts der Attraktivität von Alternativen und dem erzwungenen Ausscheiden angesichts des Wegfalls bisheriger Tätigkeitsgrundlagen sollte durchlässig werden und ihre Signifikanz verlieren. Die Menschen sollten dazu befähigt werden, den positiven Chancengehalt der „offenen" Situation, der sich durch den Wechsel ergibt, in den Vordergrund zukunftsorientierter, von Selbstentfaltungsmotiven angetriebener Überlegungen zu stellen.

Die Bedeutung von Agenturen

Einer auf das „enabling" und „empowerment" der Menschen gerichteten Reformpolitik stellt sich hier eine Aufgabe, die verschiedene Facetten hat. Wo Menschen, die im Wechsel sind, von Einkommensverlusten betroffen sind, muss ihnen eine soziale Grundsicherung zuteil werden. Es muss aber auch dafür Sorge getragen werden, dass ihnen ein möglichst breiter, Informationen über Chancen und Schnuppertests ermöglichender Zugang zu anderen Tätigkeitsrollen und -feldern ermöglicht wird. Unabhängig davon, um welche Art von Rollenwechsel es geht, werden Agenturen als die entscheidenden „Knoten" in offenen Netzwerken erforderlich sein, die diese Aufgabe übernehmen. Agenturen sind ein wichtiger zusätzlicher Aspekt des Sozialkapitals zur Mobilisierung der „Ressource Mensch" und damit zur Erschließung von brachliegendem Humanpotenzial.

Man kann einen Schritt weitergehen und feststellen, dass es für die Aktivierung des Humanpotenzials und die damit verbundene Mobilisierung der „Ressource Mensch" ideal wäre, wenn sich ein Leitbild gesellschaftlicher Gestaltung entwickeln würde, das ausgehend von der Verantwortungsrolle die Förderung kleinräumiger Gruppen- und Teamstrukturen und sie verknüpfender Netzwerke des offenen Typs zum Prinzip erheben würde. Ein solches Leitbild schließt die in diesem Buch mehrfach vorgetragene Forderung, das Prinzip der Hierarchie neu zu denken mit ein und stellt sie in einen konzeptionellen Rahmen. Gleichzeitig kann ein solches Leitbild ein klares Profil für die Funktionsbestimmung des „Sozialkapitals" vorgeben, die gegenwärtig allzu oft noch auf dem Niveau der abstrakten Reformrhetorik verbleibt.

Beispiel freiwilliges Engagement

Im Fall des freiwilligen Engagements gilt es zunächst, von der bisher noch vorherrschenden Annahme Abschied zu nehmen, dass sich Menschen irgendwann in ihrem Leben engagieren, um anschließend dauerhaft engagiert zu bleiben. Wie aktuelle Untersuchungen erweisen, trifft diese Annahme nur für einen Teil der Engagierten zu. In der Mehrzahl der Fälle erfolgt das Engagement diskontinuierlich, weil es durch Krankheiten, Kinder, Umzüge oder berufliche Sonderbelastungen unterbrochen wird, oder weil sich Gruppen auflösen, Projekte enden, etc. Wie bereits dargestellt wurde, finden sehr viele Menschen, die auf einem dieser Wege aus einem Engagement herausfallen, von sich aus nicht mehr ins Engagement zurück. Dabei spielt eine Rolle, dass sie nicht unbedingt an denselben Platz und in dieselbe Tätigkeit zurückstreben, sondern viel lieber einmal etwas anderes machen wollen. Ähnlich wie Menschen, die eine neue Arbeit im Beschäftigungssystem suchen, sind sie dann auf Agenturen angewiesen, die ihnen Informationen liefern und Zugänge erschließen.

Im Fall des freiwilligen Engagements kommen in erster Linie „Freiwilligenagenturen", „Freiwilligenbörsen", oder „Informations- und Kontaktstellen" infrage, wie sie bereits verschiedentlich existieren. Vorliegende Untersuchungen zeigen, dass solche Agenturen bereits bei einem geringen Einsatz von Personal und Sachmitteln in der Lage sind, auf wirkungsvolle Weise die Informations-, Beratungs- und Vermittlungsleistungen zu erzielen, die für die Erschließung von Zugangswegen zum Engagement erforderlich sind (Alt/Braun 2000: 271 ff.).

Allerdings existieren solche Agenturen bisher erst in relativ wenigen Kommunen, so dass nur ein geringer Teil der Menschen die Chance hat, ihre

Leistungen zu nutzen. Dem Zugangserfordernis ist somit noch keinesfalls Rechnung getragen. Was hierzu erforderlich erscheint, ist die Schaffung einer flächendeckenden Infrastruktur von Informations- und Kontaktagenturen. Flächendeckung bedeutet, dass solche Agenturen für alle Menschen, die am Engagement interessiert sind, in einer zumutbaren Entfernung von der Wohnung erreichbar sein müssen und keine Schwellenängste wachrufen dürfen. Der Zugang zu ihnen darf nicht durch psychologische oder soziale Barrieren erschwert sein darf. Er darf somit nicht von Mitgliedschaftsbedingungen oder von der Zugehörigkeit zu bestimmten Teilsegmenten der Bevölkerung abhängig sein. Wo sie nicht unabhängig sein können, sollten solche Agenturen an Organisationen angeschlossen sein, deren Zugänglichkeit und funktionale Offenheit für die gesamte Bevölkerung außer Zweifel steht, so insbesondere an kommunale Verwaltungen. Die Menschen, die solche Agenturen nutzen, sollten eine Chance haben, sich in zwanglosen Gesprächssituationen über bestehende Engagementchancen und die mit ihnen verbundenen Anforderungen zu informieren. Die Agenturen sollten in der Lage sein, Kontakte zu Gruppen, Initiativen, Projekten etc. herzustellen und dafür Sorge tragen, dass Interessenten dort ein Informanten-Status eingeräumt wird. Interessenten sollten die Chance zum Gespräch über ihre Erfahrungen haben.

Die Agenturen sollten nicht nur der Devise „sit and wait" folgen, sondern für das Engagement öffentlich werben. Sie sollten die Selbstentfaltungschancen, die sich mit dem Engagement verbinden, der Bevölkerung zu Bewusstsein bringen.. Sie sollten zu diesem Zweck örtliche Kooperationsverbände mit Medien und Firmen initiieren, die ihrerseits zu vielfältig wirksamen Akteuren werden können. Die Agenturen und andere Akteure sollten Netzwerke mit den Anbietern von Engagementplätzen aufbauen, um die Realisationsbedingungen des Engagements zu optimieren. Die Barrieren, die einer Ausbreitung des Engagements in den betreffenden Organisationen und Einrichtungen noch entgegenstehen (vgl. weiter oben), sollten aus dem Weg geräumt werden. Hierbei sollte die Schaffung von Verantwortungsrollen im Mittelpunkt stehen.

Bei alledem sollten die Agenturen durch Akteure, die „weiter oben" im gesellschaftlichen Gesamtsystem stehen, unterstützt werden. Eine engagementfördernde Politik sollte sich der Punkte, an denen die Engagierten „der Schuh drückt", annehmen (v. Rosenblatt 2000: 125). Freiwilliges Engagement sollte als ein elementar wichtiges gesellschaftliches Handlungsfeld mit der Funktion der Mobilisierung der Ressource Mensch und damit der Aktualisierung und Vermehrung von Humanpotenzial anerkannt werden. Es sollte nachdrücklicher als bisher anerkannt werden, dass in diesem Handlungsfeld mit seiner unübersehbaren Vielzahl von Gruppierungen enorme Beiträge zum Aufbau eines Sozialkapitals geleistet werden, das in diese Richtung wirksam wird und die sozialorganisatorische Gesamtkapazität der Gesellschaft steigert. Es sollte erkannt, werden, dass Investitionen in das Sozialkapital dieses Handlungsfelds nicht nur ihm selbst zugute kommen, sondern ein „overspill" erzeugen, das in andere Handlungsfelder zurück- wirkt. In diesem Zusammenhang sollte der Tatsache Aufmerksamkeit geschenkt werden, dass Firmen heute damit beginnen, ihre Mitarbeiter/-innen zum freiwilligen Engagement zu ermuntern, weil sie sich davon positive Rückwirkungen auf deren Arbeitsmotivation erwarten.

Beispiel Arbeitsmarkt

Auf dem Arbeitsmarkt ist die Normalität des Wechsels bereits viel mehr präsent, wie man den Stellenanzeigen in den Tages- und Wochenzeitungen entnehmen kann. Allerdings gibt es auch hier noch erhebliche Einschränkungen. So wird vor allem davon ausgegangen, dass es normal ist, einen Stellenwechsel ohne Zeitverzug zu vollziehen, d.h. sofort nach der Beendigung einer Tätigkeit eine andere aufzunehmen. Es stehen dahinter sozialorganisatorische „Peitschen", denen man sich schwer entziehen kann. So wird der Anspruch auf Sozialleistungen und Lohnersatzleistungen (d.h. Arbeitslosenunterstützung) von der Bereitschaft zum sofortigen Wiedereintritt ins Erwerbsleben abhängig gemacht. Außerdem ist der Nachweis eines lückenlosen Lebenslaufs eine entscheidende Karrierebedingung. Die Opfer dieser Normalitätsannahme sind vor allem Frauen, die bei der Geburt eines Kindes aus dem Erwerbsleben ausscheiden. Ungeachtet des Mutterschaftsschutzes, der ihnen zuteil wird, sinken bei jedem Kind ihre Karrierechancen. Zu den Opfern gehören auch die Arbeitslosen. Trotz der Arbeitslosenunterstützung sind sie sozial und beruflich stigmatisiert. Sie unterliegen einer behördlichen Beaufsichtigung und Bevormundung und einem Zwang zur Beschäftigungsaufnahme mit reduzierter Chance zur Einbringung eigener Neigungen und

Fähigkeiten (vgl. das 1. Merkmal der Verantwortungsrolle). Diese Benachteiligung scheint sich aktuell im Zuge der politischen Bemühungen um Arbeitslosigkeitsbekämpfung eher noch zu steigern.

Politische Reformvorstellungen, bei denen die Normalität eines mit Unterbrechungen verbundenen Tätigkeitswechsels in Rechnung gestellt wird, sind gegenwärtig noch sehr rar. Eine bemerkenswerte Ausnahme stellt das „Flexicurity"-Konzept der Grünen dar, das im Mai 2001 vorgestellt wurde. In diesem Konzept wird von einer Verknüpfung des Ziels der sozialen Sicherung mit dem Ziel der Flexibilisierung der Menschen ausgegangen. Es sollen Beschäftigungsbrücken gebaut werden, die eine Nutzung beschäftigungsloser Zeitabschnitte für die Praktizierung „lebenslangen Lernens", d.h. für erweiterte Qualifizierung (vgl. das 7. Merkmal der Verantwortungsrolle) ermöglichen. Die Trennmauer zwischen erzwungener und freiwilliger Beschäftigungsunterbrechung soll durchlöchert werden, indem Arbeitslosen die Chance eingeräumt wird, „Sabbaticals" aufgrund von Überschüssen auf Arbeitszeitkonten zu nehmen, oder Fort- und Weiterbildungsgutscheine zu nutzen, die in Zukunft jedem Menschen zeitpunktungebunden zur Verfügung stehen sollen. Als Agenturen im vorstehend definierten Sinn werden Zeitarbeitsfirmen, Transferfirmen und Träger von Weiterbildungsmaßnahmen in Betracht gezogen. Zeitarbeits- und Transferfirmen sollen dazu veranlasst werden, ihren Klienten Qualifizierungsmöglichkeiten anzubieten. Umgekehrt sollen Träger von Weiterbildungsmaßnahmen Prämien für Vermittlungsleistungen erhalten. Zum Zweck einer sozialen Grundsicherung sollen Sozialhilfe und Arbeitslosenunterstützung zusammengeführt werden.[19]

---

19 Dass die soziale Phantasie in der hier vorgeschlagenen Richtung auch anderweitig in Bewegung kommt, erweist sich an einem Beitrag in den Mitteilungen des Berliner Wissenschaftszentrums vom September 2001 (Schmid u.a. 2001). Drei Mitarbeiter dieser Einrichtung empfehlen hier für die Zukunft ein „gegenseitiges Geben und Nehmen zwischen der Solidargemeinschaft und den Arbeitslosen". Sie schlagen vor, den Arbeitslosen „eigene Entscheidungsspielräume über die Maßnahmen" zu geben, „die sie selber für geeignet halten", so z.B. „das Recht, Lohnersatzleistungen in eine Lohnsubvention umzuwandeln, wenn sie etwa eine Teilzeitstelle anstatt einer Vollzeitstelle akzeptieren." Der Meinung der Wissenschaftlergruppe zufolge sollten „erworbene Lohnersatzleistungen auch präventiv zur Aufbesserung der Beschäftigungsfähigkeit verwendet werden können." Teile des Beitrags zur Arbeitslosenversicherung sollten „für die (präventive) Erhaltung oder Verbesserung der Beschäftigungsfähigkeit oder zur Überbrückung von Einkommensausfällen bei (gewollter oder erzwungener) Arbeitszeitverkürzung" genutzt werden können. Weiterhin sollte die Möglichkeit eingeräumt werden, Beitragsteile in ein Beschäftigungssicherungskonto einzu-

Aktivierende Führung (Sozialkapital IV)

Führungstheorien im Widerspruch

Herkömmlicherweise schien es kaum eine andere Möglichkeit zu geben, als „Führung" im Sinn einer zielgerichteten Einwirkung auf menschliches Verhalten „von oben" zur Durchsetzung von Herrschaft zu verstehen. Erfolgreiche Führung wurde lange Zeit als die Realisierung der Chance verstanden, mit der zuverlässigen Befolgung von Befehlen rechnen zu können.[20] Ein guter Vorgesetzter konnte an der Fügsamkeit seiner „Untergebenen" und ihrer pflichtbewussten Eifrigkeit erkannt werden. In den ausgehenden sechziger Jahren schwenkte das Pendel jedoch um. Nun wurde eine kooperative Führung modern, die sich aller direktiven Elemente entledigte. Ein guter Vorgesetzter wurde daran erkennbar, dass er den Mitarbeiter/-innen gegenüber ein kollegiales, von Freundlichkeit geprägtes Laissez faire-Verhalten an den Tag legte und ihnen den Rücken frei hielt. Die Mitarbeiter/-innen wurden als die eigentlichen Träger der Sach- und Leistungskompetenz entdeckt. Konsequenterweise ging es darum, das Prinzip Hierarchie möglichst weit zurückzudrängen, wenn nicht gar abzuschaffen. In schroffer Entgegensetzung hierzu geht es gegenwärtig vielfach darum, für das Prinzip Hierarchie einiges von dem aufgegebenen Terrain zurückzuerobern. Das weiter oben zitierte INSEAD-Papier, das dazu auffordert, „vom hierarchie- und statusfreien Unternehmen Abschied zu nehmen", steht für eine verschiedentlich antreffbare Tendenz. Das Pendel schwingt in die Richtung direktiver Führungsvorstellungen zurück, wobei das Auftauchen negativer Menschenbilder Schützenhilfe leistet. Für manchen Managementberater zeichnet sich die „moderne" Führungskraft dadurch aus, dass sie sich gegenüber der vermeintlichen Neigung vieler Menschen zur Bequemlichkeit und Schlamperei entschlossen durchzusetzen versteht und die Fahne der Effizienz und Effektivität gegen Widerstände hochzuhalten vermag.

---

zahlen, und aus ihm „Kredite zu ziehen, wenn eine berufliche Umorientierung beabsichtigt ist."

20 Es handelt sich hierbei um die ungefähre Wiedergabe der klassischen Definition der Herrschaft durch Max Weber, die über lange Zeit hinweg für das Verständnis auch der interpersonellen Führung prägend war. Vgl. Weber, Max 1956: 28 f.

Aktivierende Führung = hart + weich

Insgesamt hat sich im Widerstreit der Theorien bezüglich der Führung eine diffuse, von Unsicherheit und Unübersichtlichkeit geprägte Situation entwickelt. „Harte" pro-hierarchische Führungsstandpunkte stehen gegen „weiche" anti-hierarchische, wobei die Einnahme des einen oder anderen Standpunkts zu einer Glaubensfrage zu mutieren beginnt.

Demgegenüber ist es an der Zeit, auf die Unproduktivität der Auseinandersetzung auf der Achse „hart" / hierarchisch – „weich" / anti-hierarchisch hinzuweisen. Den Ergebnissen der empirischen Führungsforschung zufolge sind – aus der Perspektive der Mitarbeiter/-innen gesehen – unter den heutigen Bedingungen sowohl einseitig „weiche", dem Laissez faire-Prinzip folgende, als auch einseitig „harte", direktiv orientierte Führungsstile ineffektiv (Klages/Gensicke 1999). Angesichts der Herausforderungen, denen man gerecht werden muss, wenn man ein Programm der Mobilisierung der „Ressource Mensch" und ihrer gleichzeitigen Einordnung in die Gesellschaft verfolgt, können nur Führungsstile erfolgreich sein, die „harte" und „weiche" Elemente auf einen gemeinsamen Nenner bringen. Nur so kann den Erfordernissen organisationsbezogener Handlungsrationalität und mitarbeiterbezogener Motivationsfähigkeit Rechnung getragen werden. Es kann nicht darum gehen, das Prinzip Hierarchie abzuschaffen oder auf eine konservative Weise zu verteidigen. Es geht vielmehr darum, dieses Prinzip „neu zu denken", so dass es in der Lage ist, die von außen und oben an die Menschen herangetragenen Disziplin- und Leistungserwartungen und die Erfordernisse eines „enabling" und „empowerment" der Menschen zu vereinigen.

Wir bezeichnen die „neu gedachte", auf diese doppelte Aufgabe ausgerichtete Führung als „aktivierende Führung". Versteht man „Führung" von dieser Aufgabe her, dann wächst ihr eine neuartige, stark erweiterte Bedeutung zu, die über ihre traditionellen Funktionsbestimmungen weit hinauszielt. „Aktivierend" führen heißt im Kern, die Fähigkeit der Nicht-Führenden zur Eigenverantwortung zu verantworten, und zwar mit Blickrichtung nach „oben" und nach „unten". Führung wird damit zu einem entscheidenden Verbindungsglied zwischen den zur Selbstentfaltung freizusetzenden Menschen und den Disziplin einfordernden, Effizienz und Effektivität erzwingenden Bedingungen des gesellschaftlichen Systems. Die Führenden werden zu immer und überall notwendigen Mitspielern im Rollenkonzert der Interpersonalität, gleichzeitig aber auch zu Dirigenten dieses Konzerts. Metaphorisch ausgedrückt wird die Führung mit der Verantwortungsrolle neu geboren. Sie ist ihr notwendiges Komplement, das immer und überall mit ihr aufzutreten hat und von ihr nicht wegzudenken ist. Die Frage, wer wo und wie führt, wird auch in Zusammenhängen akut, in denen herkömmlicherweise von Führung nicht die Rede war. Wer führt Ehrenamtliche? Wer führt Schüler? Wer führt Existenzgründer? Wer führt Parteimitglieder? Solche Fragen wurden bisher nicht gestellt, aber man fragte bisher auch nicht nach den Verantwortungsrollen von Ehrenamtlichen, Existenzgründern, Parteimitgliedern und Schülern. In dem Augenblick, in welchem man diese letztere Frage aufwirft, wird auch die erstere akut.

Leistungsdimensionen aktivierender Führung

Das Erfordernis eines Verwirklichungsmanagements

Was „aktivierende Führung" konkret und im einzelnen bedeutet, kann unter Rückgriff auf die Merkmale der Verantwortungsrolle (vgl. oben) erschlossen werden.

So kann die Realisierung des geforderten „Spielraums für selbständiges und eigenverantwortliches Handeln und Entscheiden" (Merkmal 1.), die vielfach eine Um- und Neugestaltung von Tätigkeiten erfordert, in der Mehrzahl der Fälle nicht allein von den Menschen bewerkstelligt werden, die sie ausüben. Überall wo Tätigkeiten in organisatorische Zusammenhänge eingebettet sind, braucht man dazu Konzepte und Programme, wie auch Personen, die sie umsetzen und eine Managementkompetenz besitzen. Diese wird in der Regel mit einer Führungszuständigkeit Hand in Hand zu gehen haben, der in diesem Zusammenhang eine entscheidend wichtige aktivierende Bedeutung zukommt.

Ähnlich bedarf es bei der Realisierung der „Chance zur Einbringung eigener Neigungen und Fähigkeiten" (Merkmal 2) in einem Großteil der Fälle solcher Personen, denen eine institutionalisierte Verantwortung für die Zuordnung von Menschen und Tätigkeiten zukommt. Es wird sich dabei in vielen Fällen nicht nur um Führungskräfte mit operativen Führungsaufgaben sein können. Diese werden vielmehr häufig mit Trägern spezialisierter Zuständigkeiten wie Projektgruppenleitern, Personalplanern, Personalentwicklern und Organisatoren zusammenzuwirken haben. (Vgl. hierzu auch weiter unten) Wenn erst einmal ein Ordnungsrahmen steht, schlägt aber die Stunde der operativen Führungskräfte. Ihnen fällt eine Aufgabe zu, die man im Jargon der Projekt- und Prozessplaner „Umsetzung" und „Feinsteuerung" nennt, die man aber auch „Verwirklichung" nennen kann. In der Wahrnehmung dieser Aufgabe entscheidet sich ein bedeutender Teil der Frage, ob Aktivierung und damit die Mobilisierung der „Ressource Mensch" stattfindet oder nicht.

Ziel-, Ergebnis- und Erfolgsorientierung als Führungsaufgabe

Die „Chance, etwas subjektiv Sinnvolles zu tun" (Merkmal 3) hängt, wie wir sagten, fundamental von der Existenz von Handlungszielen ab, in deren Auffindung und Formulierung die Menschen als Träger von Verantwortungsrollen einbezogen werden müssen (Merkmal 10). Die Handlungsziele bedürfen aber in der Mehrzahl der Fälle eines vorgegebenen Bezugsrahmens und müssen vor allem erörtert, verdeutlicht, auf den Einzelnen bezogen und vereinbart werden. In diesem Zusammenhang kam es in den letzten Jahren zur Einführung der Begriffe „Führung mit Zielen" und „Zielvereinbarung", die für die nähere Beschreibung der aktivierenden Führung von großer Bedeutung sind.

Von großer Bedeutung ist die Mitwirkung aktivierender Führung auch bei der Verwirklichung von „Ergebnisorientierung" (Merkmal 4). Es bedarf hierzu einer projektgestaltenden Kompetenz und Initiativefähigkeit, die nicht allein den Menschen, die Verantwortungsrollen ausüben sollen, aufgebürdet werden kann. Aber auch die Gewährleistung der für die Realisierung von Selbstverantwortung unverzichtbaren Chance, sich an den Ergebnissen eigenen Handelns zu orientieren, d.h. eine Erfolgsorientierung aufzubauen, bedarf es in der Mehrzahl der Fälle einer gestaltenden Mitwirkung anderer. In komplexen gesellschaftlichen Handlungszusammenhängen entziehen sich die Wirkungen eigenen Handelns sehr häufig der direkten Beobachtung und Kontrolle. Eine Chance zur Selbstkontrolle (Merkmal 6) werden die Menschen vielfach nur dann haben, wenn ihnen ein Feedback über eine Vermittlungsinstanz zukommt. Diese sollte aber nicht nur den Charakter einer quasitechnischen „Rückmeldeapparatur" haben. Sie sollte vielmehr in der Lage sein, das Feedback mit dem Verhalten der Menschen in Beziehung zu setzen und ihnen die Chance zu geben, Erfolge und Misserfolge auf eigene Fehler und Schwächen zurückzuführen, so dass sie zu zielgerichteten Verbesserungsprogrammen befähigt werden. Es handelt sich hier um einen elementar wichtigen Aspekt eines konkret auf die Menschen und ihre Handlungswelten bezogenen „enabling" und „empowerment". Organisatorisch betrachtet handelt es sich um eine Zielerreichungskontrolle und eine damit verknüpfte gesprächsförmige Erörterung, an die sich die Vereinbarung von erfolgsgewährleistenden Maßnahmen anschließen lässt. Fortgeschrittene Konzepte der Personalentwicklung haben inzwischen die zentrale Bedeutung dieses Aufgabenkomplexes entdeckt und ihn zu einem Kernpunkt entsprechender Programme erhoben.

Qualifizierung als Führungsaufgabe

Von hier aus erschließt sich auch die Bedeutung, die der aktivierenden Führung bei der Gewährleistung einer angemessenen Qualifizierung (Merkmal 7) und der Verfügung über die erforderlichen Mittel (Merkmal 8) zukommt. Beispielsweise können auch selbständige Existenzgründer diesbezüglich nicht einfach sich selbst überlassen werden. Es reicht auch nicht aus, dass man ihnen Förderungsprogramme und Broschüren mit Informationen über solche Programme anbietet. Sie brauchen vielmehr eine Beratung und Begleitung, die nur dann eine ausreichende Effektivität erreichen kann, wenn sie sich als eine aktivierende Führung mit hoher Sensibilität für die Eigenverantwortlichkeit ihrer Klienten versteht. Noch deutlicher tritt das Angewiesensein auf solche Hilfen z.B. bei abhängig Beschäftigten zutage. Zwar wird man ihnen, wenn man sie als Inhaber von Verantwortungsrollen behandelt, eine aktive Mitwirkung bei Entscheidungen über den Besuch von Fortbildungskursen etc. zuzuschreiben haben. Für eine aktivierende Führung, die das Zustandekommen von Entscheidungen durch Information und Beratung bei Zielerreichungsgesprächen unterstützt, verbleibt aber dennoch ein breiter Aufgabenbereich.

Aktivierendes Coaching

All das findet eine Bestätigung, weiterführende Ergänzung und Abrundung in der Aufgabenbezeichnung „Unterstützung" (Merkmal 11). Es gehört zu den Erkennungsmerkmalen einer aktivierenden Führung, dass sie weder rein direktiv noch ausschließlich liberal, sondern „supportiv", d.h. darauf angelegt ist, den Inhabern von Verantwortungsrollen unter die Arme zu greifen, um sie zu einer motivierenden und produktiven Rollenbewältigung zu befähigen. In Verbindung mit den schon genannten Unterstützungsaufgaben hat sich in den letzten Jahren der Begriff des „Coaching" in den Vordergrund geschoben. Hiermit ist eine Aufgabe der psychologischen Unterstützung gemeint, die oft noch etwas diffus und in Abhängigkeit von divergierenden psychologischen Theoriestandpunkten definiert wird

Aus der Perspektive eines „enabling" für Verantwortungsrollen geht es beim Coaching vor allem um die produktive Bewältigung der inneren Schwierigkeiten und Konflikte, die sich bei vielen Menschen beim Zusammentreffen von Selbstentfaltungswünschen und Sozialisationserfordernissen ergeben. Die spontane Mentalitätsveränderung, die sich in der Bevölkerung in Folge des Wertewandels vollzieht, erbringt in dieser Richtung zwar beträchtliche Vorleistungen. Es kommt hinzu, dass die von uns beschriebenen Mechanismen der Gruppendynamik spontane Solidarisierungsbereitschaften begünstigen, die sozialisierend wirken und den Konflikt entspannen. Wie wir weiter oben feststellten, sind jedoch gerade bei jungen Menschen Überschüsse an außenorientierter Durchsetzungskraft zu Ungunsten der Orientierung an Selbstkontrolle und Kooperativität beobachtbar. Die mit der Übernahme von Verantwortungsrollen verbundenen Einordnungserfordernisse können somit im Einzelfall innere Widerstände und, bei deren Brechung von außen, Gefahren psychischer Verletzungen mit sich bringen, die in Resignation und Identitätsverlust übergehen können. Die Existenz des Wertetyps der „Perspektivenlos Resignierten" (vgl. oben) lässt sich zwar zum ganz überwiegenden Teil auf einen Defizit an Verantwortungsrollen zurückführen. Die Vermehrung von Verantwortungsrollen wird mit Sicherheit zu einer fortschreitenden Verminderung dieses problematischen Wertetypus führen. Dass er mit der Vermehrung von Verantwortungsrollen völlig aussterben wird, kann aber realistischerweise nicht vorausgesetzt werden. Ebenso wenig kann ein fugenloses Ineinandergreifen der „Enabling"- und „Empowerment"-Elemente der Verantwortungsrolle und der mit ihr verbundenen Sozialisationserfordernisse als Regelfall erwartet werden. Die Bereitschaft und Befähigung zum Coaching gehört somit zur aktivierenden Führung hinzu.

Diese Befähigung wird – zusammen mit allen anderen genannten Führungs-
fähigkeiten – in Zukunft nicht immer nur einzelnen Personen abgefordert
werden können. Es könnte sich hierbei allzu leicht eine Überforderung einstellen, die Qualitätseinbußen der Führung nach sich ziehen würde. Aktivierende Führung kann ebenso im Team wahrgenommen werden, wie die Ausübung von Verantwortungsrollen selbst. Es lässt sich sogar die Prognose aufstellen, dass Führung beim Übergang zur aktivierenden Führung angesichts
der Ausweitung ihrer Aufgaben in einem viel stärkeren Maße zum Team-
work werden muss. Das heute noch vorherrschende monokratische Prinzip
(„Es kann nur Einen geben" oder „Auf jedem Schiff das dampft und segelt,
ist Einer der die Sache regelt") wird sich als ein Bestandteil der herkömmlichen Hierarchiekultur entpuppen, die es zu überwinden gilt.

In diesem Zusammenhang interessiert die Entdeckung der Gruppenfor-
schung, dass es in praktisch jeder funktionierenden Gruppe spontane Tendenzen zu einer Rollenteilung zwischen zwei informellen "Leadern" gibt:
einem, dem eine Kompetenz für systemfunktional definierbare Sachzusam-
menhänge zugeschrieben wird und einem anderen, dem aufgrund integrie-
render Fähigkeiten eine Quasi-Zuständigkeit für die sozio-emotionale Seite
des Gruppenklimas zufällt. (Hare 1965: 291 ff.)

Die Organisierung und personelle Strukturierung der aktivierenden Führung wird solche Erkenntnisse nicht ignorieren können. Man kann sich gut
vorstellen, dass es in Zukunft Führungsteams gibt, die aus gewählten Grup-
penvertretern und von außen hinzutretenden Führungsgeneralisten und -spe-
zialisten bestehen. Zu den Personen, deren Hauptaufgabe in der Personalfüh-
rung besteht, werden noch andere hinzuzukommen haben, die Manager sind
und somit Kompetenzen für die Gewährleistung und Gestaltung der Sachbe-
dingungen von Tätigkeitsvollzügen und -zusammenhängen mitbringen. Man
kann sich vorstellen, dass solche Führungsteams in größeren Organisationen
jeweils für einige Mitarbeiter- oder Mitgliederteams zuständig sind. Nach
den heute noch geltenden Vorstellungen würden sie sich dann auf einer höheren Hierarchiestufe befinden. Es wird aber für die Realisierung einer aktivierenden Führung entscheidend sein, dass sie nicht einer einseitigen Herr-
schaftssicht „von oben" anheimfallen, sondern die Unten-Oben-Balance
ungemindert durchhalten. Diese Unten-Oben-Balance wird überall da, wo
sich aktivierende Führung in Organisationen vollzieht, zum Kern eines ver-

pflichtenden Führungsleitbilds werden müssen. Auch in dieser Hinsicht muss sich eine deutliche Abkehr von der bisherigen Hierarchiekultur vollziehen.

Entkontextualisierung der Führung; „Mentoring" als neue Führungsform

Es gehört zur Typik der gegenwärtigen gesellschaftlichen Situation hinzu, dass sich eine Kultur des Helfens, Beratens, Sich-Kümmerns, Anleitens, Begleitens und individuellen Förderns ausbreitet, die sehr verschiedenartige Formen anzunehmen vermag. Man kann hierin eine Tendenz zur „Entkontextualisierung" der Führung erkennen, d.h. ihrer Herauslösung aus den strikten, mit Personalverantwortung, Weisungsberechtigung und disziplinarischer Gewalt verbundenen Zusammenhängen, in denen sie herkömmlicher Weise vor allem in den größeren Organisationen in Erscheinung tritt. Die hier vertretene Auffassung, dass Führung eng mit der Verantwortungsrolle gekoppelt ist und ein unverzichtbares Element des modernen Sozialkapitals darstellt, wird letztlich nur dann angemessen verstehbar, wenn diese Tendenz zur Entkontextualisierung in Rechnung gestellt wird. Letztlich bedarf es der damit verbundenen Ausweitung der Optik, um eine sich heute bereits abzeichnende Entwicklung zur Allgegenwärtigkeit von Führung, zu ihrem potenziellen Auftreten in praktisch allen mit Rollenausübungen verbundenen Sozialbeziehungen, wahrzunehmen.

Symptomatisch ist, dass gegenwärtig ein ganzes Spektrum neuer Bezeichnungen für Führungsaktivitäten entsteht, in denen das Wort „Führung" nicht mehr vorkommt. Die Entkontextualisierung der Führung verbindet sich mit ihrem teilweisen Unsichtbarwerden. Dies fängt an bei dem bereits behandelten Coaching, das häufig als eine ganz und gar „weiche" informale Technik zwischenmenschlicher Kommunikation vorgestellt wird und das sich in dieser Form – scheinbar weit entfernt von allem, was mit Führung zu tun hat – zu verselbständigen vermag.

Ganz ähnlich verhält es sich aber auch mit dem „Mentoring" (oder dem „Mentorat", der „Mentoren-Technik", dem „Mentorensystem"), von dem seit einiger Zeit zunehmend die Rede ist. Der Mentor wird in aktuellen Quellen als ein Ratgeber, ein Berater, ein wohlwollender weiser und väterlicher (oder geschwisterlicher) Freund beschrieben, der anderen dabei hilft, Ziele der persönlichen Entwicklung, der Situationsverbesserung, oder der Lösung akuter

Probleme zu erreichen. Zwischen dem/der Mentor/in und dem/der Mentee entsteht dabei eine Beziehung, die durch Freiwilligkeit, Wahlfreiheit, Partnerschaftlichkeit und Förderung der Eigeninitiative der Geführten gekennzeichnet sein soll. Charakteristischerweise erarbeitete die Fachschaftenkonferenz der Universität Marburg im Jahr 1999 eine Stellungnahme zu einem einschlägigen Arbeitsgruppenbericht, in der alle Zwangsmaßnahmen in Verbindung mit der Einführung eines Mentorensystems wie z.B. die Quittierung einer Beratung durch einen Schein, abgelehnt wurden. Es wurde klargestellt, dass es sich bei der Beziehung zwischen dem/der Mentor/in und dem/der Mentee um ein „Vertrauensverhältnis ohne Druck" handeln solle.

Dass es sich beim Mentoring um eine Form der Entkontextualisierung von Führung handelt, wird darin deutlich, dass es scheinbar unbegrenzt in allen nur denkbaren Sozialzusammenhängen Platz zu greifen vermag. Bei einer Internet-Recherche konnten im Juli 2001 u.a. bereits die folgenden Anwendungsbereiche identifiziert werden:

- Allgemeine Betreuung von Schülern;
- Betreuung schulischer Sport-Arbeitsgemeinschaften;
- Betreuung von Lernstudios in Schulen;
- Streitschlichtung und Sanitätsdienst in Schulen;
- Ergänzende Betreuung von Konfirmand/-innen
- Unterstützung von Fern-Studenten;
- Hilfe für Studenten bei der Bewältigung von Studienproblemen;
- Kontinuierliche Betreuung von Studierenden;
- Betreuung von Austauschstudenten;
- Betreuung und Begleitung junger Berufseinsteiger;
- Einarbeitung neuer Mitarbeiter in der Krankenpflege;
- Hilfe und Begleitung bei der Existenzgründung;
- Hilfe für Frauen beim beruflichen Aufstieg;
- Förderung weiblicher Nachwuchskräfte;
- Förderung der beruflichen Mobilität von Frauen;
- Coaching von Langzeitarbeitslosen;
- Entzugsbegleitung von Rauchern, Trinkern und Drogenabhängigen;
- Begleitung engagementwilliger Bürger und Bürgergruppen;
- Hilfe bei der Lösung familiärer Probleme;

- Vermittlung von Tipps und Tricks bei Bemühungen um verbesserte persönliche Selbstdarstellung;
- Hilfe bei der Gewinnung eines guten Lebensgefühls;
- Vermittlung von Zugängen zur Entfaltung der persönlichen Ressourcen.

Das Ineinandergreifen von Verantwortungsrollen

Führt man sich vor Augen, dass jüngsten Untersuchungen zufolge 2/3 der deutschen Lehrer frustriert oder beruflich ausgebrannt sind (iwd 2001), dann mag man sich fragen, was passieren wird, wenn Schülern mehr Selbständigkeit im Rahmen von Verantwortungsrollen zugebilligt wird. Man mag sich auf den Standpunkt stellen, dass dann die ohnehin bestehende Überforderung der Lehrer weiter zunehmen und der Lehrerberuf jegliche Attraktivität verlieren wird. Ähnliche Überlegungen mag man für Führungskräfte des Beschäftigungsbereichs, oder etwa auch für Vereinsvorstände anstellen. Man mag sich fragen, ob das in diesem Buch geforderte Neu-Denken der Hierarchie somit nicht vielleicht letztlich die sozialpsychologischen Grundlagen der Führung untergräbt.

In Wahrheit liegen die Dinge aber umgekehrt. Die Krise des Lehrerberufs, die sich aus der erschreckenden Zahl der offen oder versteckt Gescheiterten ablesen lässt, hat nichts mit dem Wertewandel bei den Schülern zu tun, sondern vielmehr damit, dass die Schule nicht angemessen auf ihn zu antworten weiß und sich an das dysfunktional werdende Hierarchieprinzip überkommener Prägung anklammert. Die Lehrer werden in die Klemme gebracht, indem sie zur Wahrnehmung einer Vorgesetzten-Rolle verpflichtet werden, die an den Bereitschafts- und Motivationspotenzialen der Schüler/ -innen vorbeikonzipiert ist, d.h. diese nicht „abholen" will, wo sie sich befinden, sondern an einem längst schon historisch gewordenen Ort gesellschaftlicher Entwicklung und Veränderung. Mit Blick auf die Erfolgsberichte von Lehrern, die angemessene reformpädagogische Konzepte anwenden, lässt sich die These aufstellen, dass richtig konzipierte Verantwortungsrollen von Schülern und Lehrern stimmig ineinander greifen und sich gegenseitig stützen und bestätigen. Lehrer, welche die Selbstverantwortung der Schüler auf angemessene Weise verantworten, befinden sich grundsätzlich nicht im Konflikt, sondern in Übereinstimmung mit deren Eigentendenzen. Für sie besteht dann grundsätzlich auch kein Anlass mehr, sich als Verlierer gesellschaftlicher Veränderungen zu fühlen. Auch für sie eröffnet sich dann vielmehr die grundsätzliche Chance, „Spaß" bei der Ausübung des Berufs zu haben. Ähnlich verhält es sich mit industriellen oder administrativen Führungskräften, mit Vereinsvorständen, mit Gewerkschafts- und Parteifunktionären, oder mit geistlichen Würdenträgern. Sie alle gewinnen mit der realitätsorientierten Umschreibung ihrer Rollen die Möglichkeit, sich mit der gesellschaftlichen Entwicklung ins Benehmen zu setzen und sich auf diesem Wege ein ungeahntes Reservoir persönlicher Erfolgs- und Wirksamkeitserfahrungen zu erschließen.

Selbstverständlich lässt sich aus dieser Einsicht keine „Friede-Freundschaft-Eierkuchen"-Vorstellung ableiten. Die aktuellen Probleme der Schule lösen sich nicht in Rauch auf, wenn man reformpädagogischen Konzepten Tür und Tor öffnet. Auch solche Konzepte bedürfen der gekonnten Implementation, wie auch der richtigen Dosierung. Auch sie können durch falsche Anwendung „zu Tode geritten" werden. Die neuen Führungsrollen wollen gelernt und über Anfangsschwierigkeiten hinweg durchgehalten werden. Auch die Geführten werden vielfach in ihre neuen Freiheiten erst hineinwachsen müssen. Übergangsprobleme müssen auf beiden Seiten bewältigt werden, wozu es in vielen Fällen sozialorganisatorischer Hilfestellungen bedarf. All dies ändert aber nichts am Grundsätzlichen.

Dasselbe gilt auch dort, wo Menschen, die Verantwortungsrollen ausüben, als Partner aufeinandertreffen. Auf den ersten Blick betrachtet scheint die Gefahr zu bestehen, dass sich hier konfliktbelastete Nullsummenspiele entwickeln, weil sich die Individualisierung des einen als die Grenze der Individualisierung des anderen erweist (Beck 2001). Der Blick auf die alltäglichen Beziehungsprobleme zwischen modernen Frauen und Männern erweist eindeutig, dass diesbezügliche Befürchtungen nicht aus der Luft gegriffen sind. Ungeachtet aller emotionalen Liebesbindungen fängt man u.U. nach einiger Zeit an, sich gegenseitig „auf die Füße zu treten" und „auf die Nerven zu gehen", wobei bei den Frauen vielfach die Vermutung eine Rolle spielt, dass die Männer ihnen gegenüber veraltete Überlegenheitsansprüche oder Geschlechtsrollenmuster aufrechtzuerhalten versuchen.

Es zeigt sich an diesem Beispiel, dass zu der Praktizierung von Verantwortungsrollen kommunikative Kompetenz erforderlich ist. Diese muss die

Menschen befähigen, die von N. Luhmann beschriebene „Erwartungserwartung" zu vollziehen, d.h. die an einen selbst gerichteten vermutlichen Erwartungen des anderen zu reflektieren und in das eigenen Rollenverhalten einzubeziehen (Luhmann 1984: 411 ff.). Das Schwierige dabei ist nicht nur, dass man die Erwartungen des anderen selbst vorwegdefinieren muss. Man muss sie darüber hinaus auch auf eine vernünftige, den beiderseitigen Vorteil ins Kalkül ziehende Weise vorwegdefinieren und dabei eine gewisse Toleranzfähigkeit und Enttäuschungsfestigkeit entwickeln.

Man mag sich auf den Standpunkt stellen, dass dies alles nicht ohne Training möglich sein wird, da der ungeübte Einzelne in vielen Fällen überfordert sein wird.

Dem soll hier nicht widersprochen werden, wie überhaupt in diesem Buch der Gesichtspunkt der für den Übergang zur Verantwortungsgesellschaft erforderlichen sozialorganisatorischen Fähigkeiten immer wieder stark betont wird. Ganz ohne Zweifel rechnen eintrainierte Fähigkeiten zu Toleranz und Enttäuschungsfestigkeit zu demjenigen Sozialkapital, das in heute und in Zukunft in einem vermehrten Maße benötigt wird.

Auch diesbezüglich ist der Verweis auf den Wertewandel von Nutzen, da er, wie wir wissen, die Mentalitätsgrundlagen für die Entwicklung solcher Fähigkeiten nachdrücklich stärkt. Investitionen in Sozialkapital werden in diesem Zusammenhang aber nichtsdestoweniger erfolgen müssen. Man wird zu entscheiden haben, ob man sie kognitiv, d.h. unter Appell an die Einsichtsfähigkeit des Einzelnen, oder aber moralisch, d.h. unter Appell an die Bereitschaft des Einzelnen zur Akzeptierung kommunikativer Verhaltensstandards ausformuliert. Die Entscheidung hierüber wird vom steigenden Bildungsniveau der Menschen beeinflusst werden, das kognitiven Strategien der Verhaltensbeeinflussung zunehmende Chancen vermittelt.[21] So oder so fällt der Schule, möglicherweise aber auch spezielleren Beratungsagenturen, an dieser strategisch wichtigen Stelle eine neuartige Aufgabe der Förderung von Lebenstüchtigkeit zu.

Es legt sich in diesem Zusammenhang aber auch nahe, die Erkenntnisse der Neuen politischen Ökonomie über die Bedeutung von „Dilemmastrukturen" in Interaktionssystemen zu nutzen. Wie sich am so genannten Gefangenendilemma beweisen lässt, kann das gegenseitige Verhältnis von Rollen un-

---

21 Vgl. hierzu die Theorie der moralischen Entwicklung. Zu einer Übersicht über die fundierenden Positionen Brandtstädter 1981.

glücklicherweise so gestaltet sein, dass Menschen dazu verführt werden, den eigenen Vorteil auf Kosten Anderer zu suchen. Gewöhnlich lassen sich solche kontra-produktiven Verhältnisse jedoch durch das Umschreiben von Rollentexten in Beziehungen umgestalten, in denen sich Menschen gegenseitig fördern und stärken können – oder sogar müssen, um eigene Entfaltung zu erlangen. (Homann 2001).

5. Die Perspektive: Verantwortungsgesellschaft

Rückblick: Humanpotenzial im Fokus

Der Kernsachverhalt, von dem in diesem Buch ausgegangen wird, ist die Entdeckung unausgeschöpften Humanpotenzials vor dem Hintergrund eines Wertewandels, der Selbstentfaltungswerte in den Vordergrund schiebt. Es schließt sich die Entdeckung an, dass das Humanpotenzial eben den Richtungspfeil in sich trägt, der angesichts einer fortschreitenden Modernisierung der Lebensverhältnisse wünschenswert und dringlich erscheint: eine anwachsende mentale Grundbereitschaft und -fähigkeit der Menschen zur Selbstverantwortung, flexiblen Eigeninitiative und Selbstdisziplin. Subjektive und objektive Modernisierung gehen insoweit Hand in Hand.

Mit dieser Sicht der Dinge verbindet sich eine Ablehnung der verbreiteten Klage über einen gesellschaftlichen Werteverfall. Mit dieser Klage wird, von der hier vertretenen Position aus gesehen, hinsichtlich des zukünftigen Kurses gesellschaftspolitischen Denkens und Handelns ein falsches Signal abgegeben. Realistisch betrachtet geht es nicht um eine in die Breite der Gesellschaft wirkende Werte- und Moralreform. Es kommt umgekehrt darauf an, die bisher noch ungenügenden Bedingungen für eine Aktualisierung und Verwirklichung des durch den Wertewandel geschaffenen Humanpotenzials zu verbessern und dadurch zu einer Mobilisierung der „Ressource Mensch" zu gelangen.

Die diesbezüglich noch bestehenden Probleme und Barrieren offenbaren sich in unübersehbaren Diskrepanzen zwischen den im Humanpotenzial verkörperten Möglichkeiten und dem was faktisch verwirklicht wird. Die Ursachen hierfür sind vielfältig. Mangelnden sozialorganisatorischen Rahmenbedingungen in den institutionellen Ordnungen und Strukturen und fehlendem „sozialen Dürfen" kommt eine herausragende Bedeutung zu. Insbesondere fehlt es an Verantwortungsrollen, mit denen Menschen lebenspraktisch in die Verantwortung gestellt werden können. Wo diese vorhanden sind, tragen sie entscheidend zur Verwirklichung des Humanpotenzials bei. Sie vermehren dieses aber auch gleichzeitig, indem sie ins Innere der Menschen zurückwirken und einen Wertewandel in Richtung der „aktiven Realisten" fördern. Insbesondere diesem Wertetypus kommt die Fähigkeit zu einer Wertesynthese zu, welche die gleichermaßen zwingenden Herausforderungen zu individueller Eigeninitiative und -verantwortung und zum diszipliniertem Selbstanschluss an Ordnungen, Normen und Zielvorgaben im Innern der Menschen auf einen Nenner bringt.

Vermehrung von Verantwortungsrollen als politisches Programm

Der Vermehrung von Verantwortungsrollen fällt in der hier entwickelten Perspektive eine entscheidende modernisierungspraktische und -politische Bedeutung zu. Eine zentrale These dieses Buches lautet, dass es darum geht, Verantwortungsrollen für möglichst alle zu schaffen. Hiermit ist ausdrücklich die große Mehrheit der Menschen gemeint, die nicht bereits zu den Funktionseliten der „Verantwortungsträger" rechnen. Gleichzeitig sind aber auch alle Menschen in den wesentlichen Lebenszusammenhängen gemeint, in denen „Rollen" ausgeübt werden, als Männer und Frauen, als Jugendliche und Ältere, als Schüler, Auszubildende und Studenten, als Mitarbeiter/-innen in Arbeitszusammenhängen, als Mitglieder in Parteien, Verbänden und Vereinen, als Bürger und Bürgerinnen, als freiwillig Engagierte, als Arbeitende und Arbeitslose, als Existenzgründer und Selbständige usw.

Die entscheidende Bedeutung, die der Schaffung von Verantwortungsrollen für die breite Mehrheit der Menschen zugemessen wird, bedeutet aber keine Umkehrung bisheriger Verantwortungszuschreibungen. Es geht nicht um die Zerstörung des Prinzips Hierarchie, sondern darum, es neu zu denken. In das Zentrum des Handelns der Funktionseliten muss die Verantwortung für die Befähigung der Menschen zum Handeln im Rahmen von Verantwortungsrollen treten. Das hierfür entscheidende Stichwort heißt: Schaffung und Gestaltung von Sozialkapital mit dem Ziel einer Aktualisierung von Humanpotenzial.

Die Verantwortungsrollen selbst verkörpern den Kernbestandteil des Sozialkapitals. Ihnen können „Verstärker" und „Treiber", wie auch verknüpfende und regulierende Elemente zugeordnet werden. Hierbei spielt insbesondere die Förderung und Gestaltung interpersonaler Verbindungen mit Gruppen- oder Team-Charakter, die Ausgestaltung und Wahrnehmung von Führungsaufgaben, wie auch der Aufbau von Agenturen und Netzwerken als neuen Kernelementen einer auf das „enabling" und „empowerment" der Menschen ausgerichteten Gesellschaftsstruktur eine wichtige Rolle.

Aktivierung als Gemeinschaftsaufgabe

In der hier entwickelten Perspektive reicht es nicht aus, die Gesellschaft aus bisheriger staatlicher Bevormundung zu entlassen und ihr viel Glück auf den Weg zu wünschen. Die Aktivierung der „Ressource Mensch" ist, wie wir sagten, eine Entwicklungs- und Modernisierungsaufgabe, die in der öffentlichen Agenda an vorrangiger Stelle stehen muss. Insbesondere ist der Aufbau von Sozialkapital eine Gemeinschaftsaufgabe, die im Wege des „Public-Private-Partnership" und im Zusammenwirken sehr vieler öffentlicher und privater Instanzen, Einrichtungen und Kräfte – und somit im Sinne eines „Good Governance" – vollzogen werden muss. Die Aktivierung der „Ressource Mensch" ist dabei als ein verbindendes Leitziel von allen Beteiligten mitzutragen.

Angesichts aktueller Prioritätenbildungen muss betont werden, dass die Aktivierung der Bürgerinnen und Bürger zum freiwilligen Engagement nur ein – wenngleich sehr wichtiger und deshalb in diesem Buch immer wieder angesprochener – Teilbereich einer aktivierenden Gesamtpolitik ist. Die möglichen Ansatzpunkte einer derartigen Politik finden sich überall, wo die Bedingungen menschlicher Entfaltung durch gesellschaftliche und politische Institutionen beeinflussbar sind. In den Fokus einer aktivierenden Gesamtpolitik gehören dementsprechend die vielfach an veralteten Vorstellungen ausgerichteten Rollendefinitionen in Arbeitsorganisationen, die Mitgliedschaftsrollen in politischen Parteien und Verbänden, die oft noch unangemessen restriktiven und demotivierenden Rollenvorgaben für Männer und Frauen, junge Menschen und Senioren, wie auch die Verhaltensvorgaben und Lernprogramme für Schüler und Schülerinnen, in denen die Potenziale für Eigeninitiative und Selbstverantwortung zum Schaden der Menschen und des Gemeinwesens oft noch vernachlässigt werden.

Für eine aktivierende Politik bietet sich hier überall ein faszinierender Spielraum, den die Funktionseliten bisher nur in ersten Ansätzen genutzt haben.

Verantwortung aller im Systemzusammenhang

Abschließend bedarf es keiner langatmigen Erörterungen, um zu verdeutlichen, dass sich die Funktionseliten mit einem solchen Programm auch auf lange Sicht nicht überflüssig machen. Die Verantwortungsgesellschaft, die sich im Zuge der Umsetzung dieses Programms entwickelt, ist keine egalitäre Gesellschaft, in der es nur noch ein „Unten" und kein „Oben" mehr gibt. Allerdings ändert sich das Verhältnis von „Oben" und „Unten" einschneidend. Die Richtung, die einzuschlagen ist, führt deutlich von der Vergangenheit weg, fügt sich aber nicht gängigen Kontrastformeln.

So beendet dieses neue Verhältnis zwischen „Unten" und „Oben" zwar die überkommene Instrumentalisierung von Beherrschten für Zwecke von Herrschenden. Es führt aber keineswegs umgekehrt zur Instrumentalisierung oder Expropriation (ehemals) Herrschender durch (ehemals) Beherrschte, wie sie in revolutionären Utopien anvisiert wird. Das neue Verhältnis von „Oben" und „Unten" wird jedoch auch mit der gegenwärtig häufig auftauchenden Formel einer Verantwortungsteilung nur ungenau erfasst. In der Verantwortungsgesellschaft des hier gemeinten Typs wird Verantwortung nicht in dem Sinn geteilt, dass den Menschen „unten" ein Stück Mitbestimmung und -verantwortung an einer unverändert gedachten Verantwortung von „oben" überantwortet wird. Ebenso wenig scheint die Vorstellung brauchbar zu sein, dass es darum geht, frühere „top down"-Prozesse durch „bottom up"-Prozesse zu ergänzen und hierbei zu einem „Gegenstromprinzip" zu gelangen. Alle diese Vorstellungen sind – aus der hier verfolgten Perspektive betrachtet – nicht schlechterdings falsch. Sie treffen aber nur

Teilaspekte dessen, was wirklich wichtig erscheint und deshalb hier ins Zentrum gerückt wurde.

Formelhaft ausgedrückt geht es darum, alle Beteiligten mit der Zielsetzung der Realisierung individueller und gesellschaftlicher Entwicklungspotenziale in einen gemeinsamen Funktionszusammenhang einzubeziehen, in welchem sich aufeinander angelegte Funktionsbereiche und -stränge unterscheiden lassen.

Im Einzelnen ist erstens eine Sphäre pluralistischer Interessen festzustellen, die politisch zum Ausgleich gebracht werden müssen. Dazu sind demokratische Wahlen und Abstimmungen erforderlich, aus denen sich gemeinwohlorientierte Ziele, Programme, Ordnungen und Regeln ableiten, die auf den Einzelnen mit verbindlicher Wirkung „von außen und oben" zukommen. Hierzu rechnet u.a. die Herstellung rechtswirksamer Rahmenbedingungen für den Umgang mit gesellschaftlichem Sozialkapital. Es lässt sich zweitens eine Sphäre organisierter Subjekte feststellen, die als „people processing organisations" Mitglieder, Klienten, Leistungsabnehmer und/oder Mitarbeiter/-innen haben und denen innerhalb solcher Rahmenbedingungen ein Hauptgewicht bei der Schaffung, Gestaltung und dauerhaften Gewährleistung von Sozialkapital zukommt. An diese beiden Sphären mit Zielentscheidungs-, Gestaltungs- und Gewährleistungsverantwortung schließt sich drittens eine Sphäre der Inhaber/-innen von Verantwortungsrollen in dem hier definierten Sinn an, denen vor dem Hintergrund dieser vorgelagerten Verantwortungen eine Vollzugsverantwortung zufällt. Letztere ist aber nicht in einem direktiv steuerbaren, beliebig verfügbaren Sinn ausführend, auch wenn sie Ziel- und Gestaltungsvorgaben folgt. Sie bedarf vielmehr eines eigenen – in diesem Buch ausführlich erörterten – Spielraums und Bedingungsrahmens, dessen Ermöglichung den vorgelagerten Verantwortungsträgern als eine zentrale Aufgabe überantwortet ist. Für letztere ergeben sich aus dieser Aufgabe Verpflichtungen, denen sie dienend nachzukommen haben, auch wenn sie legitimerweise übergeordnete Positionen beanspruchen können.

Streng genommen werden in allen drei Funktionsbereichen soziale Rollen ausgeübt, die sich mit der Übernahme von Verantwortung verbinden. Wenn in diesem Buch einschränkend nur die Rollen des dritten Funktionsbereichs als Verantwortungsrollen bezeichnet werden, dann um einer Hervorhebung willen, die den Kontrast zu einem gegenwärtig noch verbreiteten hierarchischen Denken älteren Typs unterstreichen will.

Verantwortungsrollen für Bürger?

Die praktische Tragfähigkeit und Umsetzbarkeit der hier entwickelten Perspektive soll abschließend mit der Frage getestet werden, ob das Konzept der Verantwortungsrolle auch auf den „Bürger" übertragen werden kann. Es soll allerdings über die Frage hinausgegangen werden, wie die Entscheidungsbeteiligung der Bürger im Rahmen der parlamentarischen Demokratie verbessert werden kann. Diesbezüglich kann z.b. auf die umfassenden und detaillierten Analysen der vielfältigen Möglichkeiten zum Ausbau bürgerlicher Beteiligungsrechte im Rahmen des parlamentarischen Systems zurückgegriffen werden, die der Speyerer Staats- und Verfassungsanalytiker Hans Herbert von Arnim in einer größeren Zahl scharfsinniger Abhandlungen vorgelegt hat (u.a. v.Arnim2000).[22]

Aus der hier vertretenen Perspektive erscheinen demgegenüber zwei andere Themenstellungen vordringlich:

1. Wie in diesem Buch ausgeführt wurde, besteht ein akuter Mangel an Verantwortungsrollen bei den Mitgliedern der politischen Parteien außerhalb der Funktionseliten. Es lässt sich die These aufstellen, dass sich eine ungeahnte Vielfalt konkreter Handlungsmöglichkeiten für „einfache" Parteimitglieder eröffnen würde, wenn z.B. nur das Prinzip der Zielvereinbarung auf den politischen Bereich übertragen und dem zukünftigen Umgang mit Parteimitgliedern zugrunde gelegt würde.
2. Alltagsbezogene – d.h. mit Tätigkeiten verbundene, nicht nur symbolische – Verantwortungsrollen im politischen Raum bieten sich aber auch für parteipolitisch unorganisierte Bürger in großer Fülle an. Eine Voraussetzung für ihre Entdeckung und Nutzung ist allerdings, dass man sich über die Frage, was alltägliche „Verantwortung" der Menschen im Rahmen ihrer Rolle als „Bürger" überhaupt bedeuten kann und soll, Rechenschaft ablegt und dass hierüber ein politischer und gesellschaftlicher Konsens hergestellt wird.

Dies ist bisher aber nicht der Fall. Die politische Verantwortung der Bürger erschöpft sich im Gang an die Wahlurne, d.h. in einem relativ seltenen und

---

22 Vgl. auch Klages 1993

kurzen Akt, dem im Alltagsleben der Menschen kaum eine hohe Signifikanz zukommt. Symptomatisch hierfür ist die hohe Zahl der Nichtwähler und der Wähler, die kurz vor den Wahlen noch zu den Unentschlossenen gehören, weil sie einen zu niedrigen Informationsstand haben, um auf rationalem Wege zu einer Entscheidung gelangen zu können.

Der Weg zu einer alltäglichen Mitverantwortung möglichst aller Bürger, die in alltagspraktische Tätigkeiten umgesetzt werden kann, verläuft jedoch nicht über eine Vermehrung der Informationsbroschüren über die Arbeitswiese der Institutionen der Demokratie und die Leistungen von Regierungen und Amtsinhabern. Er verläuft auch nicht primär über die relativ seltenen Bürgerbegehren, Bürgerentscheide und Bürgerinitiativen. Dieser Weg kann vielmehr nur über die konsequente Definition und Umsetzung der Verantwortungsrolle verlaufen, die bisher aber – entgegen allen gelegentlichen öffentlichen Bekundungen und ungeachtet aller an die Bürger gerichteten Mach-mit-Appelle – noch aussteht.

Es handelt sich bei dieser Rollendefinition und -umsetzung um eine innovative Reformleistung mit hoher Bedeutung für die Weiterentwicklung der Demokratie, bei der man die Menschen nicht allein lassen kann, die vielmehr nur als eine Gemeinschaftsleistung zu bewältigen ist.

Was wollen wir also – in einem konsensfähigen Sinn – unter einem zu alltäglicher Mitverantwortung aktivierten Bürger verstehen?

Ehrlicherweise muss die Antwort lauten: wir wissen dies bisher nicht genau. Wir neigen vielmehr dazu, die Tatsache des ungenutzten Humanpotenzials in unserer Gesellschaft zu verdrängen und anstelle dessen die Gemeinschaftsentfremdung der Bürger zu bejammern und eine „Werteverfallsklage" anzustimmen.

Offensichtlich ist das der falsche Weg, auf ein Problem zu reagieren, denn es werden damit Negativbilder der Gesellschaft erzeugt, die auf die Gesellschaft zurückschlagen und deren Selbstbild verdunkeln. Der richtige Weg besteht darin, die Verantwortungsrolle für Bürger zum Gegenstand eines gesellschaftlichen und politischen Diskurses zu machen und dabei diejenige Konkretisierungsstufe anzustreben, die für eine Umsetzung im Alltag Voraussetzung ist.

Es gehört zu den Grundthesen dieses Buches, dass sich das Sozialkapital einer Gesellschaft grundlegend an den verfügbaren Verantwortungsrollen bemisst. Fangen wir also an, mit der Definition einer Verantwortungsrolle für Bürger das Sozialkapital aufzubauen, das die Grundvoraussetzung für die alltägliche Mitverantwortung der Bürger im politischen Bereich darstellt!

Was kommt nach dem blockierten Menschen?

Der Buchtitel „Der blockierte Mensch" bringt die Resultate einer Reihe von kritischen Diagnosen auf den Begriff. Die Gegenposition zum „flexiblen Menschen", die sich in diesem Begriff andeutet, ist gewollt. Genauer gesagt setzt sich die hier entwickelte Position sowohl von werbewirksamen Lobpreisungen, als auch von Katastrophenszenarien ab, die sich heute mit dem Bild des flexiblen Menschen verbinden. Eine Leitfrage dieses Buches war, in wieweit der real existierende Mensch den Herausforderungen gewachsen sein kann, denen er in der Globalisierung überantwortet wird. Es wurde auf diese Leitfrage eine doppelte Antwort gegebenen: Der empirische Mensch, dem wir in der gegenwärtigen Gesellschaft begegnen, signalisiert zwar mehrheitlich sehr deutliche Merkmale einer subjektiven Modernisierung. Diesen stehen jedoch auf der alltäglichen Handlungsebene weit verbreitete Verwirklichungshemmnisse entgegen. Der empirische Mensch ist insoweit „blockierter Mensch", weist ein Defizit auf, das ihn daran hindert, das in ihm bereitstehende Humanpotenzial zur Geltung zu bringen.

Es wurden in diesem Buch allerdings nicht nur kritische Diagnosen, sondern auch handlungspraktisch gemeinte Gestaltungsvorschläge vorgetragen. Setzt man voraus, dass sie zur Umsetzung gelangen, so verbindet sich mit ihnen unmittelbar die Perspektive einer Überwindung des blockierten Menschen. Das subjektive Potenzial des Menschen kann dann zur Geltung kommen. Der Mensch transformiert sich dann als Handlungswesen, verliert seinen diesbezüglichen defizitären Charakter, wird somit zur Gänze zu einem Zukunftsmenschen, der die sich globalisierende Welt ungebrochen als Heimat wahrnehmen, erleben und besitzen kann.

Die Frage, was nach dem blockierten Menschen kommt, ist damit allerdings nur vorläufig beantwortet, da die Merkmale des Zukunftsmenschen zunächst offen zu bleiben scheinen. Sie leiten sich jedoch mit großer Eindeutigkeit aus der Erkenntnis der Richtung ab, in welcher die subjektiven Dispositionen der Menschen und die mit der Globalisierung verbundenen Herausforderungen, die sich an sie richten, konvergieren.

Im vorliegenden Buch wurde diese Richtung wiederholt mit den Begriffen Flexibilität, Eigenständigkeit und Eigenverantwortung beschrieben. Naturgemäß kann man – wenn man dies will – aus diesen Begriffen den „flexiblen Menschen" rekonstruieren, auf den die weitergedachte Zukunftsperspektive letztenendes zurückzuführen scheint. Tatsächlich muss davon ausgegangen werden, dass keiner Zukunftsvision Realistik zugestanden werden kann, die – aus welchen Gründen auch immer – den flexiblen Menschen grundsätzlich verwirft. Man mag sich zwar auf den normativen Standpunkt stellen, das Humanum jenseits von Flexibilitätsanforderungen und -fähigkeiten verorten zu sollen. Diejenigen Wertgehalte, die hierbei ins Spiel zu bringen sind, geraten jedoch unvermeidlich sofort in eine Verteidigungsposition gegenüber dem naheliegenden Vorwurf romantisch rückwärts gerichteter oder utopischer Realitätsverneinung. Entweder muss vorausgesetzt werden, dass der Mensch auf der Grundlage traditioneller Bestimmungen des Menschlichen wirksam gegen die Globalisierungsherausforderungen abgeschirmt werden kann, oder diese Herausforderungen müssen selbst als annullierbar oder umkehrbar angesehen werden. Ganz abgesehen von ihrer ontologischen Fragwürdigkeit wenden sich diese beiden Annahmen auf illusionäre Weise gegen das, was man ungeachtet wissenschaftstheoretischer Vorbehalte strukturalistischer, konstruktivistischer, oder dekonstruktivistischer Art als „Wirklichkeit" anzusehen hat.

Die Realisation des flexiblen, eigenständigen und verantwortlich handelnden Zukunftsmenschen vollzieht sich allerdings – wenn man sie von dem in diesem Buch entwickelten Prämissen her denkt – jenseits von werbewirksamen Lobpreisungen, wie auch jenseits von Katastrophenszenarien. Die Fähigkeit zu einer auf flexible Weise situationsbezogenen Anpassung wird nur eine von vielen Eigenschaften des Zukunftsmenschen sein. Im Zentrum seines Handlungsvermögens wird vielmehr, idealtypisch gesehen, die Fähigkeit zu einer Selbstverwirklichung stehen, die unter Nutzung der Freiheitsspielräume von Verantwortungsrollen in der Lage ist, die Disziplin abfordernden Ordnungsgehalte einer hochgradig funktionsgesteuerten und interdependenten modernen Welt mit hoher Eigenaktivität als Orientierungspunkte anzunehmen. Hierin wird sich der Zukunftsmensch weder als ein sich in die Grenzregionen dionysisch-brutaler Triebauslebung verlierender Egozentriker und Neo-Primitiver, noch als ein Wesen mit zerrüttetem Charakter und driftender Identität darstellen.

Naturgemäß steckt in einer solchen Vorwegnahme ein erhebliches Stück Optimismus. Dieser rechtfertigt sich jedoch – jenseits persönlicher Prädispositionen – in dem realen Chancengehalt, welcher dem Entwicklungsgang der modernen Welt abzulauschen ist.

Es muss allerdings betont werden, dass sich die Frage der angemessenen Einstellung zur Entwicklung der modernen Welt letztlich nicht auf der Achse Optimismus-Pessimismus entscheidet. In dieser Welt gibt es keinen wohltätigen Determinismus vorentschiedener Abläufe, auf den man sich verlassen könnte. Zwar gibt es Trends und Tendenzen, die an wesentlichen Punkten auf überraschende Weise konvergieren, wie in diesem Buch gezeigt werden konnte. Diese können jedoch durch bewusstes Handeln verstärkt und koordiniert, oder auch aus der Bahn gebracht und blockiert werden. Zwar besteht wohl kein Anlass, einer Philosophie der Freiheit zu beliebigem Handeln und Entscheiden zu huldigen. Einer institutionenethisch fundierten Philosophie der verantwortlichen Gestaltung und Steuerung innerhalb des breiten Flussbetts dessen, was ohnehin geschieht, wird man sich bei klarer Sicht der Dinge aber kaum entziehen können.

Literatur

Abt, Hans Günter / Braun, Joachim (2000), Zugangswege zu Bereichen und Formen des freiwilligen Engagements, in: Braun, Joachim / Klages, Helmut, Freiwilliges Engagement in Deutschland. Ergebnisse der Repräsentativerhebung zu Ehrenamt, Freiwilligenarbeit und bürgerschaftlichem Engagement, Bd. 2, Stuttgart, S. 199 ff.

Arnim von, Hans Herbert (1984), Staatslehre der Bundesrepublik Deutschland, München

Arnim, von, Hans Herbert (2000), Vom schönen Schein der Demokratie, München

Beck, Ulrich (1986), Risikogesellschaft. Auf dem Weg in eine andere Moderne, Frankfurt/M.

Beck, Ulrich (1997), Kinder der Freiheit: Wider das Lamento über den Werteverfall, in: Beck, Ulrich (Hg.), Kinder der Freiheit, Frankfurt/M., S. 9-33

Beck, Ulrich (2001), Das Zeitalter des eigenen Lebens, in: Aus Politik und Zeitgeschichte, B 29/2001, S. 3-6

Beher, Karin / Liebig, Reinhart / Rauschenbach, Thomas (2000), Strukturwandel des Ehrenamts. Gemeinwohlorientierung im Modernisierungsprozess, Weinheim und München

Bell, Daniel (1975), Die nachindustrielle Gesellschaft, Frankfurt/New York

Bertram, Hans (1996), Kulturelles Kapital in individualisierten Gesellschaften, in: Erwin Teufel (Hg.), Was hält die moderne Gesellschaft zusammen?, Frankfurt/M.

Blauner, Richard (1964), Alienation and Freedom, Chicago

Böhr, Christoph (1994, Der schwierige Weg zur Freiheit. Europa an der Schwelle zu einer neuen Epoche, Bonn

Bosetzky, Horst (1970), Grundzüge einer Soziologie der Industrieverwaltung, Stuttgart

Bourdieu, Pierre (1997), Das Elend der Welt. Zeugnisse und Diagnosen alltäglichen Leidens an der Gesellschaft, Konstanz

Brandtstädter, Jochen (1981), Entwicklung des moralischen Urteils, in: Werbik, Hans / Kaiser, Hans-Jürgen (Hg.), Sozialpsychologie, München, S. 88-103

Bundesministerium des Innern (Hg.) (1999), Moderner Staat – Moderne Verwaltung. Das Programm der Bundesregierung, Broschüre im Rahmen der Öffentlichkeitsarbeit der Bundesregierung

Crozier, M. / Friedberg E. (1979), Macht und Organisation, Königstein

Csikszentmihalyi, Mihaly u. Isabella S. (1991), Die außergewöhnliche Erfahrung im Alltag – Die Psychologie des Flow-Erlebnisses, Stuttgart

Darwin, Charles (1963), Die Entstehung der Arten durch natürliche Zuchtwahl, Stuttgart (Reclam Universal-Bibliothek Nr.3071)

DER SPIEGEL (1994), Nr.22/30.5.94, S.58 ff.

Deth van, Jan W. (1981), Value Change in the Netherlands: A Test of Inglehart's Theory of the Silent Revolution, preliminary Report, paper presented at the Fourth Annual Meeting of the International Society of Political Psychology

Deutsches PISA-Konsortium (Hrsg.), PISA 2000. Basiskompetenzen von Schülerinnen und Schülern im internationalen Vergleich, Opladen

Deutsche Shell (Hg.), Jugend 2000. 13. Shell Jugendstudie, Bd.1, Opladen

Dörner, Andreas / Vogt, Ludgera (1999), Was heißt Sozialkapital? Begriffsbestimmung und Entstehungsgeschichte, in: Stiftung Mitarbeit (Hg.), Wozu Freiwilligen-Agenturen? Visionen und Leitbilder (= Brennpunkt-Dokumentation zu Selbsthilfe und Bürgerengagement Nr.34), S. 21-38

Dreitzel, Hans Peter (1980), Die gesellschaftlichen Leiden und das Leiden an der Gesellschaft, 3. Aufl. ,Stuttgart

Elias, Norbert (1969), Über den Prozess der Zivilisation, Zweite Aufl., Bern u. München

Ellwein, Thomas / Hesse, Joachim Jens (1987), Das Regierungssystem der Bundesrepublik Deutschland, 6. Aufl., Opladen

Focus (1997), Nr.12, 17.März 1997, S.203 ff.

Franz, Gerhard / Herbert, Willi (1986), Werte, Bedürfnisse, Handeln: Ansatzpunkte politischer Verhaltenssteuerung, Frankfurt/M.

Franz, Gerhard / Herbert, Willi (1987), Werte zwischen Stabilität und Veränderung, in: Klages, Helmut u.a. (Hg.), Sozialpsychologie der Wohlfahrtsgesellschaft. Zur Dynamik von Wertorientierungen, Einstellungen und Ansprüchen, Frankfurt/M., S. 55 ff.

Fukuyama, Francis (1992), Das Ende der Geschichte, München

Geißler, Rainer (1992), Die Sozialstruktur Deutschlands, Opladen

Gensicke, Thomas (2000a), Deutschland im Übergang. Lebensgefühl, Wertorientierungen, Bürgerengagement, Speyer (Speyerer Forschungsberichte 204)

Gensicke, Thomas (2000b), Freiwilliges Engagement in den neuen und alten Ländern, in: Braun, Joachim / Klages, Helmut (Hg.), Freiwilliges Engagement in Deutschland Ergebnisse der Repräsentativerhebung zu Ehrenamt, Freiwilligenarbeit und bürgerschaftlichem Engagement, Bd.2: Zugangswege, Stuttgart, S. 22-113

Giddens, Anthony (1997), Jenseits von Links und Rechts, 2. Aufl., Frankfurt/M.

Göbel, Markus (1999), Verwaltungsmanagement und Veränderungsdruck. Eine mikropolitische Analyse, München und Mering

Grömig, Erko (2001), Reform der Verwaltungen vor allem wegen Finanzkrise und überholter Strukturen, in: der städtetag 3/2001, S. 11-18

Groß, Peter (1994), Die Multioptionsgesellschaft, Frankfurt/M

Habisch, André (1998): Sozialkapital, Soziales Kapital, in: Korff, W. u.a., Handbuch der Wirtschaftsethik, Gütersloh

Hare A. Paul (1965), Handbook of Small Group Research, Fifth Printing, New York

Heckhausen, Heinz (1989), Motivation und Handeln, Zweite Aufl., Heidelberg u.a.

Heidenreich, Martin (1996), Die subjektive Modernisierung fortgeschrittener Arbeitsgesellschaften, in: Soziale Welt, Jg. 47, 1996, Heft 1, S. 24-43

Heitmeyer, Wilhelm (Hg.) (1997), Was treibt die Gesellschaft auseinander? Frankfurt am Main

Hepp, Gerd F. (2001), Wertewandel und bürgerschaftliches Engagement – Perspektiven für die politische Bildung, in: Das Parlament – Aus Politik und Zeitgeschichte, B 29/2001, 13. Juli 2001, S. 31-38

Herbert, Willi (1988), Wertwandel in den 80er Jahren. Entwicklung eines neuen Wertmusters, in: Luthe, Heinz Otto / Meulemann, Heiner (Hg.), Wertwandel – Faktum oder Fiktion?, Frankfurt/M., S. 140-160

Herbert, Willi (1989), Bürgernahe Verwaltung als Leitbild öffentlichen Handelns. Einstellungen von Mitgliedern des Höheren Dienstes der öffentlichen Verwaltung zu Staat, Politik und Gesellschaft, Speyer (= Speyerer Forschungsberichte 82)

Herzog, Roman (1971), Allgemeine Staatslehre, Frankfurt/M.

Hill, Hermann (2001), Modernisieren im Mind Age, in: Hill, Hermann (Hg.), Modernisierung – Prozess oder Entwicklungsstrategie?, Frankfurt/M., S. 75-90

Holleis, Wilfried (1987), Unternehmenskultur und moderne Psyche, Frankfurt/M.

Homann, Karl (1994), Die moralische Qualität der Marktwirtschaft, in: List Forum für Wirtschafts- und Finanzpolitik, 20.Jg. 1994, S. 15 ff.

Homann, Karl (2001), Prolegomena zu einer künftigen Ethik, in: Nacke, Bernhard (Hg.), Visionen für Gesellschaft und Christentum, Teilband 1, Würzburg, S. 199-212

Hradil, Stephan, Die „objektive" und die „subjektive" Modernisierung, in: Aus Politik und Zeitgeschichte. Beilage zur Wochenschrift DAS PARLAMENT, B 29-30/1992, S. 3 ff.

Inglehart, Ronald (1989), Kultureller Umbruch. Wertewandel in der westlichen Welt, Frankfurt/M.

ipos (2000), Ergebnisse einer Umfrage über die Chancen der Globalisierung, in: Interesse. Wirtschaft und Politik in Daten und Zusammenhängen, 11/2000

iwd, 28.Jg.27/12.Juli 2001

Kaiser, A. (2001), Im Paradies der Möglichkeiten, in: Frankfurter Allgemeine Zeitung Nr. 127/22 D vom 2. Juni 2001, S.1

Kaufmann, Franz-Xaver (1973), Sicherheit als soziologisches und sozialpolitisches Problem, 2.Aufl., Stuttgart

Kern, Horst / Schumann, Michael (1982), Arbeits- und Sozialcharakter. Alte und neue Konturen, in: Matthes, Joachim (Hg.), Krise der Arbeitsgesellschaft?, Verhandlungen des 21. Deutschen Soziologentages, Frankfurt/M.

Keupp, Heiner (2000), Eine Gesellschaft der Ichlinge?, München (=Autorenband 3 der SPI-Schriftenreihe)

Klages, Helmut (1975), Die unruhige Gesellschaft. Untersuchungen über Grenzen und Probleme sozialer Stabilität, München

Klages, Helmut (1984), Bildung und Wertwandel, in: Burkhart Lutz (Hg.): Soziologie und gesellschaftliche Entwicklung, Verhandlungen des 22. Deutschen Soziologentages, Frankfurt/M., S. 224-241

Klages, Helmut (1985), Wertorientierungen im Wandel. Rückblick, Gegenwartsanalyse, Prognosen, 2. Aufl., Frankfurt

Klages, Helmut (1993), Häutungen der Demokratie, Zürich

Klages, Helmut (1999), Verwaltungsmodernisierung. „Harte" und „weiche" Aspekte, Speyer (= Speyerer Forschungsberichte 172)

Klages, Helmut (2000a), Engagementpotenzial in Deutschland, in Braun, Joachim / Klages, Helmut (Hg.): Freiwilliges Engagement in Deutschland, Bd.2: Zugangswege zum freiwilligen Engagement und Engagementpotenzial in den neuen und alten Bundesländern, Stuttgart, S. 114-198

Klages, Helmut (2000b), Verwaltungsmodernisierung aus der Sicht der Wertewandelsforschung, in: König, Klaus (Hg.), Verwaltung und Verwaltungsforschung – deutsche Verwaltung an der Wende zum 21. Jahrhundert, Speyer (= Speyerer Forschungsberichte 211), S. 89-115

Klages, Helmut (2001), Brauchen wir eine Rückkehr zu traditionellen Werten?, in: Aus Politik und Zeitgeschichte. Beilage zur Wochenzeitung Das Parlament, 13. Juli 2001, B 29/2001, S. 7-14

Klages, Helmut / Gensicke, Thomas (1999), Was heißt „erfolgreich führen"? Eine Speyerer Antwort auf die Frage nach dem optimalen Führungsstil, in: Klages, Helmut, Verwaltungsmodernisierung. „Harte" und „weiche" Aspekte (3. Aufl.), S. 195-208

Klipstein von, Michael / Strümpel, Burkhard (Hg.) (1985), Gewandelte Werte – Erstarrte Strukturen. Wie die Bürger Wirtschaft und Arbeit erleben, Bonn

Kmieciak, Peter (1976), Wertstrukturen und Wertwandel in der Bundesrepublik Deutschland, Göttingen

Koch, Stefan (2001), Eigenverantwortliches Handeln von Führungskräften, München und Mering 2001

Kommunale Gemeinschaftsstelle (KGSt) (1993), Das Neue Steuerungsmodell. Begründung, Konturen, Umsetzung, Bericht Nr.5/1993

Lehr, Ursula (1991), Psychologie des Alterns, 7.Aufl., Heidelberg u.Wiesbaden

Leif, Thomas (1998), Unkonventionelle Beteiligungsformen und die Notwendigkeit der Vitalisierung der Bürgergesellschaft, in: Aus Politik und Zeitgeschichte. Beilage zur Wochenzeitung „Das Parlament", B 38/98 (11.Sept.1998)

Lenk, Hans (1983), Eigenleistung. Plädoyer für eine positive Leistungskultur, Zürich

Lenk, Hans (1992), Zwischen Wissenschaft und Ethik, Frankfurt/M.

Lindemann, Gesa (2001), Die reflexive Anthropologie des Zivilisationsprozesses, in: Soziale Welt, Jg. 52, Heft 2, S. 161-198

Loch, Christoph u.a. (2000), Channeling the Status Competition in Organizations, Arbeitspapier INSEAD 2000 (isabel.assureira@insead.fr)

Luhmann, Niklas (1984), Soziale Systeme. Grundriss einer allgemeinen Theorie, Frankfurt/M.

Malik, Fredmund (2001), Kein Team ohne Disziplin, in: Handelsblatt, 30.3.2001
Maslow, Abraham H. (1977), Motivation und Persönlichkeit, Olten
Miegel, Meinhard / Wahl, Stefanie (1993), Das Ende des Individualismus. Die Kultur des Westens zerstört sich selbst, Bon

Neuberger, Otto (1995), Mikropolitik: Der alltägliche Aufbau und Einsatz von Macht in Organisationen, Stuttgart
Newcomb, Theodore M. (1959), Sozialpsychologie, Meisenheim am Glan
Noelle-Neumann, Elisabeth (1995), Erinnerungen an die Entdeckung des Wertewandels, in: Kreyher, Volker J / Böhret, Carl (Hg.): Gesellschaft im Übergang. Problemaufrisse und Antizipationen, Baden-Baden
Noelle-Neumann, Elisabeth (2000), Das Jahrhundert der Arche Noah. Die Bevölkerung wittert eine bessere Zukunft, Frankfurter Allgemeine Zeitung Nr.15 vom 19. Jan.2000

Oevermann, Ulrich (2000), Dienstleistungen der Sozialbürokratie aus professionalisierungstheoretischer Sicht, in: Eva-Marie von Harrach u.a., Verwaltung des Sozialen. Formen der subjektiven Bewältigung eines Strukturkonflikts, Konstanz, S. 57-77
Osner, Andreas (2001): kommunale Organisations-, Haushalts- und Politikreform, Berlin

Parsons, Talcott / Shils, Edward A. (eds.) (1965), Toward a General Theory of Action (Third Printing), New York
Peuckert, Rüdiger (1995), Rolle, soziale, in: Schäfers, Bernhard (Hg.) (1995), Grundbegriffe der Soziologie, Opladen, S.262 ff.
Priddat, Birger (2001), Die Illusion vom Sozialstaat als sicherem Netz, in: Frankfurter Allgemeine Zeitung, 10.Februar 2001, Nr.35, S.15
Putnam, Robert D. (1996), Symptome der Krise. Die USA, Europa und Japan im Vergleich, in: Weidenfeld, Werner (Hg.), Demokratie am Wendepunkt, München

Rokeach, Milton / Cochrane, R., Self-Confrontation and Confrontation with Another as Determinants of Long-Term Value Change, in: Journal of Applied Social Psychology, 1972.2, S. 283-292
Rosenbladt von, Bernhard (2000), Freiwilliges Engagement in Deutschland. Ergebnisse der Repräsentativerhebung zu Ehrenamt, Freiwilligenarbeit und bürgerschaftlichem Engagement, Band 1: Gesamtbericht, Stuttgart
Rosenstiel von, Lutz (1975), Die motivationalen Grundlagen des Verhaltens in Organisationen. Leistung und Zufriedenheit, Berlin
Rosenstiel von, Lutz (1992), Grundlagen der Organisationspsychologie, 3. Aufl., Stuttgart

Schmid, Günther u.a. (2001), Faule Arbeitslose? Politische Konjunkturen einer Debatte, in: WZB-Mitteilungen 93, September 2001, S. 5-10

Schmid, Michael (1998), Soziologische Evolutionstheorien, in: Gerhard Preyer (Hg.), Strukturelle Evolution und das Weltsystem, Frankfurt/M.

Schmidtchen, Gerhard (1984), Neue Technik – neue Arbeitsmoral, Köln

Schmoll, Heike (2002), Die Finnen wissen, wo das Gleichheitsprinzip seine Grenzen hat, in: Frankfurter Allgemeine Zeitung, 9.Februar 2002, S.3

Schreckenberger, Waldemar (1978), Rhetorische Semiotik. Analyse von Texten des Grundgesetzes und von rhetorischen Strukturen der Argumentation des Bundesverfassungsgerichtes, München

Schulz von Thun, Friedemann (1981), Miteinander reden – Allgemeine Psychologie der Kommunikation, Reinbek bei Hamburg

Selvini Palazzoli, Mara et al. (1986), The Hidden Games in Organizations, New York

Sennett, Richard (1998), Der flexible Mensch. Die Kultur des neuen Kapitalismus, Berlin

Sieferle, Rolf Peter (1991), Weltbilder und Visionen der Moderne – Ein Rückblick, in: Der Lichtbogen, Dezember 1991, Nr. 212, S. 4-11

Simmel, Georg (1903), Die Großstädte und das Geistesleben, in: Petermann, Th. (Hg.), Die Großstadt. Vorträge und Aufsätze zur Städteausstellung, Dresden

Sprenger, Reinhard K. (1991), Mythos Motivation. Wege aus einer Sackgasse, Frankfurt/M.

Sprenger, Reinhard K. (2000), Aufstand des Individuums, Frankfurt/M.

Statistisches Bundesamt (1995), Die Zeitverwendung der Bevölkerung, Wiesbaden

Staehle, Wolfgang H. (1994), Management. Eine verhaltenswissenschaftliche Perspektive, 7.Aufl., München

Weber, Max (1956), Wirtschaft und Gesellschaft, Vierte neu herausg. Aufl., Tübingen

Weinert, Ansgart W. (1981), Lehrbuch der Organisationspsychologie, München u.a.

Wildenmann, Rudolf (1989), Volksparteien – Ratlose Riesen?, Baden-Baden

ANHANG

Wertorientierungen

	eher un-wichtig	teils-teils	eher wichtig	Mittel-wert	Std.-abwg.	sehr wichtig
Skalenwerte	**1-3**	**4**	**5-7**	**1-7**		**6-7**
Einen Partner haben, dem man vertrauen kann	2.5 %	2.3 %	95.2 %	**6.58**	**0.99**	91.3 %
Gutes Familienleben führen	2.1 %	2.9 %	95.0 %	**6.44**	**1.01**	88.0 %
Eigenverantwortlich leben und handeln	2.2 %	5.8 %	92.0 %	**6.07**	**1.06**	76.2 %
Gute Freunde haben, die einen anerkennen u.akzeptieren	3.4 %	5.5 %	91.1 %	**6.04**	**1.16**	74.6 %
Gesetz u.Ordnung respektieren	4.9 %	9.9 %	85.2 %	**5.81**	**1.25**	67.2 %
Von anderen Menschen unabhängig sein	6.6 %	8.1 %	85.3 %	**5.73**	**1.32**	64.9 %
Nach Sicherheit streben	*6.4 %*	*11.2 %*	*82.3 %*	*5.60*	*1.29*	*59.9 %*
Seine eigene Phantasie und Kreativität entwickeln	7.3 %	11.1 %	81.6 %	**5.52**	**1.32**	57.5 %
Gesundheitsbewusst leben	7.0 %	12.0 %	81.0 %	**5.51**	**1.34**	56.7 %
Fleißig und ehrgeizig sein	7.7 %	12.6 %	79.7 %	**5.46**	**1.36**	54.1 %
Viele Kontakte zu anderen Menschen haben	9.0 %	12.8 %	78.2 %	**5.46**	**1.37**	55.3 %
Sich unter allen Umständen umweltbewusst verhalten	9.0 %	14.5 %	76.5 %	**5.36**	**1.34**	50.5 %
Sich bei seinen Entscheidungen nach seinen Gefühlen richten	8.5 %	15.1 %	76.4 %	**5.23**	**1.31**	45.6 %
Die guten Dinge des Lebens in vollen Zügen genießen	17.4 %	20.4 %	62.1 %	**4.85**	**1.54**	36.2 %
Auch solche Meinungen tolerieren, denen man eigentlich nicht zustimmen kann	16.7 %	22.1 %	61.2 %	**4.79**	**1.49**	34.7 %
Sozial Benachteiligten und gesellschaftlichen Randgruppen helfen	17.8 %	22.3 %	59.9 %	**4.77**	**1.50**	33.0 %
Sich und seine Bedürfnisse gegen andere durchsetzen	19.8 %	23.6 %	56.6 %	**4.60**	**1.50**	28.7 %
Einen hohen Lebensstandard haben	19.2 %	26.1 %	54.7 %	**4.52**	**1.38**	22.2 %
An Gott glauben	37.6 %	15.0 %	47.4 %	**4.11**	**2.19**	33.9 %
Am Althergebrachten festhalten	41.2 %	22.1 %	36.7 %	**3.85**	**1.72**	18.4 %
Stolz sein auf die deutsche Geschichte	47.2 %	22.0 %	30.1 %	**3.60**	**1.81**	16.7 %
Macht und Einfluss haben	55.2 %	22.1 %	22.7 %	**3.18**	**1.62**	7.3 %
Sich politisch engagieren	57.3 %	19.0 %	23.6 %	**3.17**	**1.75**	11.4 %
Das tun, was die anderen auch tun	78.6 %	12.8 %	8.7 %	**2.34**	**1.42**	2.4 %

Quelle: Wertesurvey 1997, durch Rundungseffekte nicht immer genaue Addition auf 100 %, übernommen aus Gensicke 2000:80

Merkmale der Persönlichkeitsstärke

	trifft eher nicht zu	teils- teils	trifft eher zu	Mittel- wert	Std.- abwg.	trifft sehr zu
Skalenwerte	**1-3**	**4**	**5-7**	**1-7**		**6-7**
Gewöhnlich rechne ich bei dem, was ich mache mit Erfolg	7.7%	15.4%	76.9%	**5.32**	**1.25**	48.4%
Ich weiß, was ich will und ich bin auch in der Lage, meine Vorstellungen zu verwirklichen	5.5%	13.9%	80.6%	**5.46**	**1.23**	52.4%
Ich habe keine Angst, wenn neue Aufgaben und Herausforderungen auf mich zukommen	14.9%	12.5%	72.5%	**5.19**	**1.60**	50.0%
Ich bin bemüht, mich ständig zu verbessern und dazuzulernen	12.4%	11.7%	75.9%	**5.27**	**1.48**	50.0%
Bei Fehlschlägen und Misserfolgen suche ich die Ursachen eher bei mir selbst als bei anderen	9.4%	21.2%	69.4%	**5.12**	**1.33**	40.6%
Wenn es darauf ankommt, kann ich mich gut beherrschen	11.8%	14.7%	73.6%	**5.27**	**1.44**	49.8%
Ich kann sehr gut mit zeitweiligen Belastungsspitzen leben	12.6%	14.6%	72.8%	**5.21**	**1.50**	48.3%
Von Enttäuschungen lasse ich mich nicht umwerfen	11.3%	15.2%	73.6%	**5.26**	**1.42**	47.5%
In der Regel kann ich gut zw. Wichtigem und Unwichtigem unterscheiden	3.8%	10.3%	85.9%	**5.70**	**1.15**	62.6%
Auch in schwierigen Situationen behalte ich meist den Überblick und einen klaren Kopf	7.6%	14.3%	78.1%	**5.34**	**1.26**	48.6%
Mit meinem Wissen und Können kann ich mich sehen lassen	8.3%	16.9%	74.8%	**5.27**	**1.28**	47.0%
Ich kann mich gut in andere Menschen hineinversetzen	8.6%	14.6%	76.8%	**5.34**	**1.33**	49.6%
Ich kann gut mit anderen Menschen zusammenarbeiten	4.2%	9.6%	86.2%	**5.73**	**1.18**	64.5%
Ich komme schnell mit anderen Menschen in Kontakt	12.2%	14.1%	73.6%	**5.32**	**1.44**	50.4%
Ich kann mich gut „verkaufen"	31.7%	21.0%	47.2%	**4.24**	**1.64**	23.3%
Ich gehe Konflikten nicht aus d. Weg	17.8%	18.2%	64.0%	**4.91**	**1.61**	40.6%
Wenn verschiedene Interessen aufeinandertreffen, kann ich geschickt meinen Standpunkt vertreten	10.9%	19.2%	69.9%	**5.08**	**1.31**	39.9%
Ich vermeide es nach Kräften, mich zum eigenen Nachteil vor einen fremden Karren spannen zu lassen	12.4%	15.3%	72.2%	**5.28**	**1.53**	51.0%

Quelle: Wertesurvey 1997, durch Rundungseffekte nicht immer genaue Addition auf 100 %, übernommen aus Gensicke 2000:125

Wertetypen und Persönlichkeitsstärke

Persönlichkeitsstärke (Faktordimension)	Konventionalisten	Resignierte	Realisten	Hedomats	Idealisten
Selbstvermarktung/Konflikt	–	– – –	++	(+)	
Kooperativität/Beherrschung	+	– –	+	– –	
Einzelmerkmale					
Weiß, was ich will und bin in der Lage meine Vorstellungen auch zu verwirklichen		– –	++		
Rechne gewöhnlich mit Erfolg		– – –	++		
Fehler rechne ich eher mir zu als anderen		– –	+(+)	– –	
Bin bemüht, mich ständig zu verbessern und dazuzulernen		– – – –	+++		+
Kann mich gut beherrschen	(+)	– – –	+	– –	
Kann sehr gut zeitweilig mit Spitzenbelastungen leben	–	– –	++		(+)
Lasse mich von Enttäuschungen nicht umwerfen		– – –	++		
Behalte auch in Schwierigkeiten Überblick und klaren Kopf		– – –	++	–	
Kann gut zwischen Wichtigem und Unwichtigem unterscheiden	+	– –	+		
Lasse mich nicht vor einen fremden Karren spannen		– – – –	+(+)		(–)
Kann mich mit meinem Wissen und Können sehen lassen		– – –	++		
Komme schnell mit anderen in Kontakt		– – –	++		
Kann gut mit anderen zusammenarbeiten	+		++	–	
Vertrete beim Zusammentreffen von Interessen geschickt meinen Standpunkt		– – –	++		
Kann mich gut in andere hineinversetzen		– – (–)	++	– (–)	+
Kann mich gut „verkaufen"	– –	– – –	++(+)		
Gehe Konflikten nicht aus dem Weg	(–)	– – – (–)	++	–	
Habe keine Angst vor neuen Herausforderungen			++	(–)	+

Quelle: Klages/ Gensicke, Speyerer Werte- und Engagementsurvey 1997 (eigene Auswertung)

Erwartungen für die nächsten 5 Jahre

	eher unwahr- scheinlich	teils- teils	eher wahr- scheinlich	Mittel- wert	Std.- Abw.	t.n.z./ keine Angabe*
Skalenwerte	1-3	4	5-7	1-7		
Ich werde mehr Dinge selber machen, um Geld zu sparen	29.5%	18.7%	51.8%	4.42	1.92	4.6%
Ich werde in meinem Beruf länger arbeiten müssen	31.0%	15.8%	53.2%	4.38	2.04	39.0%
Ich werde mich intensiv weiter- bilden	39.8%	16.0%	44.2%	4.02	2.11	20.1%
Ich werde wenige konsumieren und mehr sparen	43.4%	24.3%	32.3%	3.67	1.79	4.3%
Mein Lebensstandard wird sich verschlechtern	48.6%	25.3%	26.1%	3.44	1.68	6.1%
Ich werde, um mich durchzu- setzen, meine Ellenbogen stär- ker einsetzen	55.3%	17.8%	26.9%	3.23	1.90	6.8%
Ich werde mich mit anderen Leuten zusammentun, die ähn- liche Probleme haben wie ich	57.4%	16.8%	25.8%	3.14	1.85	8.7%
Ich werde in meinem Job weniger verdienen	57.4%	19.9%	22.8%	3.09	1.87	42.0%
Ich werde arbeitslos	59.2%	22.7%	18.2%	2.99	1.76	41.9%
Ich werde meine Arbeitsstelle wechseln	62.2%	15.0%	22.8%	2.93	2.05	44.4%
Ich werde mir einen oder meh- rere Nebenjobs suchen	68.4%	12.2%	19.4%	2.63	1.91	26.0%
Ich werde meine berufliche Po- sition nicht halten können	69.1%	16.9%	14.0%	2.62	1.78	43.6%
Ich werde Karriere machen	67.9%	13.9%	18.2%	2.56	1.76	25.5%
Ich werde meinen Wohnort wechseln	77.7%	9.6%	12.7%	2.15	1.77	6.4%
Ich werde mich für einen ande- ren Beruf umschulen lassen	79.5%	9.8%	10.8%	2.12	1.66	37.9%
Ich werde mich selbständig machen	82.5%	7.6%	10.0%	1.91	1.61	22.0%
Ich werde ganz aufhören zu arbeiten	84.7%	6.1%	9.2%	1.82	1.66	36.0%
Ich werde ins Ausland gehen	85.7%	7.1%	7.2%	1.71	1.42	17.0%

Quelle: Wertesurvey 1997, durch Rundungseffekte nicht immer genaue Addition auf 100 %,
*"trifft nicht zu" und keine Angabe, übernommen aus Gensicke 2000:53

Sozialwissenschaften

Hans Joas (Hg.)
Lehrbuch der Soziologie
2001. 640 Seiten, mit 115 Bildern,
45 Tabellen und 54 Grafiken
ISBN 3-593-36388-7 (gebunden)
ISBN 3-593-36765-3 (kartoniert)

Dieses neuartige Lehrbuch gibt einen leicht verständlichen Überblick über die Gegenstandsbereiche und gleichzeitig eine Einführung in den neuesten Wissensstand der Disziplin. Der Text wird durch Abbildungen, Schaubilder und Tabellen aufgelockert. Jedes Kapitel schließt mit Kontrollfragen und einem Glossar. Neben der Bibliografie enthält das Lehrbuch eine Webliografie, die das Internet für Soziologen erschließt.

Inhalt: Die soziologische Perspektive (Hans Joas), Methoden soziologischer Forschung (Craig Calhoun), Kultur (Karl Siegbert Rehberg), Interaktion und Sozialstruktur (Ansgar Weymann), Sozialisation (Dieter Geulen), Der Lebenslauf (Walter R. Heinz), Abweichendes Verhalten (Fritz Sack/Michael Lindenberg), Gruppe und Organisation (Uwe Schimank), Klasse und Schichtung (Peter A. Berger), Nation und Ethnizität (Georg Elwert), Geschlecht und Gesellschaft (Gertrud Nunner-Winkler), Ehe und Familie (Rosemarie Nave-Herz/Corinna Onnen-Isemann), Bildung und Erziehung (Gero Lenhardt), Religion (Detlev Pollack), Gesundheit und Gesundheitswesen (Bernhard Badura/Günter Feuerstein), Wirtschaft und Arbeit (Helmut Voelzkow), Politik, Staat und Krieg (Claus Offe), Globale Integration und Ungleichheit (Hans-Dieter Evers), Bevölkerungsentwicklung (Rainer Münz/Ralf Ulrich), Städte, Gemeinden und Urbanisierung (Hartmut Häußermann), Soziale Bewegungen und kollektive Aktionen (Dieter Rucht/Friedhelm Neidhardt), Umwelt (Karl-Werner Brand/Fritz Reusswig)

Gerne schicken wir Ihnen unsere aktuellen Prospekte:
Campus Verlag · Kurfürstenstr. 49 · 60488 Frankfurt/M.
Tel. 069/97 65 16-0 · Fax - 78 · www.campus.de

campus
Frankfurt / New York

Sozialwissenschaften

Hartmut Esser
Soziologie
Allgemeine Grundlagen
1993. 642 Seiten · ISBN 3-593-35007

Hartmut Esser
Soziologie. Spezielle Grundlagen

Band 1: Situationslogik und Handeln
1999. 512 Seiten · ISBN 3-593-36335-6
Band 2: Die Konstruktion der Gesellschaft
2000. 501 Seiten · ISBN 3-593-36383-6
Band 3: Soziales Handeln
2000. 426 Seiten · ISBN 3-593-36384-4
Band 4: Opportunitäten und Restriktionen
2000. 363 Seiten · ISBN 3-593-36385-2
Band 5: Institutionen
2000. 416 Seiten · ISBN 3-593-36386-0
Band 6: Sinn und Kultur
2001. 360 Seiten · ISBN 3-593-36423-9

Die *Speziellen Grundlagen der Soziologie* sind eine
Weiterführung und Vertiefung des Einführungswerkes
Soziologie. Allgemeine Grundlagen. Hartmut Esser stellt
in sechs Bänden die zentralen Gegenstandsbereiche
und theoretischen Herangehensweisen der Soziologie
umfassend dar.

Gerne schicken wir Ihnen unsere aktuellen Prospekte:
Campus Verlag · Kurfürstenstr. 49 · 60488 Frankfurt/M.
Tel. 069/97 65 16-0 · Fax - 78 · www.campus.de

Frankfurt / New York